麦の記憶

民俗学のまなざしから

野本寛一

七月社

[カバー写真] 小麦の穂並み（山梨県甲府市上帯那町、筆者撮影）

麦の記憶

民俗学のまなざしから

＊目次

序章　麦に寄せて

1　片影、麦の記憶

昭和十八年に静岡県榛原郡萓山村立国民学校に入学した。私が幼少年期を過ごしたのは旧萓山村松本（現牧之原市）の農家だった。そこは牧之原台地の湾曲部に囲まれた地で、家は標高一一一・三メートルの女神《めかみ》山の南麓にあった。その山は石灰岩の山で、周辺には石灰の採掘所が三か所ほどあった。麦の稔《みの》りの季節にはとりわけ麦畑が意識された。それは、若葉の中に重みのある黄色い麦の穂が山裾や田の中に際立つからである。この時期になると、気温はあがるがまだ蒸し暑いとは言えず、かすかな気だるさが感じられた。大人たちは「地虫《ぢむし》が鳴く」と言っていたが、この季節になると「ジー」という昆虫の鳴き声とおぼしき声がどこからともなく長く響いてくるようになる。これを聞くと麦の季節が強く意識された。

釋迢空の『海やまのあひだ』[*1]の中に「気多川」という見出しがつけられた「麦うらし」にかかわる連作がある。その中に次の一首がある。

麦うらしの声　ひさしくなきつげり。ひとつところの、をぐらくなれり

迢空自身の注に次のように書かれている。「麦うらしは、早蟬。鳴いて、麦にみを入れると言ふ考へ」――。「麦熟らし」は普通スズメ目ウグイス科の小鳥、ヨシキリを指すのだが、島根県や広島県には「麦熟らし」として春蟬を指す例があるので迢空の注にも注目すべきところがある。しかし、私が麦の稔る季節に耳にした音は「ジー」という継続的な音で、春蟬の「ギャーギャー」やヒメ春蟬

の「ウィーンウィーン」という声ではなかった。エゾ春蝉の「ミョーキン　ミョーキン　ケッケッケ」でもない。

「地虫」と呼ばれるものの中にはバッタ目で地中に棲息するケラ（螻蛄）がある。『日本国語大辞典　第二版』[*2]の「けら」の解説に注目したい。「発音器は特に雄に発達し、春秋に土中でジーと鳴き、俗に「ミミズが鳴く」と言われる」――。

自家の垣内《かいと》畑から始まり、学校までの二・五キロほどの間に畑麦もあれば田麦もあった。私にとっては螻蛄の「ジー」とひそかに響いて継続する鳴き声が「麦熟らし」であり、聴覚的麦秋だった。視覚の麦秋は初夏の山々の黄緑と、黄土色を含んだ黄色い麦の穂、そのコントラストだった。それに気だるさにつながる気温がこれに加わった。

麦畑、麦秋にはさらなる記憶がある。稔る季節の麦畑の中に「クロボ」「クロンボー」などと呼ばれる真黒な穂を見つけることがあった。これは黒穂病の菌に冒された麦の穂で、放置すると広く伝染すると大人たちから教えられていた。登下校の折、麦畑で黒穂を見つけてはその茎を折った。茎を折る時、黒穂の胞子が舞いあがった。少し無気味な感じはしたものの、子供たちにはひそかに、「良いことをしているのだ」という思いがあった。黒穂のことを静岡県浜松市天竜区水窪町塩沢では「クロベー」と呼び、長野県の下伊那郡天竜村平岡では「クスベー」と呼んでいた。国民学校に入った年の麦の秋、通学途上、数人の上級生が黒穂の茎を三～四センチに切って麦笛を作ってそれを競って吹き鳴らした。温かみのある音である。ムラの子供たちの中ではその麦笛の曲節も伝承されていた。それは、〽シービ　ビービ　ビービービー――というもので、吹き手によって音色は微妙に変わってはいるが、のどかでやさしいものだった。私を含む下級生たちは〽シービ　ビービ　ビービービーと声をそろえて口拍子を大声でくり返して唱えながら上級生たちの後を歩いた。――集団通学の中の麦の記憶である。ここにはムラの子供たちの中での伝承があった。

　麦刈りの季節にはグミ（茱萸）の実が実る。学齢前、母は麦稈《むぎから》を使って捩《ねじ》り籠を編んでくれた。それは法螺貝や栄螺《さざえ》などの巻き貝のように捩れていて口部は堅く編まれていた。この捩り籠に熟した茱萸の実をいっぱいに入れて、それを食べながら遊んだ記憶がある。

　終戦後、国民学校という名称は小学校に変わった。四年生の冬からは麦踏みをした。霜によって幼い麦の根が浮いてしまうことがある。長野県の伊那谷、遠山谷では霜柱のことを「ウッタツ」（浮き立つ）と言う。麦畑に霜柱が立つと根も芽も凍結してだめになる。霜害防止、芽が徒《いたずら》に伸びすぎることの防止、根張りと分蘖《ぶんけつ》の促進などを目的として冬から早春にかけて、まだ麦の茎に節ができない間に二～三回麦の畝を丁寧に踏む。麦踏みは少年や少女にもできる仕事だった。寒い季節なので小学生用の黒い通学服かセーターの上に絣《かすり》の羽織を着る。足もとは黒足袋に藁草履、ゆっくりと丁寧に麦の畝と交わるように横向きで踏めばよいのだから、手は皆懐手《ふところで》だった。服やセーターの上に絣の羽織を着るといういでたちは、当時の小学生の冬の通学のスタイルでもあった。羽織の袖で鼻水をこするので、それが固まって袖が光っている者もいた。麦踏みの季節の麦は立つというよりは小さな株ごとに開いていた。それは踏んだ後の印象かもしれない。色は白みを帯びた緑色で、土もまた乾燥して白みを帯びていた。空っ風はたしかに身に滲みたがつらいとは思わなかった。家からポケットに入れて出たイモキリボシ（甘藷の切干し）を嚙みながら畝を往復した。

麦作にかかわる農具で印象に残っているものは、麦の根に土入れをするジョレン（鋤簾）と、麦の穂を叩いて粒にするオニバだった。ジョレンという響きも珍しかったが、家で使っていたものは番線状の細い鉄の棒を並べ、針金を緯《よこいと》として編みつけた笊型で、柄は鍬の柄のごときものだった。土を掬い入れる部分は金網ではなかった。先端には土を削る刃がつけられており、スマートな印象だった。オニバは「鬼歯」で、槌の打面に数列の三角の溝が刻まれたもので、その呼称はオドロオドロしかった。庭に筵《むしろ》を敷き並べ、オニバで麦の穂を打つ時に、舞い上がる埃は思い出しただけでも痒《かゆ》みをさそう。

昭和二十七年十一月十七日からＮＨＫラジオで放送された「ラジオ歌謡」に「麦踏みながら」という歌があった。それは、ＮＨＫが歌詞を懸賞募集したもので、当選した関根利根雄の詞を歌人の土岐善麿が補作したものだった。[*3] 歌唱は富田正牧である。

〽山ふところの　だんだん畑
麦踏みながら　見た雲は
あれは浮雲　流れ雲
一畝踏んで　ふりむけば
風にちぎれて　空ばかり

――二番には、「麦踏みながら　見た人は」とあり旅姿の行商人が歌われる。自分の経験と合致し、素直に心に残った。

私は昭和二十六年十月に、牧之原市松本から静岡県の旧志太郡朝比奈村玉取（現藤枝市岡部町）という山深いムラに移った。したがって私が「麦踏みながら」を聞いたのは自分が麦踏みをしたムラではなかった。移転先は農家ではなく、耕地もなかった。「麦踏みながら」を聞いたのは、私が玉取という山襞《やまひだ》のムラから藤枝市の高校に通い始めた年だった。通学は自転車だった。未舗装の坂道で、道は迂曲をくり返し、何回も朝比奈川に架けられた橋を渡らなければならなかった。登校は下り道なので家から学校まで一時間、下校は途中から登り坂が多くなるので一時間半かかった。旧朝比奈村の生業の中心は茶と温州みかんの栽培だったが、それでも山間の狭い田圃や山裾の定畑には冬になると大麦・小麦が栽培されていた。もとより麦踏む人も見かけた。私は通学途上、寒い季節には自転車のペダルを踏みながら「麦踏みながら」を口ずさんだ。

問題は、昭和二十七年十一月という時点で当時の日本人のほとんどが情報獲得や娯楽の重要メディアの中心として耳にしていたNHKラジオの「ラジオ歌謡」として、「麦踏みながら」が放送されたということである。このことは、当時の日本人の誰もが「麦」はもとより「麦踏み」という営みをごく日常的なものとして承知していたということである。深い雪積地帯を除き各地で麦踏みが見られたのである。麦踏みの季節の身に滲みる寒風、雲を吹き流してゆく西風や北風もごく自然に感受できたのだった。

じつはラジオ歌謡の「麦踏みながら」以前に「麦踏み」は文部省唱歌や童謡にも歌われていた。その頃、麦踏みはさらになじみ深い情景であり、営みだった。それは極めて身近で日常的な営みだったのである。文部省唱歌大正二年『尋常小学唱歌（五）』に「冬景色」があり、その二番に次の部分がある。[4] ⓐ〽烏《からす》啼《な》きて木に高く、人は畑に麦を踏む。……次のような童謡もある。[5] 島田忠夫「巣」大正十三年。ⓑ〽麦を踏み踏み日が暮れた　雲雀《ひばり》は鳴き鳴き日が暮れた……。後藤楢根「思ったこと」昭和三年。ⓒ〽麦をふみふみ　そう思った。山の向うはどこだろ　と　空はどこまであるのか　と　月にも人がいるのか　と　ひばりはなぜに鳴くのか　と……。

ⓐは麦踏む人を眺める叙景である。対してⓑⓒは、ラジオ歌謡の「麦踏みながら」と同様、麦踏む者から発している。しかもⓑⓒは少年の立場を思わせるものであるが構想は観念的である。ⓑⓒに比べれば、ラジオ歌謡「麦踏みながら」における雲と風の描写はみごとに季節感を示し、実感がある。

それにしても麦踏みの情景や麦踏む人の思いがたびたび歌に歌われたものだ。麦踏みはたしかに寒風にさらされはするものの、体の動きは穏やかで、姿勢にも無理がかからず、周囲を眺めたり、属目の風物に思いを馳せたり、想像や思索の世界に入ったりすることができる。農民の作業としてはある種の安らぎを伴うものだった。したがって、それを見る者にとっても、それは冷え冷えとしたものではなかった。

現在は農村といえども周辺の景観の中から麦が姿を消して久しい。麦踏みも麦秋も遠い存在となった。「麦踏みながら」がラジオで放送されて一〇年たたずして「所得倍増論」が登場し、「貧乏人は麦を喰え」という言葉が問題になったものの、見る間に過去のものとなった。高度経済成長期に入ったのである。そして麦飯も食卓から消えていった。

幼少年期、飯と言えば当然麦飯のことだった。麦飯は当たり前で何の異和感も持たなかった。麦の比率が多いと飯がボソつく感じだった。ボソつく麦飯は「麦の褌《ふんどし》」が目立った。麦の褌とは、麦の実の片側に刻まれた溝のことで、真中に黒い線がついているといった印象でその線が目についた。昭和二十年八月終戦。その前後の数年間の飯は、現在食べ慣れている米の飯に比べれば異様なものだった。麦の比率が高いのは当然のことながら、そこに賽《さい》の目に刻んだ甘藷が大量に混じっていた。刻まれた甘藷の量が多く、それが米の白さをも、麦の褌の黒をも圧倒して飯は黄色だった。同級生の誰の弁当も皆黄色だった。

私が育った家では小麦系の食物の食習は比較的薄かった。しかし、終戦直後は曾祖母のまみ（明治六年生まれ）が石臼で小麦を碾《ひ》き、篩《ふるい》を使って小麦粉とその皮カスである麬《ふすま》をふるい分けていた。小麦粉は捏《こ》ねて団子にし、それを野菜類とともに水団《すいとん》にして食べた。麬は母や叔母が小麦粉に混ぜてパンにしたのだが、これは茶色がかった色で、パサついていた。口中に異和感があって言いようもなく不味《まず》かった。

七月盆の七月十五日には位牌の数だけ小皿に素麺と瓜揉《うりも》みを盛って供えた。その日は家族も冷やした素麺をツケ麺にして食べた。夏期の来客には素麺を出し、家族も相伴に与かった。素麺は購入したものだった。

2　麦作溯源

麦が『古事記』に登場することは広く知られている。「殺さえし神（大気津比売《おほげつひめの》神）の身に生《な》れる物は、頭《かしら》に蚕《かひこ》生《な》り、二つの目に稲種《いなだね》生《な》り、二つの耳に粟《あは》生《な》り、鼻に小豆《あづき》生《な》り、陰《ほと》に麦《むぎ》生《な》り、尻《しり》に大豆《まめ》生《な》りき。故是《かれここ》に神産巣日御祖《かみむすひのみおやの》命、茲《こ》れを取らしめて、種《たね》と成《な》しき」とある。この死体化生神話は記紀成立時に麦が栽培されていたことを語るものである。一方、弥生時代や古墳時代中期の遺跡からも麦が発見されており、弥生時代から麦が栽培されていたことが考えられる。*6 併せて見ると麦栽培の古さが知れる。

『万葉集』にも麦の歌がある。

- 馬柵越《うませご》しに麦食《は》む駒の罵《の》らゆれどなほ恋しくも思ひかねつも（三〇九六）
- 柵越《くへご》しに麦食《は》む子馬はつはつに相見し子らしあやに愛《かな》しも（三五三七）

三五三七番歌の添え書きに「或る本の歌に曰はく」として次の歌が収められている。

- 馬柵越《うませご》し麦食《は》む駒のはつはつに新膚《にひはだ》触《ふ》れし児《こ》ろし愛《かな》しも

馬が青麦を喰うことを示す「馬柵越しに麦食む」という一種の慣用表現から想起するのは、百姓が稔らぬ前の青麦を蒭《まぐさ》（馬草）として刈り取って売ったという話である。

鋳方貞亮は麦蒭について、弘仁十年（八一九）六月二日の太政官符をもとに注目すべき考察をしている。[*7]「麦蘈を売買することを禁断する事　右、去る天平勝宝三年三月十四日の格に偁ふ。大小麦は寔に能く夏の乏しきを助く。愚癡なる百姓後に欠くることを慮《オモンバカ》らず、頓《ニハカ》に青蘈を刈りて徒らに沽失を為す。今より後堅固《カタ》く禁断す。若し違犯すること有らば必ず重罪を科せむ。(後略)」——これをふまえ、政府は端境期《はざかいき》を乗り切るため、飢饉を避けるため、民をして食を足らしめるため麦作を奨励したのだとし、百姓が、稔りの前の青麦を刈って売ったのは買い手があったからだという点に着目する。「そこには王公卿士および豪富の民らの畜馬熱ともいうべき風潮があったのである」と述べている。

また鋳方は、『延喜式』巻二三、民部下、交易雑物の条にもとづき、大麦・小麦の交易物としての比率について次のようにまとめている。[*8]「今試みに五畿内における麦についてみるに、大麦の合計一二石に対し、小麦は一三六石一斗七升三合であって約一一倍強である。これに阿波の国を加えると、小麦の合計は二〇六石一斗七升三合となり、大麦に対して約一七倍の量になる。この大差は、小麦が大麦に先んじて移入された穀物であったことを肯定させるに十分であろう」——。小麦系食物の味とともに、小麦が真麦《まむぎ》と呼ばれたことも納得できる。

右にかいま見るごとく、歴史学の成果からの麦の学びは極めて重要であり、かつ興味深いものではあるが、ここでは手のとどく過去の麦の記憶をたどることに主眼を置く。

3　麦の秋——繁忙の極み

「ポッタンカケ」（ホトトギス）が鳴くころが一年で一番多忙だった。この季節には「茶摘み」「麦の収穫」「田代あけ」即ち、田植準備からの田植作業が短い間に重なってくる。「結《ゆ》い」で行うので、昼と夕方には焼酎を出す。その準備もしなければならない。掘って埋めておいた自然薯の煮しめ、ワラビ・ゼンマイの煮つけ、塩鮭を「マクラザカナ」と称してこれも準備した。

中瀬守さんはこの繁忙期について親たちから次のように教えられた。「ポッタンカケが来るころだから早起きをしろ。長便所をするな」、「ポッタンカケを寝床で聞くと大患いをする」[*9]——（宮崎県東臼杵郡椎葉村竹の枝尾・中瀬守さん・昭和四年生まれ）。

静岡県磐田市富里出身の鈴木次太郎さん（明治三十七年生まれ）は「麦蒔き百日麦刈り一日」という口誦句を伝えていた。麦蒔きの適期には幅があり、麦蒔きの日どりには余裕があるのだが、麦は一気に稔るので麦刈り作業は短期間に、集中的に終えなければならないというのである。徳島県美馬市木屋平川上の梅津多金美さん（明治三十六年生まれ）は類似の口誦句を次のように伝えていた。「麦蒔き二十日に麦刈り一日」——こちらの方が麦蒔きの日程幅は前者の象徴的表現に対して現実的である。稔った麦を刈らずに置くと長雨などで麦の実は畑で発芽してしまう。

トシ子さんが横田家に嫁いだのは昭和三十二年のことだった。そのころ横田家では水田＝三反歩余、桑畑＝六反歩、定畑＝三反歩（夏作＝甘藷、冬作＝麦）といった農地を持ち、稲作・畑作・養蚕を複合させ、桑畑の果樹園化が動き始めるころだった。加えて、稲作水田の裏作として麦三反歩も栽培していた。春蚕の上蔟→麦刈り→麦のハサ掛け→麦ナグリ（穂落とし）→麦叩き（脱粒）→田植、と続く作業が限られた時間の中に集中するので、想像を絶するほど多忙だったと語る。田麦を作っている場合は麦代崩し（麦の畝崩し）をして、そこを田代に変えなければならず、それもこの時間の中に入ってくる。畑麦の場合は麦刈り前に麦の根方に土盛りをしてそこに甘藷の蔓挿しをする。麦刈りに際しては甘藷の蔓を切らないように注意しなければならない。素畑なら早挿しができるのだが、麦畑での蔓挿しはどうしても遅れる。甘藷の苗床も素畑用と麦畑用とは別にした。刈った麦は八段掛けの麦ハザに掛ける。ハザの横木に麦束を二分して掛けるのだが、一把を五：五に分けて掛けるのではなく、七：三、三：七と交互に比率差をつけて掛ける方がたくさん掛けることができる。高い段に麦束を掛けるには、補助役が、先端を鋭く削った長さ二間の竹竿の先に麦束を刺して差し出した。ハザ掛けした麦も梅雨どきになると実が黴《か》びたり発芽したりしてしまう。特に小麦が悪かった。茎から穂を落とすには「麦なぐり」と称して横に立てた梯子に向かって麦束の先を叩きつける。穂を粒にするために、広げたムシロの上に穂を置き、槌で叩いた。三、四人が中央に置かれた穂を囲んで三尺柄の槌で叩くのである。麦叩きと呼ばれるこの作業をすると体が痒くなって困った（長野県飯田市大休・横田トシ子さん・昭和九年生まれ）。

三重県志摩市志摩町和具で海女として生きた西川嘉栄さん（大正九年生まれ）は「麦の枇杷色《びわいろ》オービ（鮑）の旬」という自然暦を伝えていた。麦が稔る季節になると鮑が最もおいしくなる季節だ、というのである。ここには農山村とはまた別な繁忙期があったのだ。

長崎県佐世保市宇久町本飯良宮の首の古賀力さん（昭和五年生まれ）――。ここは五島列島の宇久島である。古賀家は水田一町五反歩、定畑一町歩で農業を営み、力さんはこれに併せて海士として漁撈活動もしてきた。力さんは「麦が色づくと海士が近づく――」と語り、この繁忙期の苦労とくふうを語った。田植・麦刈りと、海士が主力を注いで働く潮時が重なって困った。――一部に田麦も作っていたので、麦代崩しから田代作りの仕事もあった。田植は潮時前と定めていた。即ち、田植が鮑捕採適時である大潮どきに重なることのないように、田植は潮の動かない小潮時に済ませたのである。鮑捕採の後に麦刈りをしたのだった。畑作は、夏作に甘藷・大豆、冬作に裸麦を作った。甘藷の蔓挿しもここに重なってくる。一部葉タバコも栽培していた。麦の稔りは鮑の捕採適期を示す自然暦の指標となっただけではない。それは繁忙期の象徴でもあったのだ。

静岡県下田市須崎小白浜の小川えいさん（明治四十四年生まれ）は海女であり畑作にも力を入れた――。次のように語っていた。六月には麦コナシを終えた麦を、朝ムシロに広げて干しておき、午前中はワカメを採取した。昼からは干しておいた麦の精白をした。麦の精白のことを「麦押し」と呼んだ。子供のころには九月に麦を蒔き、二月に収穫していた。

4　民俗学のまなざしと麦の座標

ビール麦や、健康食品・地域興こしの素材とされるモチ麦、農協がかかわる一部の小麦栽培などを除いて、この国の風景の中から主食としての麦栽培にかかわる種々の営みや耕地に育つ麦の姿が消えて長い時が流れた。麦踏みも、麦秋の景観も、麦コナシにいそしむ人びとの姿も総じて過去のものとなってしまった。それは、日本人が米に次ぐ穀物として主食の一角に加え、その増産に努めてきた麦である大麦を素材とした麦飯が食卓から消えてしまったからである。また、小麦系の食べものは現今でも多食されてはいるものの、その原料の小麦は九〇％を輸入に頼っているからだ。食糧構造の中における大麦系の麦の比重は昭和三十年前後から始まった高度経済成長の歩みとともに軽くなり、昭和四十八年の石油危機のころにはもう麦飯が食卓にのぼることはなかった。[*10]

「麦の記憶」をふり返り、反芻すべきだと考えた理由はいくつかある。飽食の時代と言われ、グルメブームの煽動に乗り始めてからも久しい。一方厖大な量の廃棄食品・食品ロスが批判の対象になってからも根本的な改善はなされていない。過剰に用意された節分の恵方巻《えほうまき》の残余はどこへ行くのか。クリスマスケーキにしても同様である。コロナ禍における需給不全は別途として、これまでの廃棄食物の多さは世界の心ある人びとから顰蹙《ひんしゅく》を買ってきた。しかも、こうした状態が、カロリーベースでの食料自給率三七％という極めて危い中で行われているのである。厖大な債務にまみれる中での身の丈に合わぬ浪費、華美なるものへの単純な願望も省察されなければならない。

高度経済成長期以前、この国の子供たちは皆、一粒の米、一粒の麦を粗末にすることを強く戒められて育ってきた。昭和初期までは、稲の籾摺り作業を自家で行うのが一般的だった。籾摺り作業をすると、納屋の土間などに米や、割れた米、未熟の米がこぼれる。このような米を丁寧に拾い集めて竪臼・横杵でハタいて（叩いて＝搗いて）粉化し、その粉を捏ねてから蒸し、「ネコ」と呼ばれるカマボコ型の棒の形に整え、これを切って食べる方法があった。叩《はた》くところから静岡県ではこの餅を「オハタキ」と呼んだ。オハタキにする米は粳米《うるちまい》・屑米《くずまい》が多かったのでオハタキは灰色をしていたし、糯種《もちしゅ》ではないので粘着力がなかった。静岡県藤枝市蔵田の藤田賢一さん（明治三十五年生まれ）は籾摺りの日の拾い米で作ったハタキモチのことを「ツボモチ」と称して臼や神棚に供えて、家族も食べたと語る。ツボモチとは「粒餅」の意だと考えられるが「土穂餅《つぼもち》」と見る地方もある。藤田さんは、「師走川渡らぬ先にツボモチ」という口誦句を伝えていた。「籾摺りは十一月中に終えよ」ということである。また、「ツボモチをよそ（他家）へやるとツボモチが泣く」とも伝えていた。「ハレの餅」ではない、「始末」「倹約」の餅、食素材を大切にする褻《け》の餅なので、家族で内々に大切に食べるものだとする心意が見られる。米粒・麦粒などの穀類を一粒たりとも無駄にしてはいけないという伝統が儀礼として定着していたのである。

　飽食の中に生きる現代人は手のとどく過去の人びとの食べものに対する心がまえを忘れてはならないのである。本書の中で詳述する通り、麦という穀物は、刈り取り以後、麦コナシをして、精白する。飯にするのにも手がかかる。その間の手間隙《てまひま》には想像を絶するものがある。多くの穀物の中で口に入るまでにかけなければならない労力の多さは、何と言っても大麦（皮麦）が一番である。多くの手間と時間をかけてやっと食べることができるのだ。そうした苦労に支えられて命をつないできた麦のことを忘れ去るわけにはゆかないのである。もとより今、こぞって麦飯を食べよ、などというわけではない。麦とともにあった心を失ってはならないのだ。

　平素は麦飯か糅飯《かてめし》で、米の飯は盆正月か人生儀礼の折にしか口に入らない時代が長かった。静岡県の大井川中・上流域は知られた茶産地で、お茶の季節には下流部の水田地帯から季節労務者として多くの茶摘み女や茶師と呼ばれる焙炉師《ほいろし》が山のムラムラに入った。茶摘み女には麦飯でも、技能者である茶師には米の飯と夕飯酒と呼ばれる酒が付けられるのが一般的だった。静岡県焼津市藤守の加藤正さん（明治三十二年生まれ）は焙炉師として大井川中流域の山のムラムラで茶を揉んでまわった人である。加藤さんは次のような茶摘み唄を記憶していた。

〽茶揉みゃ米の飯正月か盆か　主《ぬし》もやりたや川根路へ

〽お茶師ゃ米の飯正月か盆か　親の年忌か嫁入りか

「銀舎利」とも俗称される純白の米の飯が庶民にとっていかに特別なものであったかがわかる。田植、春蚕《はるこ》あげ、麦刈りが一時に降りかかる農繁期の重い仕事をみごとに為しとげて来た人びと、夜、大麦をエマしておき、朝それを米と混ぜて炊き直し、大家族の飯を用意し続けた人びと、麦コナシで芒《のぎ》の刺激と埃と汗が混じって押し寄せる痒さに耐えた人びとなどの多くは、幽明境を異にしてしまった。たとえ十分なものでなくとも、断片のごときものであったとしても、今記しておかなければ、麦にかかわる多様な苦渋と、その中でも味わったであろう充実感などは永久に忘れ去られてしまうのである。私には僅かな麦の記憶があるだけなのだが、それをもとにして各地の方々から麦にかかわる多くの体験と伝承を聞いてきた。それは、体系的、計画的なものではなかったのだが今となっては貴重である。書きとどめるべきだという思いが強く湧いた。

近代以降もこの国の人びとは己《おの》が命を支える主食食物としての麦に大きく依存してきた。その麦に対して日本民俗学のまなざしは決して細やかで、温かく、行きとどいたものだとは言えなかった。それでも、これまで、麦の様々な側面、麦にかかわる様々な営みの一定の部分に光を当て、優れた成果を示しているものも多々ある。それらの多くについては本書の各章で引用または例示させていただいている。多くの成果の中でも、埼玉県内の事例を扱った大舘勝治氏の「麦作」は緻密・精細であり、総合的でもあって学ぶところが多かった。[*11]

こうした成果に学びながらも、「麦」と「麦に関する多くの営み」を民俗学の視座から全国的に眺め、総合的にまとめたものは見られないように思われた。なぜこのような状態に至ったのであろうか。その要因の一つは、日本人の食の中核に位置したのが米であり、それを生み出す営みが水田稲作だったからである。そして、米の日常的な食法は「飯」という形態であり、「麦飯」という言葉が纏《まと》っている通り、米に麦を混ぜた飯は、晴れの日に食される「白米の飯」に対して、「麴の飯」「粗末な飯」として位置づけられてきたのだった。その上、晴れの日には糯種の米によって餅が搗かれ、これが年中行事や人生儀礼の祝いの食物となり、神饌ともなり、儀礼食ともなってきた。麦の中の小麦は粉化の後様々に加工されて儀礼食にもなったのだが、それらといえども米の餅と対等とは言い難い部分があった。「麦飯」に象徴されるように、麦は常に米の陰に位置し、従属する位置にあり、麦は米を補足するものと見為されてきた。稲（米）は夏作で、麦は冬作であるのだが、人びとは、長く、稲を表作、麦を裏作と称してきた。こうした風潮のもとにあればこそ、麦と日本人の関係を総合的に探究し、まとめてみようという動きが鈍かったのである。

また、民俗学およびその周辺に、起源論・伝播論、特定の栽培物を象徴的指標とする文化論的なものを提示する流れが風靡した時代があった。当然、そうした探究の意義は深いものではあるが、それらは、一国民俗学には荷が重すぎる部分もあり、方法論としてなじまないところもあった。学際的共同研究や国際的共同研究において初めてそれらは可能となる。日本民俗学はまず、この国の民俗を具さに見つめ、社会環境、自然環境や時代変容の中で、その特色を確かめ、生活者とのかかわりを学ぶところから始めなければならないのである。

例えば里芋をとりあげるとすれば、早生、中生、晩生、さらには茎のみを食べる芋など、一体里芋にはどのような種類があるのかを知らなければならない。褻の生活の中でどのように季節適応をし、どの時期にどの種類の芋を主食的に、どのように調理して食べてきたのかを知らなければならない。晴れの食とされた「芋餅」に使われた里芋はいかなる種類で、芋餅に混合物はあったのかなかったのか、晴れの食として芋餅を食べる日、芋をそのままで食べる日は何の日だったのか、里芋の種類と栽培環境——定畑か、焼畑か、水田か、そして里芋の貯蔵法はいかなるものだったのか、里芋以外の主食系食物には何があったのか、——こうした、暮らしに密着した実態から離れた文化論はどうしても観念的になり、暮らしの襞《ひだ》とも言うべき庶民の苦渋や細かい実態を捨象してしまうのである。起源論・伝播論も同じくである。

麦が総合的にとりあげられてこなかったのは、それが常に脇役だったことにより文化論のごとき晴れやかな舞台に登りにくかったということも考えてみなければならない。この国で第一次産業系の仕事に携わってきた人びとは、一人で多くの生業要素にかかわることが多く、身近な自然の中から様々な食素材を獲得し、耕地からもじつに多種に及ぶ食素材を得ていたのである。単一職業的ではなく、「生業複合的」だったのだ。麦栽培もまたその中の一つであった。

かつて属目の風景の中にあった麦は視界から消えた。今、まだこの国の中にはイロリやオクドさんから電子レンジまでを体験し、山中で暮らし塩蔵魚さえ稀とした者で、かつては思いも及ばなかった冷凍食品を容易に口にできるようになった者もいる。生活様式が激変し、それが価値観まで変える現今である。社会生活が激変する時代には、民俗学もその草創期の方法のみに頼っているだけでは道は拓けない。多様な模索があってよいはずだ。社会生活の激変、それに応じて暮らしの細部まで変容・変質してゆく現今なればこそ、個々の民俗や人びとの暮らしぶり、その周囲の景観や栽培作物の消長や変転を克明に記しておく必要が生じてくる。それは民俗学の主要な責務の一つであるはずだ。民俗学は微細な変容に敏感でなければならない。私は、この社会変容にともなう民俗の消滅や変化にも目を注いできたつもりではあるが、個人の力には限界がある。

麦の民俗を総合的に見つめる仕事が稀少である理由の一つには、民俗を学ぶ者の主題や関心が細分化されてきたこともかかわっている。食物としての麦とその食法、栽培作物としての麦の栽培技術、麦にかかわる農耕具・穂落とし具・脱粒具（民具）、麦作にかかわる儀礼、麦栽培や麦コナシにかかわる労働慣行、麦の労働にかかわる民謡、などの側面がある。さらに、地域定点的モノグラフなどもある。分野限定、地域限定で対象物に当たれば精度はあがるが、部分を掘っただけでは麦と人との多様なかかわりが見えてこない。対して、例えば鳥瞰的、総合的に「麦」を描こうとすれば、どうしても粗さがつきまとう。麦の民俗を描き出そうとすれば、農学の成果や歴史学、文化人類学も学ばなければならなくなる。容易なことではない。

気圧《けお》され、躊躇し、手を拱《こまぬ》いている間に数多の細かい麦の記憶が消えてしまう。麦とともに生きた人びとが幽明境を異にしてしまう――。ある種の危機感を抱き、手のとどく過去の麦に対して遅蒔きながら探索の一歩を踏み出した。本書の骨格はほぼ目次の章立てのごときものであるが、時には麦そのものからはやや距離のあるものもとりあげている。

5 麦の種類

麦にかかわる民俗のいくつかの側面に言及する前に、この国で栽培され、食べられてきた麦の種類の概略についてふれておかなければならない。

この国で麦と言えば、大麦・小麦を指すことが多い。明治以後、ライ麦・燕麦が入り、これらも含めてムギと呼ぶようになったのであるが、麦の通念はやはり大麦・小麦である。穂は大麦の方が芒《のぎ》が多く、長く鋭い（写真①②）。小麦の方が大麦に比べると芒が粗であり、穂もやや小さい（写真③）。寺島良安の『和漢三才圖會』[*12]の絵図も右と共通する。大麦には実の殻（頴《えい》）が子実に付着して離れない皮麦と、殻が子実に付着せずに容易に離れる裸麦とがある。精白に多大な手間がかかるのは皮麦で、これを通称として大麦と呼ぶことが多い。皮を剝くことに多くの労力と長い時間を要す

写真① 大麦の穂

写真② 裸麦の穂

写真③ 小麦の穂

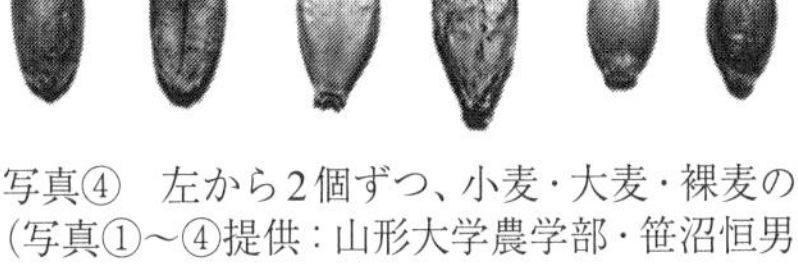

写真④ 左から2個ずつ、小麦・大麦・裸麦の種子
(写真①～④提供：山形大学農学部・笹沼恒男氏)

るところから「剝《む》き」↓「ムギ」という呼称が生まれたものと考えられる。

静岡県藤枝市忠兵衛の仲田要作さん（明治三十三年生まれ）は大麦（皮麦）のことを「カタ」、裸麦のことを「ヤス」と呼び分ける慣行があったという。大麦（皮麦）に対して裸麦の伝播定着は地方により差異があった。明治八年生まれの柳田國男は『故郷七十年』の中の「引割麦のことにふれて」の冒頭部で以下のように述べている。[*13]「播州でも半麦飯を摂る家もあったのではあるが、この場合の麦といへば、裸麦、それを引割にしたものを指してゐたのである。ところが十三歳の時、長兄のゐる茨城県布川に移ってみると、驚いたことにまだこの地方には裸麦は伝播してをらず、麦といへば大麦のことであり、引割麦といふ名称すら知る人もなかった」——。

大麦（皮麦）の精白に多大な労力がかかるのに比べて裸麦の精白は容易だった。大麦と裸麦のちがいは精白労力の多寡だけではなく、両者の味にも差異があった。静岡県榛原郡川根本町小長井の小長谷吉雄さん（明治四十五年生まれ）は「裸麦に比べれば大麦の方がうまい」と語る。また、長野県飯田市上久堅森の木下善治さん（大正十二年生まれ）は「裸麦は大麦に比べて味が悪いので栽培しなかった」と語る。しかし、味の良し悪しにかかわらず、精白効率や収穫量の上から裸麦を選ぶ地方や家が多かったのも事実である。昭和八年刊行の、中道朔爾『遠江積志村民俗誌』[*14]の中に次の記述がある。「一般の農家の主要な食物の一つである麦に於てさへも、現今の如き大麦ではなく、不味《まず》いが収穫量の多い裸麦であった」——。

大麦には穂に粒が六列に並ぶ六条皮麦、即ち六条大麦と、穂に粒が二列に並ぶ二条皮麦＝二条大麦とがある。日本人が長く麦飯として粒食してきたのが六条大麦であり、二条大麦はビール麦とも呼ばれ、ビールやウィスキーの原料になる。

大麦・裸麦の食法の中心が粒食、即ち麦飯であったのに対し、小麦の粒食は稀で、そのほとんどが一旦粉化した後、麺類・団子類などにして食されてきた。他に醬油の原料などにも使われた。

小麦の種類は数えきれないほど多いと言われているが、わが国の、近代以降中心をなしてきたものは「パンコムギ」と呼ばれる種類で、在来パンコムギをもとに改良を重ねてきたものだと言われている。阪本寧男氏は、日本のパンコムギが優れた品になったのは小麦が水田二毛作の裏作に組みこまれたことによるとしている。水田裏作として栽培される麦は局限された要請のもとでなされることをふまえ、以下のように述べている。[*15]

「東アジアのモンスーン気候帯で、このような特殊な要請に適した小麦特性としては、早生、短稈・高収量が最も望ましい形質組み合わせと考えられよう。とくに水田は残留肥料が多く、土壌も湿っている。普通のコムギ品種を栽培すると、植物体がよく伸長して草丈が高くなり、成熟期は穂が重くなってたちまち倒伏するようになる」――。

1――釋迢空『海やまのあひだ』初出一九二五年（『折口信夫全集』21・中央公論社・一九六七年）。
2――北原保雄ほか編『日本国語大辞典　第二版』（小学館・二〇〇一年）。
3――長田暁二編著『日本のうた大全集　増補改訂版』（自由現代社・二〇〇五年）。

4――文部省唱歌「冬景色」（堀内敬三・井上武士編『日本唱歌集』岩波文庫・一九五八年）。

5――島田忠夫「巣」、後藤楢根「思ったこと」（与田準一編『日本童謡集』岩波文庫・一九七五年）。

6――鋳方貞亮は『日本古代穀物史の研究』（吉川弘文館・一九七七年）の中で、壱岐島の原の辻遺跡で竪穴の中から麦が一かたまり発見されたこと（杉原荘介調査）、長野県宗賀村古代集落遺跡の総合研究「平出」におけるオオムギの種実（直良信夫調査）などをあげている。

7――鋳方貞亮、前掲注6に同じ。

8――鋳方貞亮、前掲注6に同じ。

9――ホトトギスが鳴くころ麦刈りを中心とした繁忙期になることが語られている。作詞白鳥省吾・作曲井上武士の「麦刈」が文部省唱歌『初等科音楽（三）』（昭和十八年）にとりあげられている。そこにはホトトギス科の郭公《かっこう》が登場し、中瀬守さんの伝承と通じるものがある。〽たすき鉢巻、きりりとしめて、親子そろって麦刈りあげりゃ、森のかっこ鳥、かっこと鳴いた（堀内敬三・井上武士編『日本唱歌集』岩波文庫・一九五八年）。

10――麦栽培の衰退と小麦を中心とした麦の輸入について農林水産省の統計資料を用いて詳細に論じた報告がある。それは農林水産技術情報協会が刊行した『昭和農業技術発達史』3・畑作編／工芸作編（農山漁村文化協会・一九九五年）所収の第二章「ムギ作」で、執筆者は佐々木昭博と山下淳である。中に麦作の衰退と輸入の実態を如実に示す二つの統計表（図①②）があるので引用させていただく。

11――大舘勝治氏の「麦作」（『田畑と雑木林の民俗』慶友社・一九九五年）は埼玉県の事例を中心としたものであるが、麦作の技術、かかわる農具、儀礼に至るまで詳細にかつ総合的に調査されたものであり、農具の計測図や作業にかかわる写真なども豊富に収められており、注目すべき貴重な成果である。

12――寺島良安『和漢三才圖會』正徳二年（一七一二）脱稿（東京美術・一九七〇年）。

13——柳田國男『故郷七十年』初出一九五九年（『定本柳田國男集』別巻第三・筑摩書房・一九六四年）。
14——中道朔爾『遠江積志村民俗誌』（郷土研究社・一九三三年）。遠江積志村は、現静岡県浜松市東区積志町。
15——阪本寧男『ムギの民族植物誌—フィールド調査から—』（学会出版センター・一九九六年）。

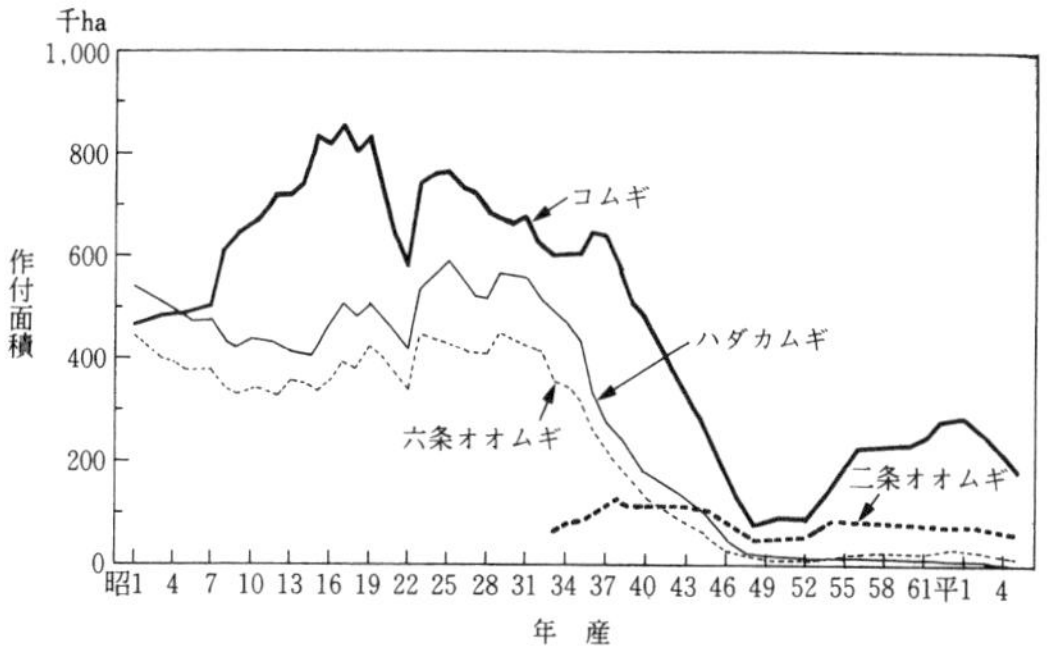

図①　四種類の麦の作付面積の推移
（出所：農林水産省「作物統計」）

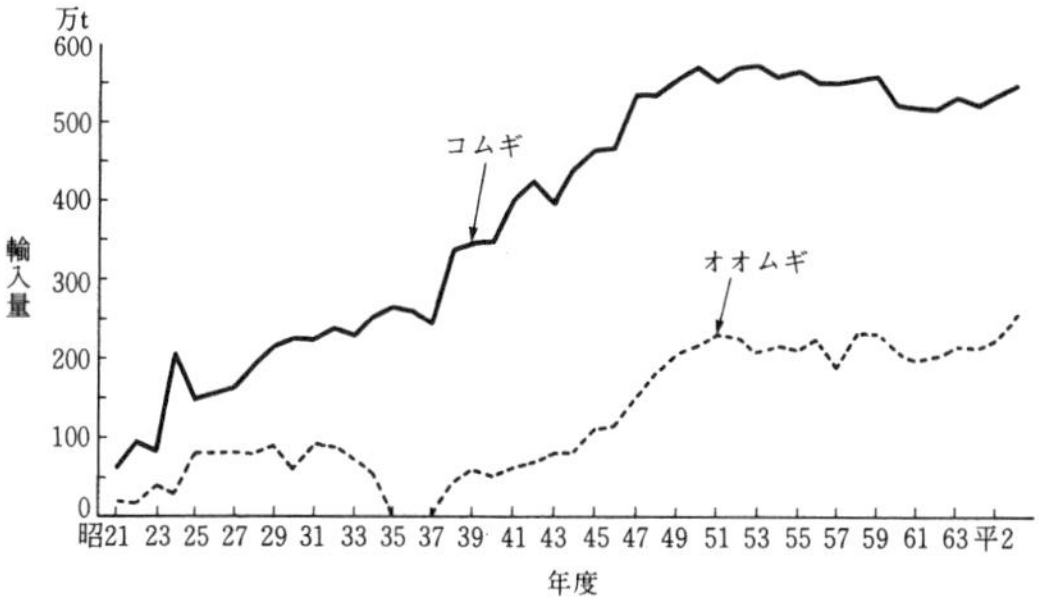

図②　小麦・大麦の輸入量
（出所：農林水産省統計情報部「ポケット農林水産統計」）

（図①②ともに『昭和農業技術発達史』3・畑作編／工芸作編より）

Ⅰ　麦の栽培環境

麦栽培始原の地からの麦の伝播について阪本寧男氏は次のように語る。[*1]「西南アジアの「肥沃な三日月地帯」で始まった麦農耕は、あたかも水の輪が拡がるごとく、この核地域を中心に東西南北に徐々に伝播していった。……」そして、東進した麦は中国に達し、やがて朝鮮半島を経て日本に至ったのだという。海上に弧状をなして連なる日本列島はモンスーン地帯に属し、土地は狭隘だと言ってもよかろう。その狭い耕地の環境も極めて多様である。この列島の中では主たる農耕作物として常に稲を主役としてきた。稲は水田で育まれるのだが、麦の原郷は乾燥の地だった。麦はこの国にたどりつき、稲の脇役のような立場で、ありとあらゆる農耕環境の中で人びとの期待に応えてきたのである。日本列島は多様な栽培環境における麦栽培の実験場だったと称しても過言ではあるまい。水田二毛作として、夏作の稲に対して冬作作物として麦が栽培された。これがいわゆる裏作としての麦である。夏作には稲ばかりでなく、他の作物も栽培された。田代・麦代の循環には多大な労力と時間が必要なのだが人びとはそれに耐えてきた。当然のことながら畑作においても麦は二毛作の冬作として栽培された。水田においても、畑作においても、麦と対応する作物が地方色を纏《まと》いつつ選ばれ、栽培されてきたのである。二毛作による地力の消耗は当然のことだが甚だしい。その地力回復のためには施肥が必要となる。麦の場合、播種時における元肥と、出穂前の追い肥が必要となる。麦作にかかわる肥料も農耕環境によって異なり、それは多彩だった。大麦――皮麦・裸麦と小麦でも適性耕地が異なる。ここでは麦栽培を支えてきた多彩な農耕環境とそのおのおので展開された麦栽培の実態を報告する。

1――阪本寧男『ムギの民族植物誌―フィールド調査から―』（学会出版センター・一九九六年）。

一　海岸砂地畑

㈠　事例探索

わが国の海岸線の総延長は三万二八〇〇キロメートルに及ぶと言われる。そして、その海岸地形や地質は変化に富む。中には砂浜も多く、その砂地が内陸部に及び、畑地や屋敷地も砂地であるという実態も各地に見られる。そうした地は水田も開発しにくく、主食にする穀物も砂地畑に頼らざるを得ない。冬季の北風や西風で畑地の砂を飛ばされることもあったし、冬作の麦が飛砂の害を受けることもあった。夏は干天や水不足に悩まされた。また、砂地畑に施す肥料にもくふうが必要だ。以下に、砂地畑における麦栽培についての事例を示す。

①千葉県山武市白幡納屋・北田実さん（明治四十四年生まれ）

当地は九十九里浜に面し、鰯の漁獲地、干し鰯《か》の産地としても知られている。乾燥した砂のことを「イナゴ」と呼び、砂地畑のことを「イナッパタケ」と呼んだ。イナッパタケには夏作に甘藷・落花生、冬作に麦を栽培した。干し鰯を機械で刻んで麦の肥料にした。臼で粉化することもあった。干し鰯は麦蒔きの後、埋め込んでから足で砂をかけた。この作業のことを、「アシヒキ」（足引き）と呼んだ。元肥にする干し鰯のことを「ミゴエ」（実肥）と呼んだ。干し鰯を入れると「ミハリ」（実張り）が良くなると語り伝えられていた。甘藷に干し鰯を施すことはなかった。麦の追い肥のことは「ウワゴエ」（上肥）と呼んだ。上肥は人糞尿で野溜でよく枯らしてから使った。当地にはイナッパタケとは別に「ホッケバタ」と呼ばれる畑があった。それは、水田の中に、二〜三坪ほどの斑状に作られた畑のことで、そこには野菜のほか、粟・黍・大豆・小豆が栽培された。豆類、雑穀類にも干し鰯を入れた。

麦は冬期の作物であるため、風による飛砂の害を受けることがあった。蒔いた麦種も、発芽したものも吹き飛ばされることがあった。麦を飛砂から守るために「フケワラ」を畝の間に埋め込んだ。麦稈は折れて切れてしまうので稲藁の方が切れなくてよいとされている。フケワラは風が吹きつける側に立てた。当地ではフケワラ立てが終わって初めて「麦蒔きが終わった」と言いならわされていたそうだ。フケワラは麦を中心としたが、他に落花生・馬鈴薯などにも有効だった。

②徳島県鳴門市大毛島小字福池・福池シズエさん（大正三年生まれ）、**福池弘重さん**（昭和六年生まれ）

平成五年十一月中旬に徳島県の鳴門市福池・大毛地区を歩いた。砂地の畑は、花の盛りを過ぎた

写真①　飛砂防止のキリコミ（鳴門市福池）

写真②　飛砂防止のキリコミと海苔簀（同上）

ラッキョウ・青首大根・残余の甘藷と休閑の砂地畑の四種類が混合していた。砂地畑の農業技術の一つに飛砂防止の技術がある。その中心の一つに稲藁を二つ折りにしてその折点を砂畑に埋め込んで栽培物を風による飛砂から守る方法がある。鳴門地方ではこれを「キリコミ」（切り込み）と呼ぶ。キリコミは休閑中の砂地畑にもあり整然と埋め込まれていた（写真①）。もとより、ラッキョウ畑にも青首大根の畑にもあった。なお、当地には藁のキリコミの代わりに用済みになった海苔の簀《す》を海苔養殖をする家から買い受けて、砂地畑の飛砂防止に使う例が見られる（写真②）。合理的な方法である。このキリコミは長い間冬作である麦を守り続けてきたものなのである。鳴門の砂地畑の作物は夏作＝甘藷、冬作＝麦という組み合わせだった。甘藷渡来以前の夏作は粟と黍だった。その名残として夏作が甘藷中心の時代に入っても粟・黍は少しずつ作り継がれてきた。そうした流れの中で、昭和十二年から十四年までと、昭和二十三年から三十八年までの間、夏作の中にタバコの葉の栽培が入った。さらに、昭和三十五年から三十八年までの間、夏作の中に落花生と空豆が入った。夏作の中にラッキョウが入り始めたのは昭和五十年で、冬作の麦が大根に転換したのは昭和三十五年だったたという。

当地の麦栽培にはその収穫方法において特色があった。それは稔った麦を根刈りでもなく、穂刈りでもなく、根からそのまま抜きこぐという方法である。こいだ麦はまず畑に整然と並べてよく干す。そして、乾燥した根の部分を唐竿《からさお》で叩いてよく土を落とす。麦刈をしないということは、麦の根株が夏作の障害物になることを避けることになり、乾燥した根を唐竿で叩くということは畑の土を大切に守り、土を畑地の外に持ち出さないことを意味している。唐竿で土を落とした麦は径六〇センチほどの束にする。次に一四〇束を一つの単位として、穂を内側、根を外側に、穂を向かい合わせにする形で麦を四段ないし五段積み重ねてこれに屋根をかける。これを「ワラグロ」と呼ぶ。漁撈とのかかわりなどによる仕事の段取りに応じてワラグロから麦束を出し、千把扱きで穂と稈《から》を分ける。扱き落とした穂は、「タテ」に詰めて納屋に収納しておく。タテとは、藁で編んだ径二尺五寸、高さ三尺の筒状、俵状のものに底を編みつけた藁製容器である。脱粒の際はタテをリヤカーで家の庭に運んでムシロの上でよく干し、昭和元年までは唐竿、以後は摺り台で脱粒した。栽培した麦の種類は大麦・小麦、それに紫色のモチ麦だった。イガ（ノギ）及び皮を除いて食べられるようにした麦の実を、「土用干し」と称して夏の土用にムシロを敷いて日乾した。広げた麦の周囲に高さ二寸五分ほどの灰の土手をめぐらせて囲む。土手状の灰の断面はほぼ正三角形で、頂は稜線をなしている。精白麦の土用干しに際して一体何のためにこのような灰の土手をめぐらすのかというと、それは、この地で「ホリ」と呼ばれる穀象虫（オサゾウムシ科の甲虫で体長三ミリ前後。貯蔵穀類の害虫）を退治するためだという。夏の土用の強い太陽に照らされ、麦の中にいた穀象虫は暑さを逃れて外へ移動しようとする。すると、そこに灰の土手があって遮断される。のみならず、穀象虫が灰の土手を登りかかると灰が崩れ灰に埋もれる。これをくり返しているうちに穀象虫は炎暑のために死んでしまうのだという。

③静岡県御前崎市白羽・高塚佐右衛門さん（明治二十七年生まれ）

高塚家の畑は総て砂地畑、九反歩の畑と漁業を兼ねていた。畑は茶畑が三反歩、野菜畑が一反歩、その他の五反歩は夏作＝甘藷、冬作＝大麦・小麦だった。夏の甘藷は特に多量の水肥を必要とした。人の糞尿ではとても足りないので、畑に「イダメ」（井溜）を作り、水を運び入れてそこに豚の糞尿を混ぜて一週間ほど置いてから畑に撒いた。当地には水田がないので藁もなく、草場もないので堆肥がほしくても作ることができなかった。そこで、アマタという海藻や鰯を砂地畑に肥料として入れた。大麦・小麦の元肥には鰹の頭・アラなどを干したものを使った。乾燥した鰹の頭は槌で叩いたり、ムシロに包んで踏んだりして細かくして使った。当地は鰹節の産地だった。鰹のアラカスの他に、「ノダメ」（野溜）に鰹のワタ（内臓）を溜めておいて使うこともあった。鰯（干し鰯）は施しすぎると麦の根ばかり太くなると言われていた。麦の元肥にはいま一つの種類があった。麦蒔きの前に甘藷を収穫するのでその甘藷の蔓を利用するのである。甘藷の蔓と、「アマタ」と呼ばれる海藻を混ぜて麦の根肥（元肥）にした。アマタは岩礁で育つが、海岸に寄りつくので人びとはそれを拾って堆肥小屋で保存した。砂地の農業には苦労があった。特にこの地には冬季「遠州の空っ風」と呼ばれる強い西風が吹き、それが冬の麦作に影響を与えた。風に対する対策を立てなければならなかった。風に畑の砂が吹き飛ばされないように、また生育中の麦の風除けとして「フッパギ」というものを麦畑の畝間に作って立てた。藁を半分に折り、その折点を砂畑に埋めて垣状に並べるものである。フッパギとは「吹《ふ》き接《は》ぎ」（吹きつける風や砂に対して藁を繫いで対応するもの）という意ではなかろうか。現在はフッパギの代わりにペシベルという植物を植え込んでいる。麦畑の夏作は甘藷が主で、その甘藷は冬期の風を利用してイモ切り干しとして加工した上で出荷した。麦畑の夏作の一部に大豆を作ることもあったが、その際はまだ麦が生えているうちにその畝間に大豆を蒔いた。

④静岡県御前崎市佐倉字宮内・山本弥作さん（明治二十二年生まれ）

当地は砂地畑である。砂地のことを「スナマ」（砂間）と言った。砂間耕作は幅三寸・長さ八寸の小型の窓鍬で二鍬分掘り移して積み、次にそれを逆に返してから平《な》らすのが基本だった。田起こしの窓鍬は幅四寸五分・長さ尺一寸と大型だった。窓はともに二か所空いていた。当地の畑作は、夏作が砂糖黍、冬作が麦だった。麦蒔きが一月中旬と変則的に遅かった。それは、馬力轆轤《ばりきろくろ》を使った砂糖繰り及び製糖作業が十二月下旬から一月上旬にかけて行われていたからである。一釜四貫目樽の砂糖を一日二釜煮ていた。麦の耕作（土寄せ）や茶の施肥が二月に行われた。四月下旬が一番茶で、五月下旬に麦刈りをした。麦の畝間を三尺ほどとり、四月上旬、畝間に砂糖黍を植え付けた。まだ麦があるうちに砂糖黍が生えるので麦は砂糖黍の保護に役立った。その砂地畑は五反歩だった。砂糖黍を種茎《たねくき》として尺五寸ほどに切って陽当たりのよい場所で寒じを与えぬように、十分保護しながら保存した。畑に畝を切り、種茎を横にして畝溝に入れ、砂をかける。夏、施肥をし、照りがくると水を掛けた。砂糖黍の刈り入れは十一月の中、下旬だった。この他、春蚕・夏蚕・秋蚕と養蚕も行っており、春蚕の上蔟と麦刈りが重なるので多忙を極めた。

⑤静岡県掛川市千浜・沢柳静平さん（明治三十九年生まれ）

当地の畑も砂地畑で夏作は甘藷、冬作は麦だった。砂地畑は水を必要とするので畑の隅に径四尺深さ六尺ほどの穴を掘り、そこに入る大きさの竹籠を編んで入れ、籠の外側にムシロを巻いておくと水が溜まって井戸になるのでその水を砂地畑に撒いた。冬、鰯をスカ（砂山）に干した後、踏み臼で搗いてから田畑に入れた。また、ナガラミ（細螺《きさご》＝ニシキウズ科の巻貝）を轆轤でつぶして肥料として畑に入れた。ナガラミは火を通すと貝殻が腐らないが、生《なま》なら貝殻も腐る。冬期、麦を飛砂から守るために「タテワラ」（立て藁）を麦畑に立てた。藁を二つ折りにして折点を畑に埋めて並べる。

⑥静岡県浜松市西区馬部町・藤田弘夫さん（明治四十一年生まれ）

当地も砂地畑で、夏作に甘藷、冬作に麦を作った。畑の隅の肥溜に醬蝦《あみ》（甲殻類醬蝦目の節足動物）を入れて腐らせておき、麦の元肥にした。

⑦静岡県湖西市新居町浜名・高橋利治さん（大正九年生まれ）

当地の畑も砂地で、夏作は甘藷、冬作は麦だった。ナガラミが獲れすぎると石の竪臼で搗いて畑に肥料として入れた。浜名湖周辺ではハバモク・アオサなどの海藻を畑地の肥料として利用した。

⑧島根県出雲市外園町・藤江サダメさん（大正七年生まれ）

薗の長浜の一画で、砂地畑を中心に暮らしを立ててきた。夏作は甘藷と綿で、冬作は大麦・小麦だった。これに養蚕と漁業手伝いなどが加わった。養蚕は春蚕・ツユ蚕・晩秋蚕だったが、春蚕のあがりは麦刈りと重なり、晩秋蚕のあがりは綿の収穫と重なって多忙を極めた。冬、西風が強い時には砂が舞って目も開けられないことがある。麦の風除けには稲藁がないので麦稈をひねり折りにして折点を砂に埋めた。その際、麦稈は海からの西風を除けるために畝の海側に立てた。

砂地畑の夏作は、どこでも、何でも水の心配をしなければならなかった。綿にも水が必要で、七月・八月の二か月は綿畑に撒水した。「綿井戸《わたいど》」と呼ばれる、三、四軒共同の井戸の水を使った。綿井戸は、二間四方、深さ五尺ほどだった。撒水は一斗桶または一斗罐の底の中央に穴をあけ、先に布を巻いた棒で撒水量を調節しながら水を撒く形式だった。「スッポンタガ」と呼ばれるこの桶（罐）を天秤棒の前後に担いで畑の中を素足で歩く真夏の水撒きはつらい仕事だった。

⑨福岡県柳川市有明町・倉本幸さん（明治四十五年生まれ）

有明海の干拓地「橋本開」の潮止め工事が完了したのは、大正十四年四月十五日のことだった。潮止めにかかわる築堤工事等については既に述べたことがあるので[*1]、ここでは当該の麦にかかわることの一部を述べる。潮止め直後は土の塩分が強すぎるので稲作は不可能である。それでも干拓地は農家に貸与された。貸与される一区画は四反歩である。倉本家でも干拓地を借り受け夏作に綿を栽培した。この地では干拓直後に塩分に強い綿を栽培することは広く行われていた。干拓地で作られる綿は「干拓綿」と呼ばれていた。綿を収穫して後の冬作は麦だった。綿・麦の栽培には牛馬耕が行われた。綿と麦を栽培して五、六年たつと塩分が抜け、やっと稲作が可能になる。

(二) 事例から見えるもの

砂地畑での冬作は麦である。その麦に北風や西風で砂が吹きつけられる。それを防ぐためと、畑地の砂の飛散を防ぐために麦の畝を守るように藁を折って立て並べる。事例①(山武市)ではこれを「フケワラ」と呼ぶ。山武市白幡の藤田正秋さん(大正二年生まれ)は一、二月の西南の風の強い日には、前の部落が飛砂で見えなくなることがあったという。この地では畑の砂が飛散することを畑が「フケル」という。畑がフケルということは肥料分のある砂がなくなること、畑地が痩せること、即ち「老ける」ことを意味するのである。当地では飛砂防止に立てる折り藁のことを「フケワラ」と呼ぶ。風にかかわるので「吹き藁」と見ることもできないわけではないが、藤田さんの語りを踏まえれば、「砂地畑の老けを防ぐ藁」と見ることもできる。この他、飛砂防止の立て藁の呼称には以下のものがある。②(鳴門市)＝キリコミ、③(御前崎市)＝フッパギ、⑤(掛川市)＝タテワラ。――この他、静岡県掛川市大須賀＝フッキリ、同浜松市南区江之島町＝フキリ、同湖西市新居町＝

写真③　フケワラ（千葉県山武市白幡）

写真④　タテワラ（静岡県掛川市千浜）

写真⑤　シキワラ
（鳥取県鳥取市浜坂新田）

写真⑥　フキリ
（静岡県浜松市南区江之島町）

キリゴミ、鳥取県東伯郡北栄町＝シキワラなど――。砂地畑の麦作で広く行われてきた農耕技術である。

次に砂地畑の肥料も注目される。①（山武市）＝干し鰯、「実肥《みごえ》」という語彙がある。併せて人糞尿も用いている。③（御前崎市）＝大麦・小麦の元肥に鰹の頭・鰹のアラ・干し鰯、甘藷の蔓とアマタ（海藻）を混ぜたもの、夏作甘藷には、人糞尿・豚の糞尿を井溜で水と混ぜたもの。⑤（掛川市）＝粉化鰯、ナガラミ。⑥（浜松市）＝醤蝦《あみ》を腐化させたもの。⑦（湖西市）＝ナガラミ・ハバモク・アオサ。

砂地畑は海岸部であるだけに、干し鰯・海藻類・ナガラミ・醤蝦など海産物を肥料にしているのが大きな特色である。③（御前崎市）の鰹の頭・鰹のアラ・鰹の内臓は鰹節製造と連動する生業連鎖である。
　冬作である麦に対して同じ畑で夏作が営まれていたのは当然である。事例ごとにそれを見ると次のようになる。①甘藷・落花生、②甘藷・タバコ・落花生・空豆、③甘藷、④砂糖黍、⑤⑥⑦甘藷、⑧甘藷・綿、⑨綿——。海浜部砂地畑の夏作の中心が甘藷であったことがわかる。しかし、落花生、綿も二か所で見られ、これらの作物が海浜砂地に適したものであったことがわかる。④は遠州灘ぞいの地である。この一帯は明治から大正時代にかけ砂糖黍の栽培が盛んだったが次第に衰退した。⑧⑨の綿の需要も漸減した。④の伝承者が明治二十二年生まれであるのに対し、②の伝承者は昭和六年生まれである。麦作に対応する夏作作物の品種は、地域と時代によって流動してきたのである。夏作の主流である甘藷は新大陸系の渡来作物である。甘藷渡来以前の冬作物麦に対応する夏作物は、粟・黍などのいわゆる雑穀だった可能性が高い。

1———野本寛一「潟・干潟漁と干拓」(『海岸環境民俗論』白水社・一九九五年)。

二　斜面畑と段々畑

㈠　事例探索

川を溯上するほどに平地は少なく狭くなる。谷は深く、山は高くなる。中山間地からさらに奥地に至ると水田は稀少となり、畑地も狭く、それも傾斜の強い斜面の畑か、さもなくば段々畑である。稲が穫れない山村では、夏作は粟・稗・黍、里芋や馬鈴薯、豆類、冬作は麦ということになる。しかし、現金収入も必要なので換金作物も栽培しなければならない。以下に示す事例は、長野県飯田市南信濃、同上村を中心としたものである。この地は、長く遠山谷と通称されてきた。この谷の斜面畑・段々畑の冬作は主食作物たる麦だったが、夏作は換金作物である蒟蒻《こんにゃく》の栽培が長く続いた。麦と蒟蒻を作り続ければ地力も消耗する。地力を回復し、作物を増産するためには有効な肥料が必要となる。その実体は以下の事例に見る通りである。

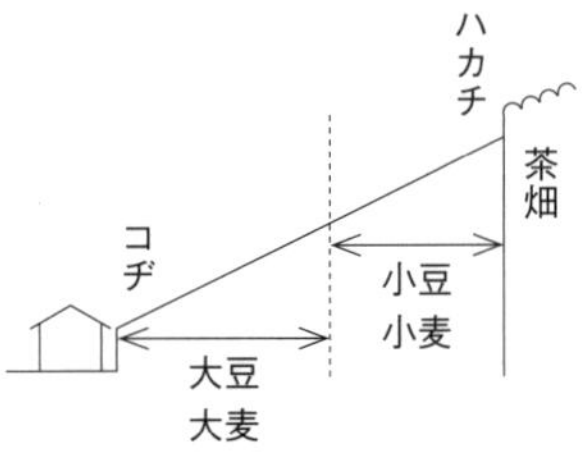

図①　白沢家の斜面畑利用概念図
（長野県飯田市南信濃木沢中立）

①長野県飯田市南信濃木沢中立・白澤秋人さん（昭和四年生まれ）

当地の定畑は傾斜のある斜面畑で、傾斜二〇度前後の畑が多かった。斜面に拓かれた定畑の部位呼称として、畑の上部の端、山境に接する部分を「ハカチ」と呼び、下部の家屋敷に接する部分を「コヂ」と呼んだ。南向きの畑では冬作＝大麦、夏作＝蒟蒻を栽培した。北向きの斜面畑では、冬作＝小麦、夏作＝大豆とした。小麦は大麦より寒さに強い。傾斜のある畑を上、下に分けて、上半分と下半分で作物を変えて作ることもあった。上部：夏作＝小豆、冬作＝小麦、下部：夏作＝大豆、冬作＝大麦（図①）。傾斜のある畑を上、下に分けて作物を変えて作る目的は次の事例②の伝承によってもわかる。

②長野県飯田市上村下栗小野・成澤徳一さん（昭和二年生まれ）

成澤家は南々東に面する約二五度の傾斜地の一部を平らにして屋敷取りをしており、標高は九九〇メートルの位置にある。当地では屋敷前方の畑のことをマエバタまたはマエガイト、屋敷の背後の畑地のことをノキバタ・ノキガイトと呼ぶ。「ノキ」は軒の意ではなく「退き」の意である。畑の上端をハカチ、下端をコヂと呼ぶのは事例①と同じである。「ハカチは山が攻めるから一鍬でも多くうない込め」と教えられた。また、「傾斜地の場合は、どうしても土がさがるから、人が下方を向くように構えて土をあげるようにうなえ」とも教えられた。傾斜地の畑の場合は、ハカチに近い上部の土地が痩せ、コヂに近い下方の土地の方が肥沃になる。したがって、堆肥はハカチに厚く入れよと言われた。冬作に麦、夏作に大豆・粟・蒟蒻などを栽培するにしても、コヂの下部、肥土《こえつち》がたまるような箇所には二度イモ（馬鈴薯）・大根・トウモロコシなどを作った。傾斜畑の肥土がたまるコヂの下部のことを「オチダマリ」（落ち溜り）と呼んだ。焼畑地でもコヂにはオチダマリができるので、三年次・四年次にはオチダマリに二度イモ（馬鈴薯）を栽培した。

〈麦の元肥〉　麦の元肥を作るのに、まず「マワシ山の灰焼き」を行った。「マワシヤマ」とは、牛馬飼料としての草刈山の中で行う灰焼きの区画を循環的に回して利用することを意味した。この草刈山の隣接地（山）に生えているヌルデ・ウルシ・ウツギ・ヤマブキなどを平素伐って枯らしておき、それらと、刈りたての青草を混ぜて九月下旬から十月初めにかけて焼くのが灰焼きである。焼く場所は草刈山の中で、そこに掘った径六尺・深さ二尺ほどの穴の中である。灰と言ってもジロー灰（地炉灰）即ちイロリから出る白い灰のような灰ではなく、青灰と呼ばれる黒色の灰である。青灰を作るには、伐り置いた灌木・青草などが燃えて灰になったところで水をかけて火を消すのである。燃え尽きるまで燃やし続けると灰は白くなって効力がなくなる。水は水ヤナ（柳樽）か酒樽で背負いあげるのである。青灰は家の庭まで背負いおろし、「モミアシ」（揉み合わせ）をした。モミアシとは、青灰と下肥と麦の種とを唐鍬で掻き回して混ぜることである。揉み合わせたものを南京袋に入れて畑地に運び、手桶に移して畝蒔きにしたのである。中肥には下肥を使った。麦の元肥は青灰と人糞尿を混ぜたものだと言うことになる。

〈麦の追肥〉　当地ではマゴエ・厩肥・牛馬の踏み肥を麦の追肥にした。牛馬畜舎の敷草は、青草・干し草・粟稈・麦稈（大麦）などで飼料を兼ねた。葛の葉・クマザサなども餌として与えた。一月から三月まではヤタ（大豆のサヤ）や、麦稈を押切で切ったものに湯をかけて与えた。当地におけるマゴエ出しは三月下旬の年一回のみだったので、厩の床は二〜三尺深くするのが一般的だった。三月末に一〇戸で「結《ゆ》い」を組んでマゴエ出しを行った。厩肥は背負い籠に入れ、尿を含んでいない軽いところは遠い畑へ、尿を含んだ重い部分は近い畑に運んだ。結い仲間の昼食はボタモチ（本来は黍のボタモチ）、夜は鶏か兎をつぶして御馳走をした。串刺しにして焙ってから、ツトに挿して保存しておいたイワナ・アマゴも焼き直して出し、酒も出した。大麦の収穫量は五〇俵、小麦は二俵だった。冬作の麦に対して夏作は蒟蒻が主で、麦の畝間には大豆・小豆・コキビ（黍）などを蒔きつけておいた。牛のトーネッコ飼い（当歳を入れて、三歳で追い金を得て出す）は昭和四十五年まで続いた。主食としての麦と、換金作物としての蒟蒻を年間を通じて作り続けるためには幼牛馬飼育による厩肥の獲得が不可欠だったのである。

③長野県飯田市南信濃八重河内梶谷・鎌倉勇さん（昭和三年生まれ）

梶谷は昭和十年に二〇戸あったが現在は三戸である。昭和十年ごろは馬を飼う家が八戸あった。馬は木曾系のイナッコ（木曾馬の牝に南部馬の種をつけて生まれた馬）のトーネッコ（当歳）を入れた。「トーネ飼い」と称して当歳馬を入れて三歳で追い金をもらって馬喰《ばくろう》に渡した。下條の馬喰の取り次ぎをする和田の仲介人が出入りしていた。厩の床は三尺掘り下げられていて中央に径二尺・深さ二尺ほどの石組みの穴があり、そこに尿などの水分がたまるようにくふうされていた。穴の口には牛馬が踏み込むことのないように木の蓋がかけられていた。マゴエ出しは四月の中旬、五、六軒の「結い」で行い、マゴエショイ籠で背負い、麦の追い肥として麦の畝間に入れた。マゴエは下積みほど重くなるので、下積みは近い畑に入れるようにした。梶谷の畑は段々畑で段は石積みだった。上積みのマゴエは、段々畑の上段へ運ばれた。現在、畑は茶畑になっているが、馬を飼っている時代は、冬作＝麦、夏作＝蒟蒻だった。一枚の畑で麦が五俵穫れるとすれば、そこでは八貫俵で三俵の蒟蒻が穫れた。

(二) 麦と蒟蒻と幼牛馬飼育

長野県飯田市の上村、南信濃地区は中央構造線沿いの峡谷の地であるだけに、平地は少なく、水田も少ない。畑は傾斜の強い斜面畑か狭隘な段々畑である。遠山谷では馬を中心とし、牛についても当歳のことを「トーネ」「トーネッコ」と呼んだ。馬喰（家畜商）からトーネッコを預かって大切に飼育、三歳馬（牛）を馬喰に返す。その時、馬喰は幼馬や幼牛を預かって育ててくれた家に「追い金」を払う。追い金は、昭和初年で五円から八円（南信濃八重河内・遠山常雄さん・大正六年生まれ）、昭和十年代で一〇円（南信濃木沢下中根・熊谷愼蔵さん・大正十四年生まれ）と聞いている。三歳馬や三歳牛はこうして馬喰の手にもどされた後、伊那谷の平地水田地帯に耕馬牛、駄送牛馬として売られて初めて働くのである。遠山谷で過ごす当歳から三歳までは一切働くことはない。急な畑地や狭い段々畑では働くこともできない。遠山で幼馬・幼牛を預かった人びとは、厩肥の獲得と追い金のみが目的だった。とりわけ厩肥は重要だった。斜面畑や段々畑で、主食としての冬作の麦と換金作物であり夏作物である蒟蒻を、畑を休ませることなく栽培し続けるために、地力の保持、培養のためには厩肥は不可欠だった。それゆえに、一切使役することのない幼馬・幼牛飼育という特殊な形態が定着し、循環されていたのである。水田の稀少な地であるがゆえに主食としての麦に頼るところが大きかったのである。換金作物としての蒟蒻栽培も、その地位を群馬県に奪われるまでは隆盛し、続いた。麦と蒟蒻と幼牛馬飼育という組み合わせは、遠山谷という厳しい農耕環境と高度経済成長期以前の自給性の強い暮らしの立て方が然らしむるものだった。[*1]

1――野本寛一「遠山谷のトーネ飼い」(『牛馬民俗誌』岩田書院・二〇一五年)。

三　畑地二毛作と地力保全

関東地方では落葉広葉樹のコナラ・ミズナラ・クヌギなどの落ち葉を掻き集め、それを厩に入れ馬や牛に踏ませ、厩肥を作ることが盛んに行われた。[*1] 厩肥はさらに堆肥置場に移され熟成された。木の葉堆肥は、夏作の換金作物たるタバコの栽培に続けて冬作に麦を栽培することによって甚だしく消耗する地力回復に極めて有効だった。

夏作と冬作を連続させることによる地力の消耗を補う方法としては、施肥のほかに畑地の休閑があった。二年三毛作という循環農法はその一つである。人びとは限られた耕地、狭い耕地の中でより多くの食糧や換金作物を収穫するためにくふうを凝らしてきたのである。以下に、「木の葉堆肥と灰」「二年三毛作」について述べるのだが、両者の事例は通し番号で示している。

(一)　木の葉堆肥と灰

①茨城県常総市国生・長塚清太郎さん（大正七年生まれ）

当地の麦は定畑で栽培された。夏作が甘藷と粟で冬作が麦だった。麦は大麦も小麦も作った。畑地の肥料は、コナラ・クヌギの落葉を風呂水で腐らせたものと、古い風呂桶を粘土で固めたものの中にコナラ・クヌギの落葉と牛の踏み肥を入れて熟成させたものだった。これを麦の元肥にし、田に入れることもあった。この地は畑地の開墾が盛んで、小作が地主の平地林を開墾させてもらって借りるという形が多く行われていた。開墾した年は小作料なしと決められていた。二年からの小作料は畑地一反歩につき小麦二斗と定められていた。小麦の価値が高かったことがわかる。

②栃木県大田原市南方・菊池松男さん（大正十一年生まれ）

堆肥素材にコナラ・クヌギなどの落葉を使った。稲刈り後直ちに木の葉搔きをした。落葉は厩に入れ牛馬に踏ませたのである。父の代には馬を二頭飼っていたが松男さんの時代には一頭になり、昭和三十四年まで飼った。昭和三十五年に牛に替え、昭和三十九年に耕耘機を入れた。厩に新しい落葉を入れるのは十一月から四月末までで、五月から九月末までは餌と敷き草を兼ねて厩に青草を入れた。五反歩の水田があり藁があったのだが、藁は飼料にした。馬に踏ませた木の葉は「肥《こえ》出《だ》し」と称して半月に一回出した。厩から肥庭（堆肥囲い）に移し、肥庭から堆肥小屋に移して熟成させた。畑作作物は、稗・粟・黍・蕎麦・麦・大豆・小豆・里芋などだったが、中心は換金作物のタバコだった。最大で、タバコを四反歩栽培したことがある。木の葉堆肥は主としてタバコに入れたのだったが、稗の練り肥にもした。また、水田には厩から出したての踏み肥を入れることもあった。菊池家の畑地輪作の構造は次の通りだった。ⓐタバコ・稗（夏作）＝元肥は木の葉堆肥→ⓑ麦（冬作）＝元肥は青草堆肥→ⓒ稗・タバコ（夏作、タバコの連作を避け栽培畑を交替する）＝元肥は木の葉堆肥→ⓓ麦（冬作）＝元肥は青草堆肥（麦蒔きの時期には木の葉堆肥が熟成していないため）→ⓔタバコ・稗（夏作、畑地交替）。

③栃木県佐野市仙波町・新里一雄さん（昭和九年生まれ）

畑地は一町歩あり、その中で、換金作物の麻・タバコと自家用の蕎麦を交互に作る型と、夏作＝大豆・小豆に対して冬作＝大麦を栽培する型、小麦・蕎麦を作る型とがあった。麦の元肥、追肥はともに木の葉堆肥だった。また、水田裏作の麦はすべて大麦だった。大麦・小麦ともに自家用以外は出荷していた。

④栃木県那須烏山市下境小字外城・蓮見仁平さん（大正九年生まれ）

蓮見さんは那珂川流域屈指の川漁師だったが農業にも力を入れた。その規模は定畑六反歩、水田四反歩だった。昭和二十二年までは葉タバコを栽培したのであるが、タバコは連作を嫌うので畑を三反歩ずつ甲・乙に二分し、表作にタバコ以外に陸稲《おかぼ》・蕎麦・小豆、裏作に大麦・小麦を表①のように組み合わせ、循環させてきた。蓮見家の畑作で注目すべきは、隔年で三毛作を行ってい

年次	1 →			2 →			3 →			4		
裏表	表	中	裏	表	裏		表	中	裏	表	表	
作物（畑地甲）	タバコ	蕎麦・小豆	小麦	陸稲	大麦		タバコ	小豆・蕎麦	大麦	陸稲	小麦	
裏表	表	裏		表	中	裏	表	裏		表	中	裏
作物（畑地乙）	陸稲	大麦		タバコ	蕎麦・小豆	小麦	陸稲	小麦		タバコ	小豆・蕎麦	大麦

表①　蓮見家の畑地分割と輪作
（那須烏山市下境）

ることである。表①の中で、表作と裏作の間に「中」として蕎麦または小豆を入れていることでわかる。これはこの上ない定畑の効率的利用なのであるが、見方を変えれば畑地の酷使だとも言える。この地の畑地が三毛作に耐えて収穫をあげることができたのは「落葉堆肥」の効力によると言ってもよかろう。水田にも、乾田には裏作として大麦を栽培した。

蓮見家には東山に一町歩の持ち山があった。クヌギとコナラの木が多く、その落ち葉を堆肥にするために十一月から十二月にかけて家族全員で一〇日間ほど木の葉掻きをして家まで運んだ。木の葉掻きの前に山の下刈りをしたのだが、刈った草や灌木は山に放置した家敷に竹垣で堆肥場を作り、掻いて籠で背負ってきた木の葉、藁、米糠、人糞尿を混ぜて積んだ。蓮見家は昭和二年に馬を手離したので厩肥を堆肥にすることはできなかった。もとより、厩肥があった時代には木の葉とともに厩肥を積んだ。堆肥置場の前でキリカエシをし、タバコ・麦・陸稲などの肥料とした。タバコ畑には木の葉堆肥の他に灰を頻繁に入れた。

事例①~④は茨城県、栃木県のものである。当地方でも冬作の麦に対応する夏作には甘藷・粟その他の穀物などが作られてきたのであるが、手のとどく過去においては換金作物のタバコが中心になっていた。事例③ではタバコのみならず、麻まで栽培している。タバコは連作を嫌うので、普通、畑地を二つに分け、夏作に一年ごとにタバコと他の作物、事例④ではタバコと陸稲とを交替させている。夏冬休みなく、畑を使い続ければ畑の地力は衰退する。肥料を加えなければならない。とりわけタバコのような大型の換金作物は地力を消耗させるのだ。関東地方で、畑地の地力消耗を救ってくれたのは木の葉堆肥であった。その木の葉はコナラ・ミズナラ・クヌギを中心とした。最も一般化していたものは木の葉を牛馬に踏ませ、糞尿を滲みこませた厩肥だったが、牛馬を飼っていない場合は、事例④のように人糞尿と木の葉を混ぜて堆肥にすることもあった。事例①では風呂水を使っている。栃木県大田原市黒羽町南方を歩いていた折、亀岩・大谷石の切石を使って作った美しい灰小屋を多く見かけた。イロリから大量に出る灰をここに収納し、タバコ畑に肥料として入れたのだという。木の葉堆肥に灰までも加えていたのである。木の葉堆肥は自然循環と農のいとなみの連動として注目すべきものがある。

二年三毛作については事例の中で紹介してきたが、事例④では二年五毛作を行っているのである。即ち、同じ畑で二毛作と三毛作を交替させつつ続けたのである。それは表①に見る通り、夏作のタバコと冬作の小麦の間に中作として蕎麦・小豆を作る年と、夏作にタバコ、冬作に大麦を作り、中作に小豆・蕎麦を作る年とがある。三毛作の年にも冬作に大麦を作る年と冬作に小麦を作る年があったのである。二年五毛作の地力消耗は甚だしかったと思われるが、蓮見家では一町歩の個人山から採取できる大量の木の葉を利用して大量の堆肥を作って施肥していたのである。

年次	1		2		3		4		5	
裏表	表	裏	表	裏	表	裏	表	裏	表	裏
作物（畑地甲）	タバコ	小麦・休閑	大豆・稗	大麦・小麦	タバコ	休閑・小麦	稗・大豆	小麦・大麦	タバコ	小麦・休閑
作物（畑地乙）	稗・大豆	小麦・大麦	タバコ	休閑・小麦	稗・大豆	小麦・大麦	タバコ	小麦・休閑	大豆・稗	大麦・小麦

表②　渡辺家の畑地分割と輪作
（那須郡那須町小島）

畑地利用の方法は地域・農耕環境・時代・家の経済事情などによって常にちがいがあった。栃木県那須郡那須町寺子小字小島の渡辺美男家（昭和五年生まれ）では、水田三反歩、畑地五反歩、平地林二町歩（七〇％がコナラ・ミズナラ・クヌギ）、馬二頭（昭和三十一年まで）といった条件だった。畑地ではタバコ・大麦・小麦・稗などを作った。渡辺家の、タバコ連作障害を除くための畑地分割と輪作は表②の通りである。注目すべきは、夏作にタバコを栽培した年には冬作の大麦栽培面積を休閑させている点である。部分的な二年三毛作が行われていたということである。

(二)　二年三毛作

⑤岩手県久慈市山形町霜畑の八幡家が家の後方にある三反歩のヤチ畑（湿地畑）を水田に転換したのは昭和三十九年のことで、その前年、他村の水田三反歩を買ったのだが、それまで当家は畑作と炭焼きで暮らしを支えてきた。稲作は皆無だった。トシノさん（昭和十五年生まれ）は、昭和三十四年に生まれた長男を背負いながら、この子に米を食べさせたいと思ったものだという。図②は八幡家の生業空間概念図の一部である。「オツボ」と呼ばれる屋敷の周囲の定畑が一反五畝あり、

昭和十年代から二十年代にかけてはオツボに図②に示した作物を栽培した。タカキミ（モロコシ）＝一畝、トウモロコシ＝一畝、イナキミ（黍）＝一畝、土質のよいところに麻を三畝、他に野菜類、馬鈴薯などを作った。麻は昭和三十一年まで作った。ムカイバタケと呼ばれる向山の緩傾斜地のハタケを中心とする定畑が一町六反歩ほどあった。緩傾斜畑の上部を「ヒキアガリ」と称して、そこに馬鈴薯・蕎麦・蕪を作ったが、ムカイバタケの大部分は表③の通り二年三毛作だった。二年三毛作を合理的に遂行するために畑地を甲・乙に二分して循環させる形をとった。表③から推察される通り、八幡家のムカイバタケの夏作景観は、半分が稗（一部に粟）、半分が大豆だったと言ってもよい。昭和十年代から二十年代にかけては、稗・大豆の作付面積はともに七反歩だったという。冬作には大麦二反歩、小麦四反歩を作っていた。大豆畑のヒキアガリ寄りに大豆が三畝分、稗畑の中にモチ種の粟が五畝分あった。稗が主食だったことがわかる。

表③の畑地甲・B年の項を見ると、五月上旬、麦の畝間に大豆を蒔き、畑地乙・A年では前年稗を収穫した跡で麦のないところに五月中旬に大豆を蒔いている。これを「マキマメ」と呼ぶ。同じ畑地でありながら前者では五月上旬に、後者では五月中旬に大豆を蒔いている。なぜこのような差異が出るのかと言えば、遅霜の問題があるからだ。前者は生長した麦が大豆の芽を害する遅霜を防ぐからであり、後者は大豆の芽が直接遅霜に害されるからである。表③を見ると、二年に一度冬作の麦栽培を休んでいることがわかる。二年に一度冬作の麦を休んで地力を回復させるのである。大豆収穫後、畑地に「ハリゴエ」と称して厩肥、即ち馬の踏み肥を撒いた。「ハリゴエ」

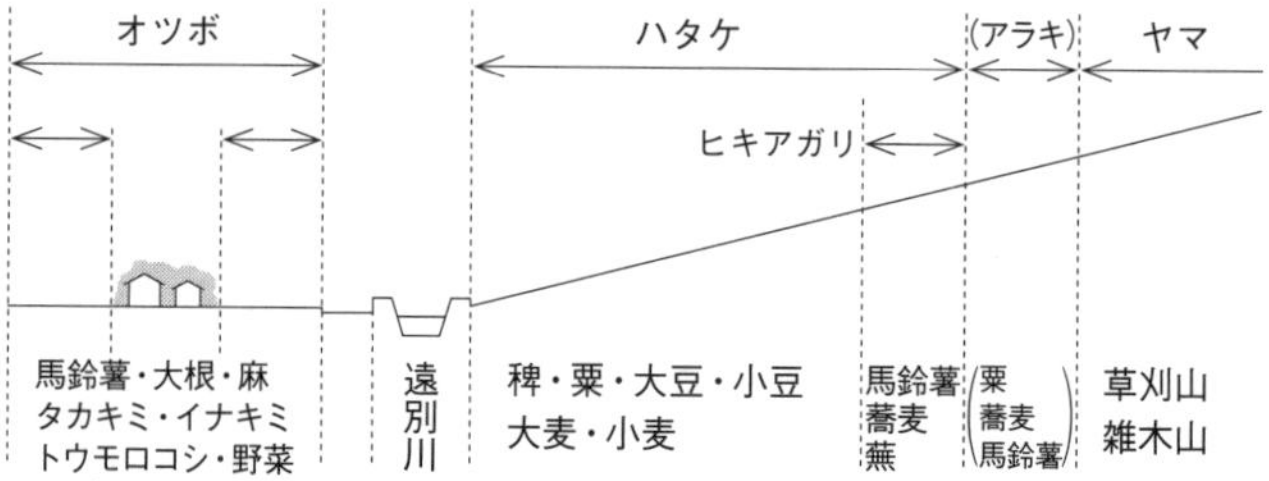

図②　八幡家の生業空間概念図（久慈市山形町霜畑）

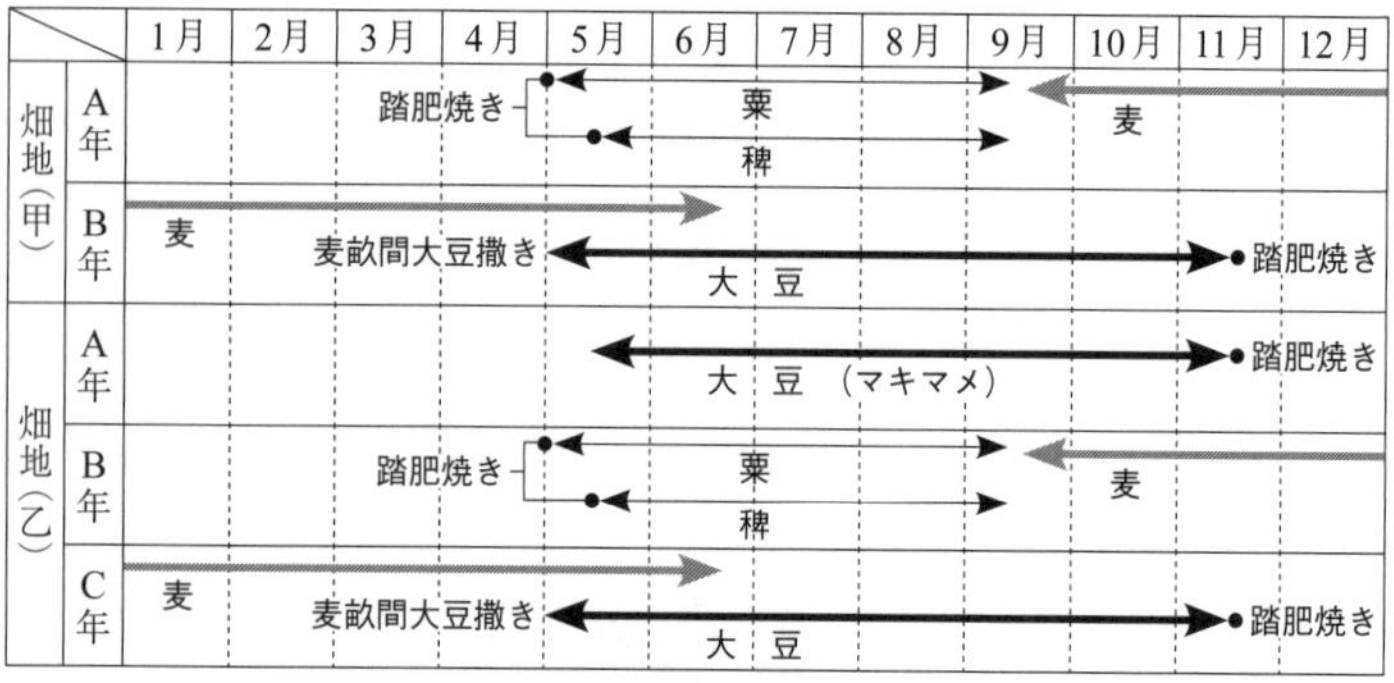

表③　八幡家のムカイバタケの2年3毛作構成

とは「墾《は》り肥《ごえ》」から発した語と考えられる。踏み肥は雪の下で冬を越すのだが、春、稗・粟を蒔く前の耕起に先立って厩肥に混じっている馬料の茎や稈の残りを焼く習慣があった。畑作の障害物を焼くためと、灰の肥料効果を得るためである。畑地は二年に一度の冬作の休閑、厩肥、厩肥焼き（厩肥の茎稈焼き）、大豆・小豆の根瘤菌効果によって地力を回復したのである。稗・粟・麦の播種に際してはおのおの「ゲスオキ」をした。ここでいうゲスとは、人糞尿のみを指すものではなく、人糞尿・ネセゴエ（堆肥）・馬糞（放牧地から集めたもの）を畑地に作った畳一畳分ほどのゲス穴で掻き混ぜ、おのおのの種をも混ぜるのである。これをゲスタガに入れて運び、さらに手持ちのフリオケに入れて畝に分置してゆくのである。

⑥稗・粟、大豆、麦の二年三毛作は岩手県ではたびたび耳にした。例えば、盛岡市玉山字巻堀の広瀬重次郎さん（大正十三年生まれ）も二年三毛作で牛馬の踏み肥を畑に入れた。「ヤキオコシ」という語彙がある。事例⑤と同様、畑地に牛馬の踏み肥を入れておいて、春これを焼いてから牛馬犂耕で畝立てをしたのである。馬の踏み肥は即効性があり、牛の踏み肥はじわじわと効力が出るものだという。

⑦岩手県上閉伊郡大槌町早栃・千葉久雄さん（大正十一年生まれ）

五月下旬に大豆を蒔き、十月下旬に収穫する。畑を翌春まで明けて休ませ、五月中旬に稗を蒔き、十月上旬に稗を収穫する。十月中旬に麦蒔きをして翌年の六月中旬に麦を収穫した。このように二年三毛作をした。

二年三毛作は岩手県だけで行われていたわけではない。例えば、長崎県五島列島の宇久島でも行われていた。

⑧長崎県佐世保市宇久町十川・坪井要さん（昭和三年生まれ）

定畑五反歩は畑作を中心とした農業としては耕地が少ないが、「五反百姓」と呼ばれる家が少なくなかった。主たる栽培作物は、甘藷・麦・大豆で、他にモチ種の粟、野菜類を栽培した。麦は裸麦である。栽培方法は「二年三作」（二年三毛作）と呼ばれ、A年＝裸麦→甘藷→B年＝裸麦休閑→大豆→C年＝裸麦→甘藷→D年＝裸麦休閑→大豆……といった循環で展開されていた。このように二年の中で麦作を一作休んでその次に大豆を作り、二年のうちに裸麦・甘藷・大豆の三種を栽培するというのが一般的だった。しかし、麦作を休むことなく、麦と甘藷、麦と大豆というように冬作・夏作を毎年連続して作る方法もあった。このように休閑を設けない農法を当地では「イヤウエ」と呼ぶ。「厭植」の意と思われる。イヤチ（厭地・忌地）という語があり、連作を意味し、連作によって地力の衰えた地を意味する。「イヤウエ」も同系の語である。畑地を主体とすれば、畑地の酷使を厭《いと》うものの、それを押してでも実行しなければならない農法だということになる。イヤウエの場合は麦の畝間に大豆を蒔くことになった。麦蒔きの元肥には牛の踏み肥を入れ、甘藷には寄り藻、刈り藻などの海藻類を使った。藻は麦の追い肥にも使った。水田の裏作は、湿田には菜種を、乾田には裸麦を栽培した。

⑨長崎県佐世保市宇久町木場・入山稲広さん（大正十三年生まれ）

畑作は麦と甘藷が中心で、表作に甘藷、裏作に麦という形を継続し、畑地を全く休ませない使い方を「イヤウエ」と呼んだ。畑地を多く持つ家では、大豆を五月五日に蒔き、盆前に収穫する。そして、その年の麦作を休んで翌年の表作に甘藷を栽培し、裏作に麦を作るという二年三作を行っていた。

⑩宮崎県東臼杵郡椎葉村竹の枝尾・中瀬守さん（昭和四年生まれ）

畑地を休ませることなく、夏冬使い続け、作物を循環栽培することを「サラウエ」と呼んだ。当地には、麦→トウキビ（トウモロコシ）→麦、麦→里芋→麦と循環させる形があった。トウキビも里芋も、麦が生えているうちにその畝間に植えることになるので畝間を三尺とった。この地でいう「サラウエ」の「サラ」は「新《さら》」ではなく、「更《さら》」、即ち、畑地を重ね、続けて使うという意である。「麦の元肥はホメキ肥を作らにゃいかん」と言われていた。ホメクは熱くなる、熱を持つ意で、発酵を意味している。厩肥、馬の踏み肥を一週間ごとに二間四方のコエタテバ（肥立て場）に積んで発酵させる。盆過ぎに堆肥の切り返しをする。堆肥は白くなってホメク。

⑪椎葉村臼杵岐の椎葉ユキノさん（昭和六年生まれ）は、コエタテバで馬の踏み肥と人糞尿と混ぜて寝かしたものと麦種を混ぜ、麦籠と呼ばれる一尺と二尺の楕円形で深さ七寸の籠に入れ、摑んで畝に蒔いた。これを麦摑みと言った。ここでも麦蒔きには「捏ね蒔き」が行われていたのである。椎葉村で言う「サラウエ」は長崎県宇久島でいう「イヤウエ」と同じである。イヤウエ・サラウエは地力を消耗するので施肥が重要だった。中瀬守さんは、ホメキ肥を麦の元肥に使い、麦の追

い肥には人糞尿を撒いた。中瀬守家も、椎葉ユキノ家も飼育していた馬は「岬馬《みさきうま》」と呼ばれる小型の在来馬だった。椎葉ユキノ家では岬馬を昭和二十八年まで飼った。

⑫静岡県浜松市春野町川上小字中村・富田英男さん（大正七年生まれ）

富田家の、昭和十年代の生業要素の中心は農業と林業だった。水田＝三反五畝、白畑＝四反八畝、茶畑＝四反五畝、山林＝一三町歩といった規模だった。現金収入は、椎茸＝三〇％、茶＝三〇％、林業＝四〇％といったところだった。製茶や自家用に使う炭焼き、渓流漁撈なども行った。当家の場合は、大麦は十一月初旬に種蒔きをして、六月上旬に収穫するのであるが、畝間を二尺三寸という比較的広い間隔にしておき、その畝間に種々の夏作作物を植えたり蒔いたりした。ⓐ三月中旬に里芋を植えた。ⓑ五月三日、別な麦畑の畝間に稗・粟を蒔いた。ⓒ馬鈴薯も麦の畝間に植えた。麦の収穫後、その跡に植えるものもあった。ⓓ甘藷は麦の収穫後、麦の刈り株の上に土盛りをして蔓挿しをする。ⓔトウモロコシは五月三日に苗床に種を蒔き、麦刈り後、苗が四寸ほどになってから六月上旬に移植した。大麦の収穫量は毎年一二、三俵あった。富田家の畑は常にフル回転していたのである。

事例⑫は二年三毛作ではないが、麦の畝間を広くしておき、そこに、麦のあるうちに夏作作物を入れるという点で、事例⑩との関連でここに示した。

定まった面積の畑地に、例えば夏作の甘藷や粟を栽培するにとどまらず冬にも麦を栽培するという方法は、農耕法としては冬作・夏作、表作・裏作などと称して一般的にはごく普通に認知されてきた方法である。直接農耕栽培に携わっていない者からすれば素通りしてしまう場合も多い。しかし、夏作物・冬作物の連作ということは自然の摂理、自然環境の中の植物の生態からすれば極めて不自然なことになる。植物の栽培化自体が自然の摂理から離れるものであることは当然だが、夏作物・冬作物の二毛作となると、作物にも耕地にも大きな負荷がかかることになる。狭い耕地から二毛作作物のおのおのについてより多くの収穫を得ようとすれば、耕地の地力消耗を施肥という形で補わなければならない。各地で農にかかわる人びとが、おのおのの農耕環境の中で、くふうを凝らし様々な肥料を開発してきたのである。海岸砂地畑では、干し鰯・鰹の残滓・醤蝦・海藻類であり、長野県飯田市の遠山谷では幼牛馬飼育による厩肥だった。関東地方では木の葉の力と厩肥を結合させた木の葉堆肥だった。他に、麦の元肥として、人糞尿・厩肥・灰などと麦種を捏ねて蒔く方法も広く行われていた。また、施肥越冬後厩肥を焼くという事例⑤の「ハリゴエ」、⑥の「ヤキオコシ」も注目される。

こうした肥料のほかに、作物栽培と畑地の地力消耗との関係を調整する方法として考え出されたのが、作物栽培地の休閑、畑地を休ませる方法である。二年三毛作、二年三作が広く知られているが、事例で見る通り、夏作→冬作と続けたら、次の年は夏作のみで冬作はやらないで畑地を休ませるという方法である。二年三毛作についてここでは岩手県と長崎県の事例をあげたのであるが、これは他の地方でも行われていた。ここで注目しておきたいのは、事例⑧⑨（長崎県佐世保市宇久町＝

五島列島の宇久島）に見られるように、休閑を設けないで夏作・冬作を重ねることを「イヤウエ」という語彙で伝承してきていることである。⑩（宮崎県椎葉村）では夏作と冬作を重ねることを「サラウエ」と呼びならわしている。これらの語彙が伝承されているということは、人びとが、夏冬連作が畑地の地力を甚だしく消耗させるという事実を強く意識していたことの証左であり、夏冬連作には相応の地力回復に意を使わなければならないということを承知していたことにもなる。さらには、古くは畑地を休閑させる畑地利用法があったことを色濃く示していると言えよう。

二年三毛作に対して栃木県には一年三毛作があり、部分的二年五毛作が行われていたことも紹介した。二年三毛作と「イヤウエ」「サラウエ」などの間に見られる農民の葛藤の発生は、すべて食糧としてのその力に頼った、冬作作物の麦の栽培に起因していると見てよかろう。

1――大舘勝治『雑木林のあるくらし・地域と子どもたちの原風景―民俗からの発想―』（幹書房・二〇〇〇年）。野本寛一「馬と落葉」（『牛馬民俗誌』岩田書院・二〇一五年）。

四　焼畑と麦

焼畑における主要な作物は、粟・稗・シコクビエなどの雑穀、小豆、大豆といった豆類、里芋を中心としたイモ類、蕪・大根などが広く知られるところであるが、各地の焼畑に細かく目配りしてみると大麦・小麦も栽培されていたことがわかった。焼畑における麦栽培は、耕地の狭隘な離島や、山地でも傾斜の強い地で定畑も水田も稀少な地で行われていた。以下に若干の事例を示す。

(一)　事例探索

①東京都三宅島阿古の山本春男さん（明治三十五年生まれ）は焼畑と定畑の両方で麦を栽培した。焼畑の一年目をアラコと称し、まず麦を栽培し、麦刈り前、麦の畝の間に里芋を植えた。二年目をフクナガエシと呼び陸稲を作った。三年目の夏作は甘藷、冬作は麦である。四年目も同様に甘藷と麦を作った。

五年目は休閑前の年なので休閑中の山地を肥やすために榛《はん》の木の苗を植え、その間に甘藷を栽培した。休閑期間は一〇年で、一一年目から次の輪作にかかる。定畑は、家に近く土質のよいところに、夏作に甘藷、冬作として麦を作った。

②沖縄県八重山郡竹富町波照間島の勝連文雄さん（大正六年生まれ）は以下のように語る。波照間島には二種類の焼畑があった。一つは「アーラスピテ」と呼び土の深いところだった。仕事はユイマール（結い）で、木を伐り、薪にするものを運び出してから小枝や草を焼いた。アーラスピテの中で地力のあるところを麦畑として定め、そこ以外では大豆と粟を夏作として作った。麦地は冬作として麦を作り、夏作は他と同様に大豆・粟を作った。途中で休閑することもあるが、作り続けてフルピテ（古畑）に至ることが多い。いま一つの焼畑は「キヤマ」と称し、一〇年作って六〜一〇年の休閑をくり返す。土質は土が浅く下が岩盤のところで、甘藷と粟を交替で作った。

③沖縄県八重山郡竹富町黒島・東盛おなりさん（明治三十七年生まれ）は次のように語った。薄《すすき》その他の草地で土の多い所を焼いた。九月に麦蒔きをして小麦を栽培した。行事があると小麦粉を碾いてテンプラなどに使った。

④長崎県対馬市厳原町浅藻・長瀬たけさん（明治四十四年生まれ）は次のように語っていた。麦を栽培する焼畑のことを「麦コバ」と呼んだ。麦コバを拓くにはまず山の木を炭木として伐り出しておいてから、枝葉や灌木を焼く。一年目に麦を作り、二年目は粟・蕎麦、三年目に小豆を作った。銀杏《いちょう》の葉が散るころ麦を蒔く。

⑤宮崎県東臼杵郡椎葉村尾前の尾前新太郎さん（大正十一年生まれ）は以下のようにした。「麦ヤボ」「秋ガンノ」と称して麦を栽培することを目的として焼畑を拓いた。場所は陽当たりのよい山で、土質は「麦地」と呼ばれる石灰岩系の小石混じりの地である。焼くのは八月、裸麦を蒔くのは十月だった。一年目は麦、二年目は大・小豆、三年目は粟だった。麦は焼畑のみでなくソノ（里）の定畑でも作った。ソノの麦は畝蒔き、コバの麦はバラ蒔きだった。

⑥熊本県球磨郡五木村梶原の山口定行さん（大正十年生まれ）は次のように語る。「麦コバ」と称して、十月末に焼いて直ちに麦を栽培する焼畑があった。二年目＝粟、山茶が生えてくる。三年目＝大豆、四年目＝甘藷・里芋。十五年から二十年休閑させる。十月焼きに対して「盆焼き」と呼ばれる焼畑もあった。一年目＝蕎麦→二年目＝稗→三年目＝小豆、四年目＝里芋という輪作だった。

⑦高知県吾川郡いの町寺川の川村美代子さん（昭和三年生まれ）は以下のように語る。焼畑は春焼きで一年目＝稗、収穫後小麦とモチ種の麦を栽培した。二年目＝大・小豆→三年目＝キビ（トウモロコシ）・馬鈴薯。焼畑とは別に定畑でも大麦を作った。その大麦の畝間で三椏《みつまた》の苗を育てて、二年目か三年目の焼畑に移植した。焼畑の四年目にはクキイモ（茎を食べる里芋）・シマイモ（蘞味《えぐみ》の強い里芋）を栽培した。休閑期間は三〇年だった。

⑧高知県吾川郡仁淀川町椿山の中内茂さん（明治三十六年生まれ）から次のように聞いた。台風でキビ（トウモロコシ）が被害を受けると急遽「麦ヤブ」と呼ばれる麦栽培を目的とした焼畑を拓いた。

八月、九月に陽当たりのよい山の木を伐って焼いた。

⑨山梨県南巨摩郡身延町大垈《おおぬた》の佐野秀章さん（明治三十二年生まれ）は焼畑で麦を作った。焼畑一年目を「アラク」と称し、小麦と蕎麦を混播した。一人が小麦を蒔き、もう一人が蕎麦を蒔くのである。蕎麦を収穫する時には小麦は生長にかかっているので、蕎麦刈りで小麦を踏むことになり、自然のうちに麦踏みをすることにもなった。二年目は「クナ」と呼び粟を、三年目＝大・小豆、四年目＝菜種・荏胡麻《えごま》を栽培し、五年目に榛の木の苗を植えて休閑に入る。

⑩神奈川県足柄上郡山北町中川の井上団次郎さん（明治三十三年生まれ）も焼畑で麦を栽培した。当地では焼畑のことを「カリハタ」（刈り畑）と呼んだ。焼畑予定地を七月に刈って八月末日に火入れをした。一年目には小麦と蕎麦を混播し、秋、蕎麦を収穫した後、翌年小麦を収穫した。二年目は大豆・小豆、三年目は笹が生えてくるのでそれを刈って焼き、夏作として粟・稗、冬作として麦を栽培した。四年目はシマイモ、五年目には換金作物の三椏を植えた。

⑪静岡市清水区中河内檜村の米津庄太郎さん（明治四十一年生まれ）は焼畑の一年目のことを「アラヤブ」と呼んだ。アラヤブには蕎麦を作り、二年目の夏作には稗・粟・小豆・里芋を作ったが、中で、稗・粟を栽培したところには冬作として小麦を作った。同じ清水区上黒川の深沢芳太郎さん（明治三十二年生まれ）は焼畑の一年目に蕎麦と秋小豆を作り、二年目の夏作は稗・粟、その収穫後に冬作として小麦を作った。

⑫静岡県浜松市天竜区水窪町大野の水元定蔵さん（明治二十二年生まれ）は焼畑の輪作を次のように

行った。一年目（アラキ）＝蕎麦→二年目（クナ）＝粟→三年目（ハックナ）＝夏作：小豆、冬作：小麦→四年目（クナバタ）＝粟→五年目＝小豆を蒔き畝間に榛の木を移植して休閑に入る。

⑬静岡県浜松市天竜区水窪町西浦の高田万徳さん（明治四十五年生まれ）も焼畑で麦を作った。一年目に秋蕎麦を収穫した後に小麦を作った。二年目には大豆を作り、植林にするために杉を植えた。三年目、四年目は里芋を植えた。

⑭青森県八戸市田向・若本金次郎さん（大正六年生まれ）。当地では焼畑のことをアラキ畑と称した。当地ではアラキオコシ鋤と呼ばれる身長を越すほどの人力鋤を使って焼畑地を耕起した。一年目は「アラキ」と称して大豆の畝蒔き、二年目は「アラキアワ」と称して粟の撒播、三年目を「オモガエシ」と称して鋤を使ってあらためて耕起し、大麦・小麦を栽培した。四年目に蕎麦を作った後、「ソラス」と称して休閑に入った。

(二) 事例から見えるもの

焼畑における主要な作物は稗・粟・蕎麦・里芋などであり、蕪や大根も栽培されてきた。しかるに、離島や、山の奥地で定畑も狭隘な地では焼畑でも麦が栽培されていたことが明らかになった。事例⑭（青森県八戸市）は畑作地帯で緩傾斜地ではあるが焼畑で麦を作った。①（東京都三宅島）では一年目の拓きたての焼畑に麦を作り、輪作の三年目、四年目の冬作にも麦を栽培している。②（沖縄県波照間島）では焼畑地の中でも地力のあるところを「麦地」として特定して麦を栽培した。③（沖縄県黒島）では焼畑初年度に小麦を栽培した。④（長崎県対馬）、⑥（熊本県五木村）にはともに「麦コバ」と称する麦作専用の焼畑を示す語彙があり、両所ともに初年度に麦を作った。⑤（宮崎県椎葉村）の「麦ヤボ」、⑧（高知県仁淀川町）の「麦ヤブ」も麦作専用の焼畑地を意味し、ともに初年度に麦を栽培している。⑦（高知県いの町）では初年度夏作に稗、初年度冬作に小麦とモチ種の麦を栽培した。小麦のグルテンと、モチ種麦の粘着性への嗜好性を示すものである。⑧（高知県仁淀川町）の例は、焼畑で収穫するトウモロコシが食生活の中で重要な役割を果たしていることを示している。⑨（山梨県身延町）、⑩（神奈川県山北町）はともに新開の焼畑に蕎麦と麦を混播し、蕎麦を収穫した後、同じ焼畑地で翌年麦を収穫するという栽培技術があったことを示す。⑪⑫⑬を含め、焼畑作物の一つに麦が存在したことがわかる。どんな作物でも焼畑初年が高い収穫をあげることは共通している。焼畑の初年度に麦を栽培する例が多く見られるのであるが、このことは、「灰」の肥料効果を期待したからである。厩肥や人糞尿を運ぶことの困難な山地では「灰」がそれらに代替する力を発揮してきたのである。しかし、⑫（静岡県浜松市）では三年目の夏に小豆を作り、その冬作に小麦を作っている。これは、小豆の根瘤菌の肥料効果が小麦栽培に力を果たしているのである。静岡市葵区田代の滝浪作代さん（明治三十九年生まれ）は、「ミンミンゼミが鳴くところまでは焼畑ができる」と語っていた。麦栽培はこの列島の奥深い山地、南の島々にまで行きわたっていたのである。①（東京都三宅島）、⑨（山梨県身延町）、⑫（静岡県浜松市天竜区水窪町）などでは、焼畑輪作の最終年、休閑期間に山の地力を回復させるために榛の木の苗を植えている。榛の木は根瘤菌により、空気中の窒素を根に固定させる力があり、山を肥やすのである。この慣行については述べたことがある。[*1]

「麦コバ」「麦ヤボ」「麦ヤブ」など、特に麦栽培を指定優先する焼畑があったこと、そうした呼称がなくても初年度に麦を栽培する焼畑が各地にあったことには注目しなければならない。このことから焼畑地に地力のあるうちに麦を収穫したいという意志を読みとることができる。同時に、穀物構成の中で、この国の人びとが、一定量の麦を必要としていたことがわかる。麴・味噌・嘗味噌・醬油・ミキ・香煎・小麦粉など、飯以外にどうしても麦を使わなければならない食物もあることから、狭隘な離島や山の奥地では麦栽培を焼畑に頼ることがあったのだと考えられる。

1――野本寛一『焼畑民俗文化論』(雄山閣・一九八四年)。

五　牧畑と麦

これまで「一」で砂地畑の肥料としての魚類、海藻類、「二」で幼牛馬飼育と厩肥、「三」においては木の葉堆肥と牛馬などについてふれてきた。畑地の麦作において牛馬の厩肥が重要な働きをしてきたことを確かめたのであるが、じつは、「牧畑《まきはた》」という牧農複合こそが、牛馬のもたらす糞尿の肥料効果を自然な形で効率的に受容しようとした特色ある営みだと言えよう。ここでも穀物では麦が中心だった。牛馬の放牧と畑作を組み合わせ、輪転・循環させる切替畑のことを牧畑と呼ぶ。島根県隠岐郡や長崎県の対馬で行われていたが、現在は衰退・廃絶して見られない。三橋時雄の『隠岐牧畑の歴史的研究』[*1]や田中豊治の「隠岐の牧畑—性格とその発生的考察—」[*2]など優れた研究があるが、ここでは最後の牧畑体験者とも言うべき、島根県隠岐郡西ノ島町三度の藤谷一夫さん（昭和二年生まれ）、同知夫里島知夫村仁夫の川本巌さん（昭和八年生まれ）の体験と伝承を中心に当該主題である麦を見つめながら話を進める。

隠岐の牧畑は「タナ」と呼ばれる段々畑や芝草地を含む。牧畑は四区画に区分され、タナを含む

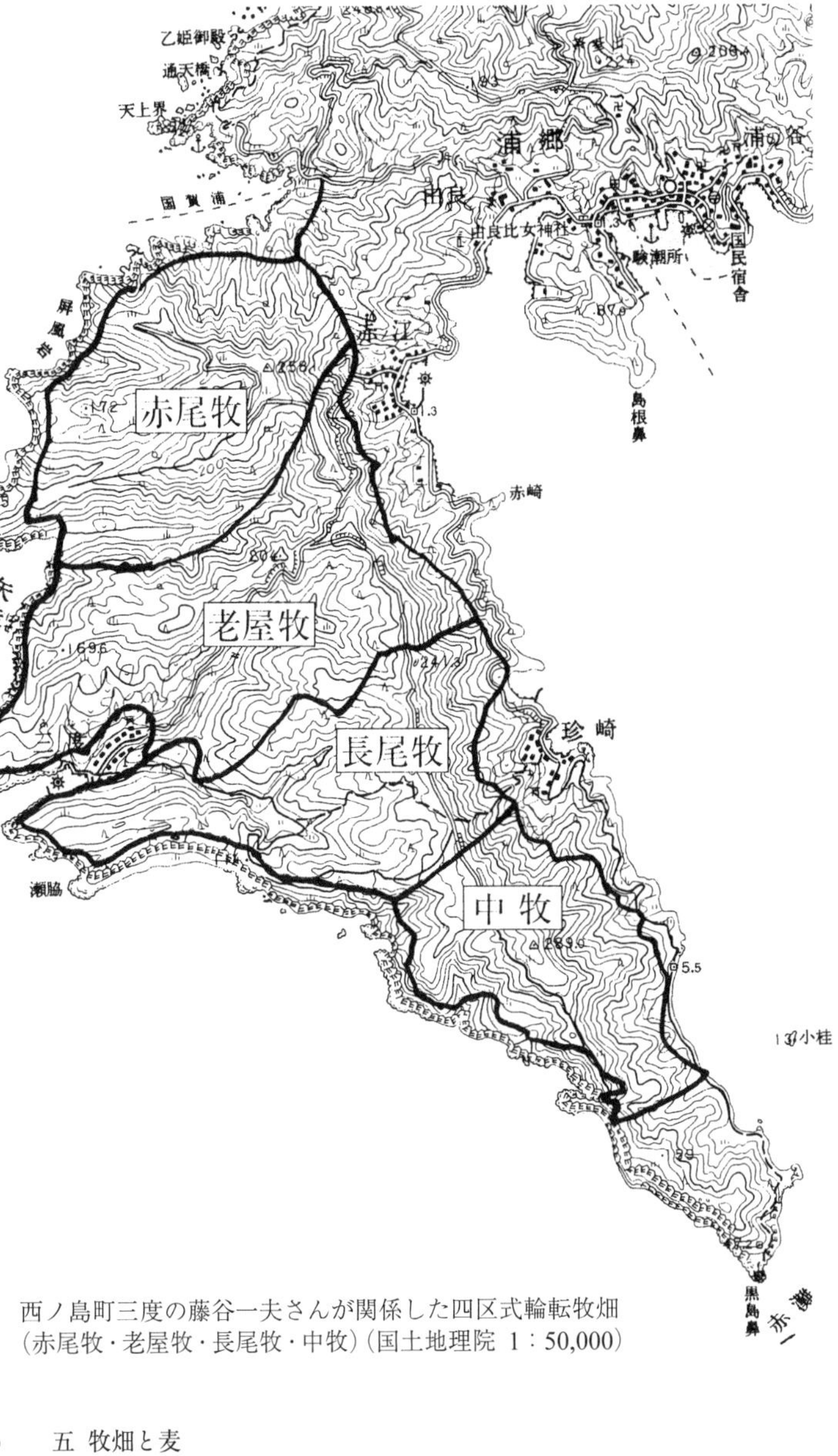

図③　西ノ島町三度の藤谷一夫さんが関係した四区式輪転牧畑
（赤尾牧・老屋牧・長尾牧・中牧）（国土地理院 1：50,000）

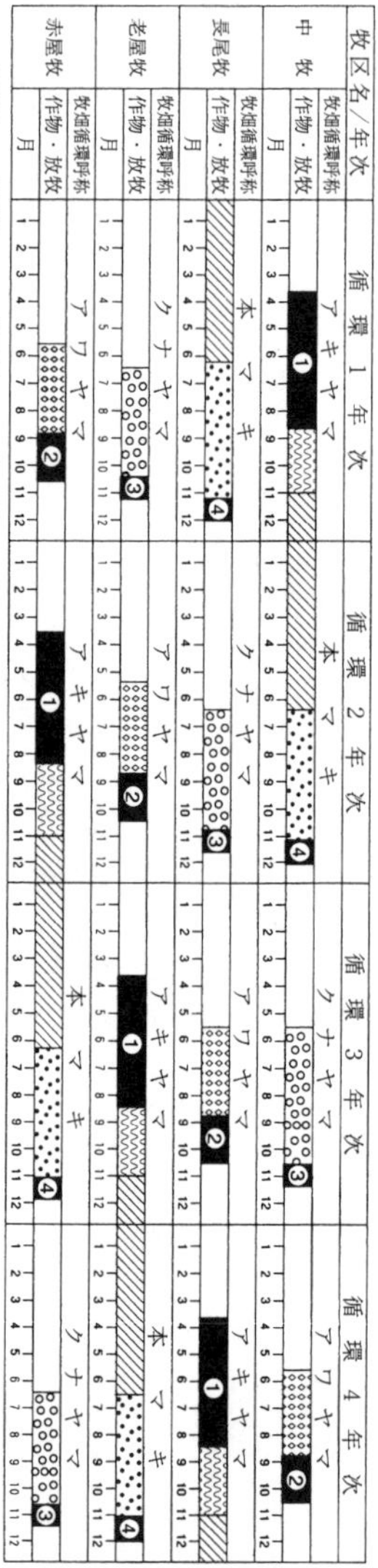

＝麦、＝小豆、＝大豆、＝粟、＝麦作準備、＝放牧、○内の1・2・3・4は牛馬の移動（牧移し）の順番を示す。

表④ 西ノ島町四区式牧畑輪転図（藤谷一夫さんの昭和30年頃の体験）

四つの区画を年単位で輪転利用する。一つの区画の中のタナで栽培される作物は年ごとに変わるのである。藤谷さんが関与した牧畑は図③に見る通り、赤尾牧・老屋牧・長尾牧・中牧の四つの牧畑を一つのセットとして、輪転利用するものだった。表④は藤谷さんの体験した四区式牧畑輪転の構成を要約表示したものである。以下に、この表と照応しながら話を進める。輪転する四つの牧畑の呼称とその利用内容は藤谷さんによると次の通りである。

ⓐ循環一年次を「アキヤマ」と呼ぶ＝畑作を中心とした場合、タナが空くことを意味し、アキヤマは「空き山」の意で、タナに作物がないことを示す。放牧を主体として見る場合、この年は空いたタナに牛馬、主として牛を入れることができるということになる。牛馬がタナに入り、そこに生

える草や、栽培物の残余の稈や茎を食べ、タナに糞尿を残すことはタナに施肥することと同じで、当該アキヤマの地力の回復・培養をすることになる。アキヤマという呼称が成立した時代には年間を通じて牧区のタナに牛馬が入っていたはずであるが、牧畑終焉期の藤谷さんの時代には人口も牛の頭数も多かったので、九月以降は麦作準備・麦作のためにアキヤマのタナから牛馬を他の牧区へ移動させていたのである。このことは牛馬糞尿の肥料効果の減少でもあった。

ⓑ循環二年次を「本マキ」と呼ぶ＝「本マキ」とは「本牧畑」の意であり、四区輪転の中で、当該牧区のタナが最も強力に、本格的に畑地の機能を発揮することを意味している。表④を見ると、本マキの一月から六月十五日まではタナには麦があり、麦の収穫を終えると直ちに小豆を栽培している。四区輪転・循環の本マキに限ってタナにおいて完全な二毛作が行われていたのである。

ⓒ循環三年次を「クナヤマ」と呼ぶ＝クナヤマの「クナ」は焼畑輪作の年次呼称としても用いられた語彙でもある。焼畑でも輪作三年目を「クナ」と呼ぶ例が多く見られる。[*3]『改訂綜合日本民俗語彙』[*4]の「クナサク」の項に次のような記述がある。「クナスという動詞は長野県では地味が悪くなって休ませることに使うらしいが、焼畑が地力衰えて使えなくなることをクナといい、したがってクナバタとかクナサクといえば、三年目または四年目のことである」――「クナ」を焼畑輪作の三年目の呼称とする静岡県・長野県などの焼畑のおいても、輪転循環三年目の呼称を「クナ」とする隠岐の牧畑においても、古い時代に、焼畑なら二年輪作の後、牧畑ならアキヤマ・本マキの二年間の後に休閑に入る時代があったことを思わせる。知夫村の川本巌さんは、本マキは麦も大豆も一〇〇

%播種できる地力があるが、三年次クナヤマは豆類を六五%しか播種できず、輪転四年目（西ノ島ではアワヤマ、知夫村ではフエヤマと呼ぶ）には「ヂサ」（土質）のよい所を選んで三〇%しか播種できなかったという。知夫村古海の三角定男さん（大正九年生まれ）は、本マキ一〇〇%に対してクナヤマは五〇%、四年目のフエバタ（フエヤマ・アワヤマとも）は三〇%しか播種できなかったという。牧畑三年目、四年目の地力低下が著しいものであったことがわかる。

「クナ」は「来勿《くな》」であり、「衝立船戸神《つきたてふなとのかみ》」の「フナ」（踏勿《ふな》）と同義で禁足を意味する。古くは、焼畑も牧畑も二年使って休閑し、入足を止めた時代があったものと考えられるが、このことについてはさらなる探索を続けなければならない。

ⓓ循環四年次を西ノ島では「アワヤマ」、知夫里島では「フエヤマ」（フエバタとも）と呼ぶ。「粟山」「稗山」の意である。

さて、先に牧畑地のタナの地力が本マキ→クナ→フエバタと急激に低下してゆく状態を記したのであるが、図④はそれを耕地循環に沿って図示したものである。知夫里島仁夫の川本巌さんの体験によるものである。段々畑の段と段の間のノリ面（急傾斜）を当地では「ゲシ」と呼び、そのゲシの下の段のゲシ寄りの部分を「ゲシシタ」と呼ぶ。ゲシシタはとりわけ地力低下が著しいのである。したがって、クナ山ではタナのゲシ寄り三分の一のゲシ下を休閑させる。よって、タナの三分の二の耕地しか利用できないのである。その三分の二の耕地で冬作麦、夏作大豆・小豆の二毛作を行うのである。同じ隠岐でも西ノ島の藤谷さんはクナヤマでは麦を作っていないが、知夫里島の川本さんはクナヤマでもタナの三分の二で麦と豆類の二毛作を行っていたのである。輪転四年目のフエバタはタナの先端三分の一に粟を作って冬作はせず、タナのゲシ寄り三分の二は休閑せるということになる。こうして見てくると隠岐では、主食穀物として麦が重視されていたことがよくわかる。

表④をよく見ると、各牧区がアキ山に当たる年には、牛が三月下旬から八月下旬まで牧畑にいることになる。表では黒ベタで埋めている。他に本マキ・クナヤマ・アワヤなどで一〇日間ほど牛を入れている状態を黒ベタで示し、その中に①②③④の数字を入れている。この数字はタナの柵の中に入れている牛を牧移《まきうつ》し（牧区移動）する順番を示すものである。これは、一〇日前後の短期間でも

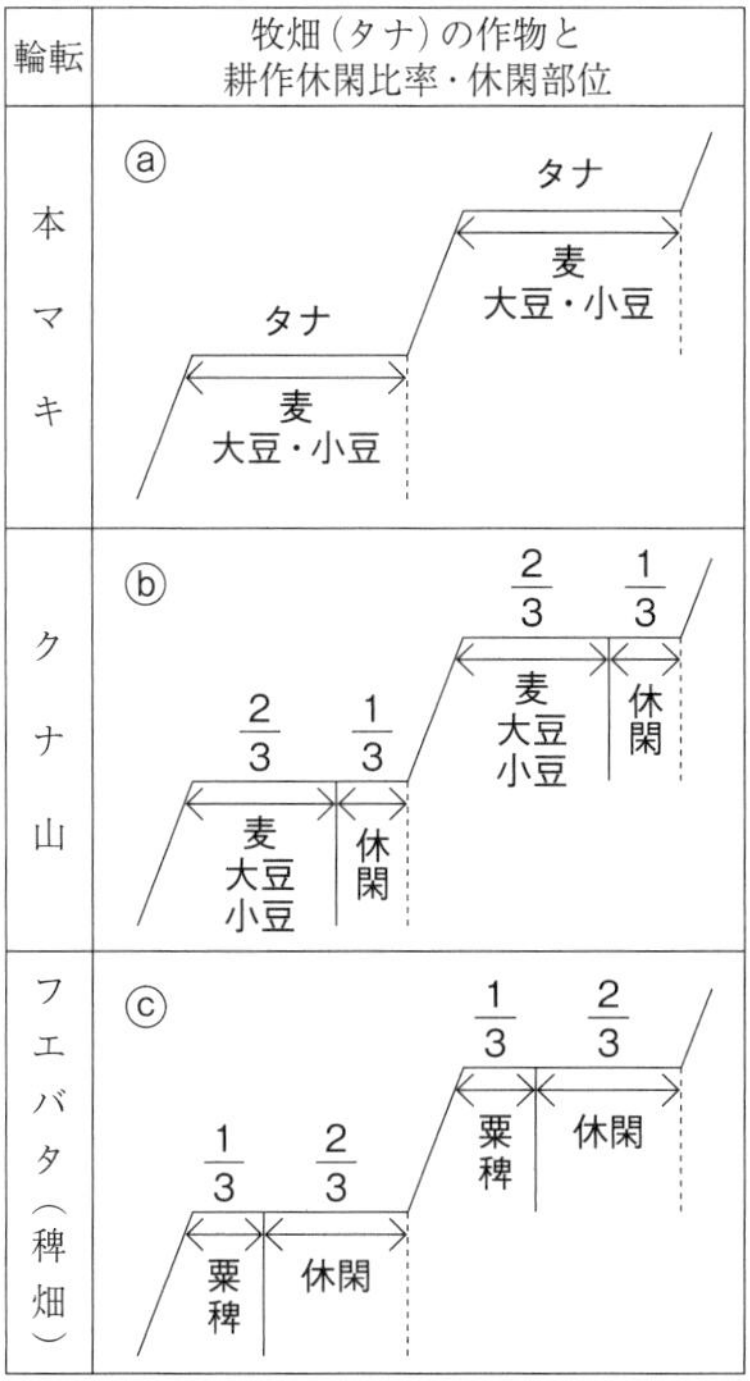

図④　牧畑輪転と畑地利用

牛の牧移しをして各タナの草や残余の茎・稈類を喰わせなければ頭数が増えてきている牛の餌がまかなえなかったことを意味している。平地が少なく、水田も少ない島嶼部でいかに効率的に麦・粟・稗といった主食穀物と、暮らしにも必要であり、換金性もある大豆・小豆をより多く収穫するかは深刻な問題だった。四区式輪転牧畑はそれに応えるものであった。のみならず、併せて牛馬飼育もできるというのだから、極めて優れた牧農複合方式だったと言えよう。

牧畑のタナは現在では放棄され、自然の山にもどりつつあるのだが、一面緑色の急斜面にはかつてタナ（段々畑）であった箇所が縞状をなし、かつての姿を想起させる。遠望するとその急傾斜地に黒胡麻のようなものが点々と見える。それは草を食む黒牛である。

麦を収穫したタナのほかにもう一つ注目しておくべき景観がある。標高一五〇〜二五〇メートルの間に芝草地がある。芝草地はシバハラと呼ばれ、一部にはカヤ原もある。その芝草地の中の頂の部分を「トコ」または「トコヤマ」と呼ぶ。島後西郷町大久ではこれを「タナヤマ」「ウネ」「オネ」などと呼ぶ。トコの中でも平らな部分を「ヒラ」または「タカヒラ」と呼ぶ。トコは牛馬の餌となる草場であるばかりではなく、牛馬の休憩所であり、睡眠所でもあった。藤谷さんによると、トコで睡眠をとった牛は午前七時ごろから谷に下り始め、水飲み場で水を飲み、草を食べながら登りにかかって、午前九時半ごろにはトコに至る。それから午後三時ごろまでトコで過ごす。それから下りにかかって谷に至り、水を飲む。水飲みを終えて午後六時ごろにはトコに帰る。そしてトコで眠るのだという。トコは牛馬の立つところ、牛馬が集合して長時間を過ごす場所である。したがってトコは牛馬の糞尿がより多くたまるところである。さすれば、ここが最も畑に適した地であり、牛馬を他の牧区へ移動させればここが優れた畑地になるはずである。ところが、西ノ島も、知夫里島も日本海の中に浮かぶ島である。島の各牧区に複数ずつあるトコのほとんどは海からの強い風を受けることになる。この点から見ればトコは畑作不適地だと言わざるを得ない。西ノ島町宇賀の柳谷長太郎さん（大正元年生まれ）は、「トコは賭《かけ》」「トコは見当作《けんとうさく》」と語る。風害が多ければ収穫は得られず、風害がなければ大量の収穫があるからである。アキヤマ牧区のトコにおける栽培物は標高の低い方から順に並べると最も低い部分が麦となり、最も高い部分に粟を作る。その中間に大豆・小豆を作る。西ノ島町浦郷の天草不三夫さん（大正十五年生まれ）は、トコの栽培作物を次のようにした。上部からモチ種の粟↓大豆↓小豆↓大麦の順だという。トコの利用は、風位と作物の適性を考えなければならなかった。図⑤は知夫里島古海の三角定男さんの伝える風位名である。麦栽培に影響するのは十二月から二月にかけて吹くアナジとオキニシである。アナジ・オキニシの強風は蒔き付けた麦の種を吹き飛ばす。麦栽培にトコを使う場合には、トコの中でアナジ・オキニシを受けない部分を利用したのである。十月・十一月のアオテ・アオの強風には大豆・小豆が影響を受けた。

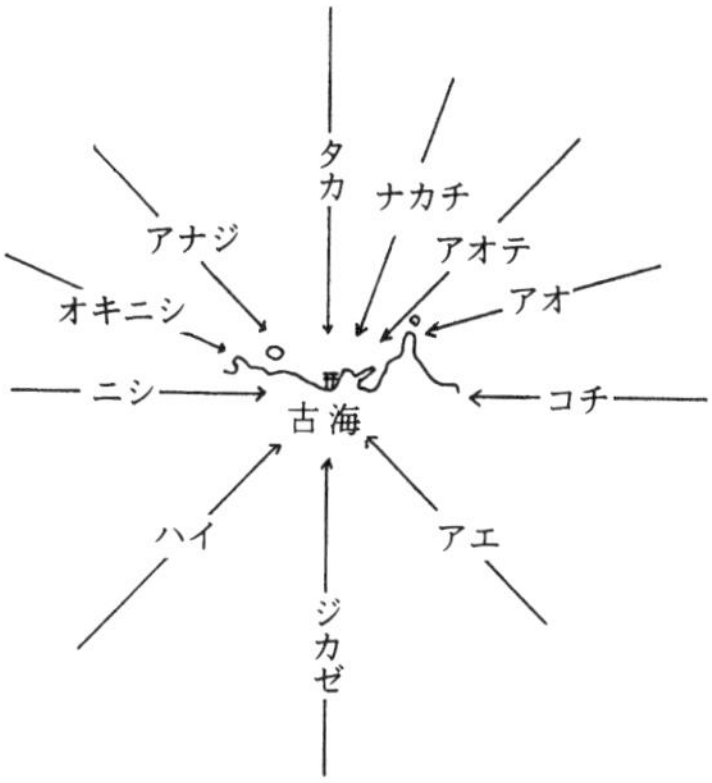

図⑤　知夫里島古海の風位名

隠岐における麦の食法については本書Ⅲ章「麦の食法」の中でふれている。なお、隠岐の牧畑についでは別に述べたことがある。[*5]

1――三橋時雄『隠岐牧畑の歴史的研究』(ミネルヴァ書房・一九六九年)。
2――田中豊治「隠岐の牧畑―性格とその発生的考察―」(『季刊山陰民俗』15・一九五七年)。
3――野本寛一『焼畑民俗文化論』(雄山閣・一九八四年)。
4――柳田國男監修・民俗学研究所編著『改訂綜合日本民俗語彙』(平凡社・一九五五年)。
5――野本寛一「隠岐の牧畑民俗」(『牛馬民俗誌』岩田書院・二〇一五年)。

六　水田二毛作の苦渋——田代・麦代の循環——

水田二毛作の発生について黒田日出男氏は、十二世紀初頭の讃岐国および伊勢国の事例をふまえて、「畿内をはさんで東と西とでほぼ同時期に、水田二毛作の成立する事例を知ることができるだろう」と述べている。[*1]また、阪本寧男氏は以下のように述べる。[*2]「中世になって、畑作のムギの栽培が次第にさかんになっていったことにちがいないが、鎌倉時代の半ば頃から水田裏作としてムギの栽培が行われるようになった。それは、この頃から江戸時代に至るまでの四〇〇年間に急速に形成されてきた都市に対して、必要な食料を大量に周辺の農村から供給せねばならないという状態が生じてきたからである。そのため、水田稲作の米作りだけでは都市の人口増加は対応しきれず、水田裏作としてムギ類を栽培してその不足を補うとともに、農村に暮らす人びとの食糧源としての必要性があったからにほかならない」——。

古島敏雄は「鎌倉・室町時代を通じるわが国農業技術の発展の中心は、二毛作・多毛作の普及にあると見ることができる」[*3]とし、次のように述べる。「稲作においては土壌の風化による年々の肥料分補給のほかに、灌漑用水による補給があるので収穫量の低さを意としない限り、施肥は比較的乏しくてもよいのであるが、これに裏作の麦の加わった場合には施肥が不可欠となる。二毛作の採用は、当然その点の解決を伴わなければならないのである」――。

水田二毛作は、夏作の稲に対して冬作は麦が中心となったことはたしかであるが、水田の裏作としては麦以外のものも作られた。その一つに菜種があった。菜種から搾る油はランプ以前、電燈以前には灯火燃料として、また食用油として重要だった。水田二毛作における田代崩しから麦代作り、麦代崩しから田代作りにかけては厖大な労力を要した。畜力や耕耘機を用いてもそれは多大な労力と時間を要するものであるから、これを人力のみで為すことは、水田から遠く離れて暮らす人びと、鋤・鍬を手離した者には想像もできないことである。稲と麦とを作る水田二毛作は、「水田の畑地化」と、その畑地化した麦代を再度水田化する、いわば「畑地の水田化」とのくり返しを続けることにほかならない。しかも、水田環境は一様ではなく、ひどいフケ田（深田）においても二毛作がなされていた。その作業の苦渋は想像に余りある。こうした苦労を重ねても麦を栽培しなければならなかったのが日本の近代である。

安室知氏は「水田の潜在力とその民俗的意義」[*4]の中で以下のように述べている。「通常、小作地には小作料（年貢）が課せられる。しかし、それは、水田の場合、表作の稲に課せられるもので、基本的には裏作の麦には小作料はない」――。ただし、注として、「二毛作のできる水田とできない水田とでは小作料が差がつけられる場合もあった。そうしたことからすれば二毛作麦にまったく小作料が課せられなかったわけではない」と記す。暮らしを少しでも向上させるために人びとは苦労の多い水田裏作の麦栽培にも力を入れてきたのである。

ここでは近代以降、高度経済成長前までの水田二毛作、田代―麦代の循環にかかわる民俗事例を紹介する。

(一) 事例とそこから学ぶこと

①静岡県浜松市北区引佐町川名・山下治男さん(大正十三年生まれ)

水田に夏作の稲、冬作の麦を循環・継続的に栽培する場合、田代作り、麦代作りがくり返されることになり、「麦代崩しから田代作り、そして田植」、「稲の収穫から麦代作り、麦蒔き」と重労働が続いた。前者は言わば畑地の水田化であり、後者は水田の畑地化ということになる。従来称されてきた「表作と裏作」の二毛作を水田で展開することはじつに重い営みだった。当該の主題が麦なので、まず麦代作りから見てゆこう。ⓐ最初に、麦栽培の障害になる稲株を起こす。先端を湾曲させ刃をつけた杓子型の「カブヌキ」と呼ばれる株

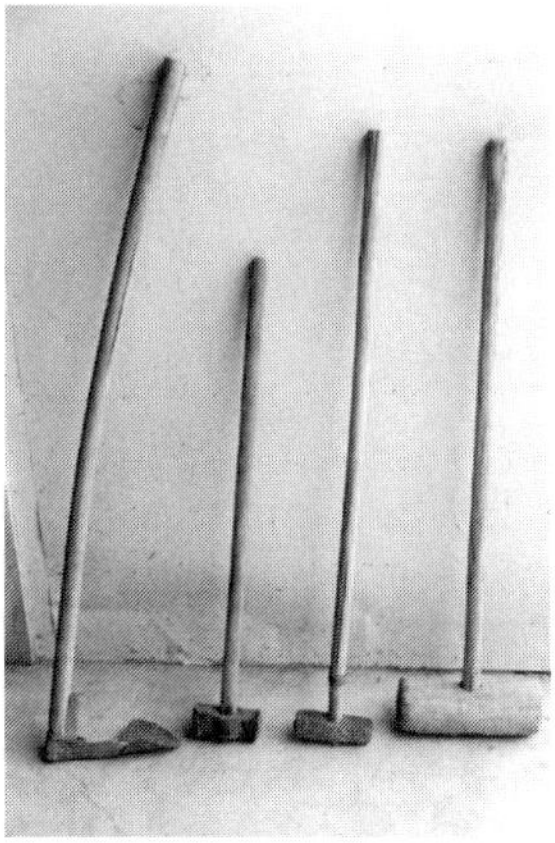

写真⑦　稲の刈り株を掘り除く株抜き鍬(左端)
(静岡県藤枝市谷稲葉、菅谷家)

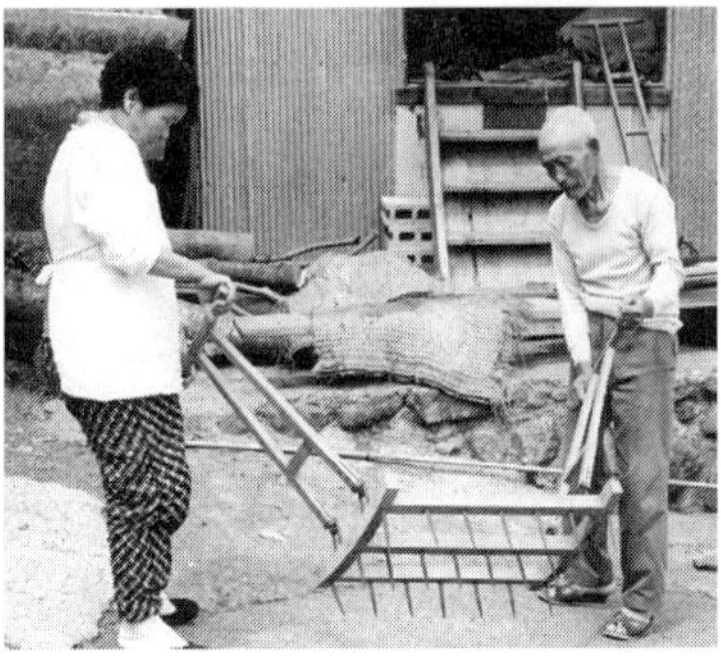
写真⑧　砕土機、二人用振り馬鍬
（静岡県伊豆の国市浮橋、古屋七平家）

抜き鍬（写真⑦）を使って稲の刈り株を掘り抜く→ⓑ「鍬打ち」と称して三本鍬で田床を起こす→ⓒ「フリマンガ」（振り馬鍬、写真⑧）を振って耕起した土を砕き、細化する→ⓓ稲株を拾って畦脇に積む。ⓑⓒの段階で稲株についている土は田に落とされる。積み置いた稲株はいずれ肥料となる→ⓔ均化した田にしるし綱を張り、それに添って麦蒔きをする→ⓕ湯《ゆ》桶《とう》型の桶に下肥を入れて施す。右に示した水田の麦代作りは乾田の場合である。

田代作りは以下のようにした。ⓐ麦代崩し。戦前は鍬、昭和二十一年から三十四年までは牛犂耕、昭和三十五年以後耕耘機→ⓑ引き鎌。幅二尺五寸～三尺、長さ二尺五寸ほどの橇状の枠木に三～四本の横木を入れ、その下側に鎌状の刃を一本の横木に四～五本ずつ固定した砕土具[*5]を牛馬に挽かせて土を細化させる。砕土の効率をあげるために人が橇型引き鎌の上に乗った。これを使うことを「鎌引き」と称した。鎌引きが終わると以下のようにした。ⓒ畦塗り→ⓓ水浸け→ⓔ代掻き→ⓕ大足＝土を踏込み泥を浮かせ、田面を均化する。

右に見た事例①の場合は水田二毛作で稲と麦を栽培した例であるが、その水田は乾田であった。乾田でさえ、麦代作り、麦代崩し、田代作りは右に見た通り、おのおのに重い労働である。さすれば、湿田、深田の場合、その労力はいかばかりであっただろうか。例を示そう。

②京都府城陽市水主・中岡與重さん（大正十四年生まれ）

当地では湿田・深田のことを「ドボ田」と呼んだ。ドボ田で稲作をして、そのドボ田で冬作に麦を栽培したのであるが、稲収穫後の麦代作りには苦労した。「ドボ田のクロ積み」という口誦句があった。麦代作りには稲株が邪魔になるので、四つ又鍬で稲株が裏に隠れるように土を返すのだが、その固まりが五寸の立方体になるように返すのである。水が浅く、比較的泥の固まりがよい場所はクロ（株を下にした立方体）を四個並べて基礎にし、その上に二個積み重ねる。さらにその上に一個載せる。これを連続させておいて最後に鋤でその畝を均らす。普通、基礎にクロを六個並べるのであるが、深い所は基礎を八個並べてその上に段を重ねなければ麦代ができないこともあった。ドボ田の麦代作りは一反歩積むのに若い衆で四日かかると言われていた。クロを積みあげた部分は高畦になり、クロを掘った部分は溝となる。

③愛知県豊川市稲束・寺部はつさん（大正二年生まれ）

以下は、はつさんが寺部家へ嫁いできた昭和六年から昭和十四年までの体験による。水田の夏作はもとより稲である。水田の冬作は麦と菜種だった。すべての水田の冬作として麦を栽培することはできなかった。この地では湿田のことを「ウダンボ」と呼んだ。最も条件の悪いウダンボの一反歩は湛水が多く、冬作が全くできなかった。その次に湿潤なウダンボ一反歩に菜種を作った。そこには「ホソオビ」（細帯）と称して三尺幅、高さ尺二寸ほどの短冊型に土盛りをした。このようなシマを作って並べ、種を蒔いた。シマは幅広の高畦である。シマとシマとの間は溝になる。その次に、水気の多い湿田には、菜種のシマと同様のシマを作って並べ、小麦を栽培した。田麦としての小麦は三反歩作った。反収は四俵で、一二俵の小麦が穫れた。乾田の冬作には、裸麦一反歩、大麦五反歩分を栽培した。裸麦の反収は四俵、大麦の反収は一〇俵だった。乾田に大麦を作る場合は、田の周囲に鍬幅で深さ八寸の「ヨケアゲ」と呼ばれる排水溝を掘って麦代にした。シマの湿気を抜く効果がある。大麦四〇俵は自家食糧を中心として牛三頭分の餌も含めた。

④石塚尊俊は『山陰民俗一口事典』[*6]の中で「湿田での裏作、高畝」という項目を設けてその技術について次のように述べている。「湿田地帯では、稲刈りの後、そこへ畝と溝とを交互につくり、水を溝にため、高い畝の方で麦を作った。これを高畝といったが、これをつくるのにはすべて人力で、一鍬一鍬掘りあげていかねばならない。……高畝つくりのことを出雲などでは「田麦掘り」といっていたが、この田麦掘りはもともと日本中あちこちで行われていたものだが、もちろんその面積には違いがあった。昭和二十年（一九四五）の統計によると一位は愛知県、二位は島根県で、以下福井・静岡・鳥取・佐賀・岐阜・新潟の順となっている。……島根県では集中的に出雲平野に多く、戦後土地改良による乾田化がゆきわたるまで行われていた。……出雲平野などでは大体三株幅という所が多かった。稲を刈った後の田んぼには切株が規則正しくずっと並んでいる。それでこれをめどとして、三株おきにゆがまぬようにずっと筋をつけてゆくのである。それを多くの所では大形の鎌で行ったが出雲では幕末のころ踏切という、踏んで進んでゆくものが考案され大変便利になった。次には鍬である。これには歯が広くて、柔らかい泥をこぼさずに掘りあげら

れること、しかしまたできるだけ軽いことが必要である。そこで両条件を兼ね備えるものとして、やはり幕末のころ、四つ子の備中鍬の歯先を広げ、その先と元との間をできるだけ空けた窓鍬というものが考え出された。この二つが出雲の田麦掘りの特徴であった」――

⑤湿田における裏作としての麦栽培について『愛知県史　別編　尾張　民俗2』の「クネ田と二毛作」の項に次のようにある。[*7]「水郷地帯の田は、秋に田刈りをしてからちょっと雨が降ると排水せず、「どぼどぼ」になってしまった。麦は湿気を嫌うため、高燥な土地ではダイマキといって田に直接麦が蒔けるが、冬でも水が完全に落ちない湿田で裏作をしようとする場合、田の土を起こして高畝を作り、ここに種を蒔く必要が出てくる。これをクネ田と称し、「くねる」と言えば高畝を作ることを意味した。……高畝は稲刈りの後に作るが、その高さによって四本クネ田、五本クネ田、六本クネ田などの種類がある。これは、稲株何本分を使って高畝を作るかということから生じた種類であり、本数が増えるにつれて畝は高くなり、くねる労力の負担は大きくなる」――クネ田は尾張平野南部を特徴づける農法と捉えてもよかろう。

⑥過重な労力を強いる湿田の冬季高畦（高畝）づくりについて最も克明な調査研究を行ったのは「低湿地水田における冬季高畦の研究」[*8]をまとめた有薗正一郎氏である。愛知県の木曽三川下流域・滋賀県近江町・京都府久御山町・島根県斐川町などで実践された土塊積み上げ（掘り上げ）の高畦形成を、模式図を示して行った報告は出色である。同氏は関連して以下のように述べている。「低湿地における冬季の高畦造りの目的は、乾土効果と凍土効果で地力を向上させて水稲の単位面積

当たり生産量を増やすこと、裏作物を作付する場を作ることであった。高畦が作られ始めた一九世紀後半には前者が主な目的であったが、二〇世紀に入ると後者も強く意識されるようになる。しかし、高畦であるがゆえに、裏作物を栽培する部分は田の面積の⅓〜½にとどまるので、裏作物を作付する場造りの効果は過大評価しない方がよい。二〇世紀中頃の冬季水田高畦の面積は約七・五万町歩、総水田面積の二・五パーセントであったが、農外就業機会の拡大に伴って、冬季に過重な労働を強いられる高畦造りは、一九六〇年代中頃には急速におこなわれなくなる」――。右に見てきた、高畦（畝）式麦代の造成と、その麦代崩し、田代作りへの転換は、牛馬使用をしていないので想像を絶する重労働だったはずである。

⑦河内理恵氏は「安芸郡海田町の高畝栽培」[*9]の中で次のように述べている。「田を掘り揚げて高い畝を築き、その畝に木綿や麦を、一方掘り取った後の溝には稲を植えるという高畝栽培が自然と発達したものと思われる。その面積が最盛期には百数十ヘクタールにも及んでいる」――ここに見られる高畝・即ち水田の畑地化は、先に見てきた諸事例が、夏作・冬作で、高畝の造成と崩壊が一年の中で循環的に展開されているのとは異なり、高畝も湛水部も固定の期間を持つことになる。それは、「七」の㈠で挙げることになる事例⑤の「シマバタ」や⑦の「タジマ」と似て非なるものがある。シマバタやタジマが固定的であるのに対して海田町の高畝の流動性は否定できない。例えば滋賀県野洲町三上では一カマチの水田を半分に分け、一方を水田として稲を作り、もう一半を「アラシ」と称して畑地化して高畝を作り、土を掘り上げた低部を「ハダコ」と呼ぶ。高畝に

里芋・甘藷・瓜類を作る。里芋が連作を嫌うこともあり、アラシは一年で循環させる慣行がある。⑧尾張平野の冬季高畦（畝）についてふれたが、尾張平野の「大植え」についても注目しておきたい。『愛知県史　別編　尾張　民俗2』には以下のようにある。「クリークの多かった南部では塩抜きのために早い時期から引水する必要から収穫期の遅い小麦栽培をあきらめ、代わりに小麦栽培をする北部へ賃稼ぎに行った。北部では小麦を収穫してから田代を作って一気に田植にかかる。六月三十日から七月二日に田植が集中する。家ごとに多くの日傭いを中南部から迎えて一日で田植えを終わらせる。「大植え」は尾張平野の南北の農耕環境差を背景にして生まれたものであった」——。

(二) 牛馬耕による田代・麦代循環

田代崩しから麦代作り、麦代崩しから田代作りの循環においては牛馬が重要な働きをした。奈良市中ノ川の池ノ畑伊平さん（明治三十七年生まれ）も多忙な農作業の中で牛を使ってきた一人である。池ノ畑さんは、ヒトスジウネとフタスジウネの二種類の麦代を作った。ヒトスジウネとは、一本の畝に一筋（一列）麦を蒔く形、フタスジウネとは、一本のウネに二筋（二列）の麦を蒔く形である。図⑥は、麦田を崩して田代を作るに際して、牛を使って麦田を崩してゆく順序を図示したものである。Ⓐはヒトスジウネ、ⒷⒸⒹはフタスジウネである。まず①から牛の犂を入れ、ヒトスジウネⒶ

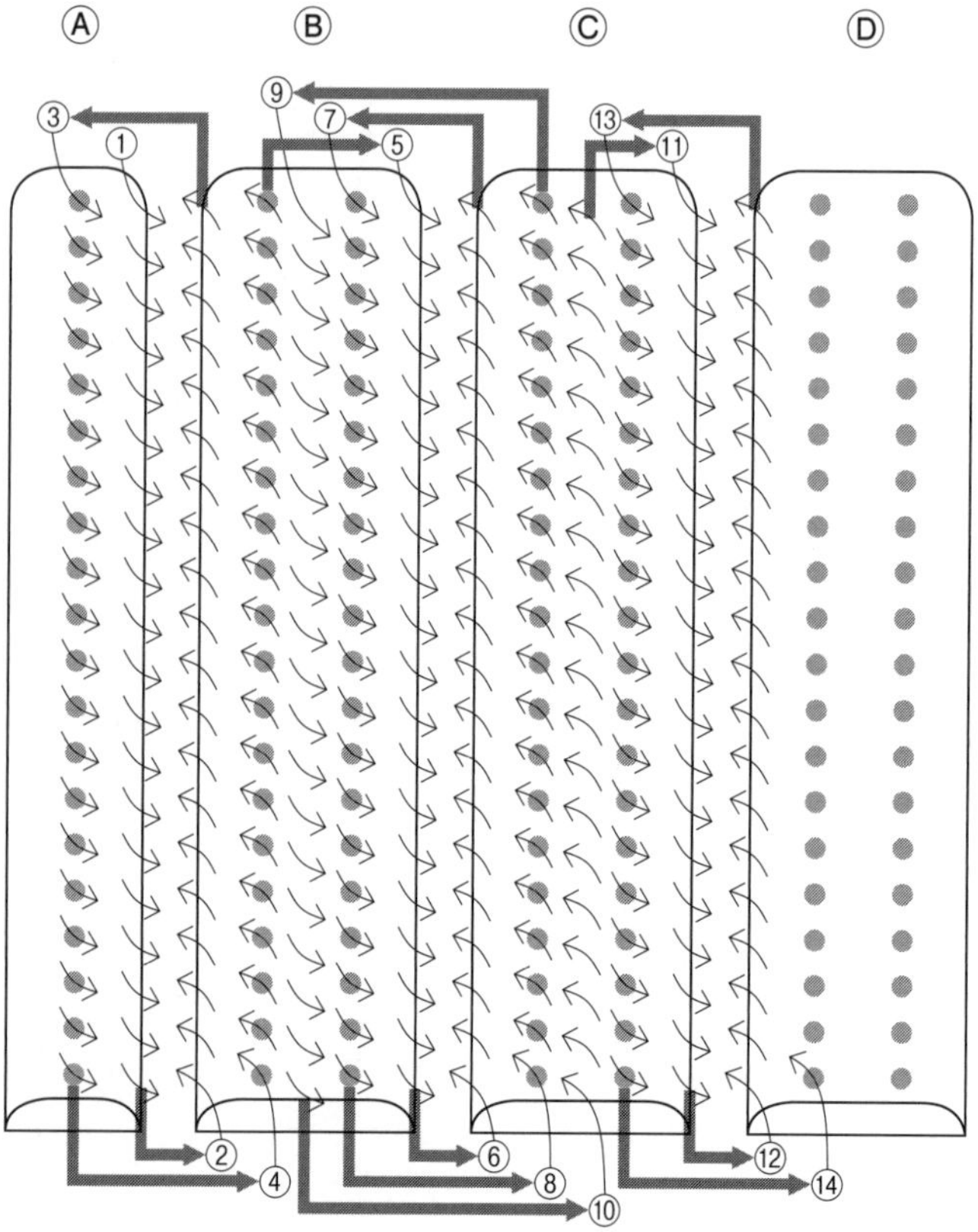

図⑥　麦田崩し、田代作りの牛犂耕展開図
（奈良市中ノ川・池ノ畑伊平さん伝承）

の畝肩を削り起こしてⒶとⒷの間の溝を埋めてゆく。①が終わるとフタスジウネⒷの畝肩を犂き削ってⒶⒷの間の溝を埋めてゆく。①②が終わって、はじめてⒶの畝の麦株を耕起するのである。以下、④⑤⑥⑦⑧⑨⑩⑪⑫の順に牛を移動させ、溝を埋め、麦株を起こし、田を平らにしてゆくのである。まことに複雑ではあるが、じつに合理的に組み立てられた牛耕法である。

こうして、入念にしてもなお、田面には凹凸が残る。その凹凸をならすために、今度は人が、備中鍬を用いて「タニアワセ」という作業を行なうのである。タニアワセが済むと田に水をひいて代かきを行う。代かきは牛にマンガ（馬鍬）を引かせて行うのであるが、マンガは四尺幅である。池ノ畑さんの場合、まず牛を使ってマンガを「の」の字型にタテ畦にそって描きながら進んだ。こうして全体をならしただけではまだならし足りないので、次に、マンガに幅八寸、長さ六尺の板を固定したイタマンガを使ってもう一度「の」の字型に歩くという方法をとった。こうしてならしても、田の隅が残るので、隅は鍬を使ってならしたのである。

京都府京丹後市峰山町二箇地区は丹後半島のムラで、降雪も決して少なくないのだが、ここでも田麦を栽培した。「ヤチ田」と呼ばれる湛水田は無理であるが、乾田を、高畝式と称して畝高にし、湿気を除くくふうをした。二筋蒔きの高畝式は、麦代を作るにも、それを崩して田代を作るにも苦労が多かった。ここでも牛が重要な働きをしたのであった。図⑦は二箇の池田操さん（大正八年生まれ）の伝承する牛犂耕平面図である。これによると、まず、おのおの、高畝の両端の土を崩し、続いて麦株を外側に向かって起こす。さらに、二筋の麦の株間を左右おのおのに外に向かって耕起し、

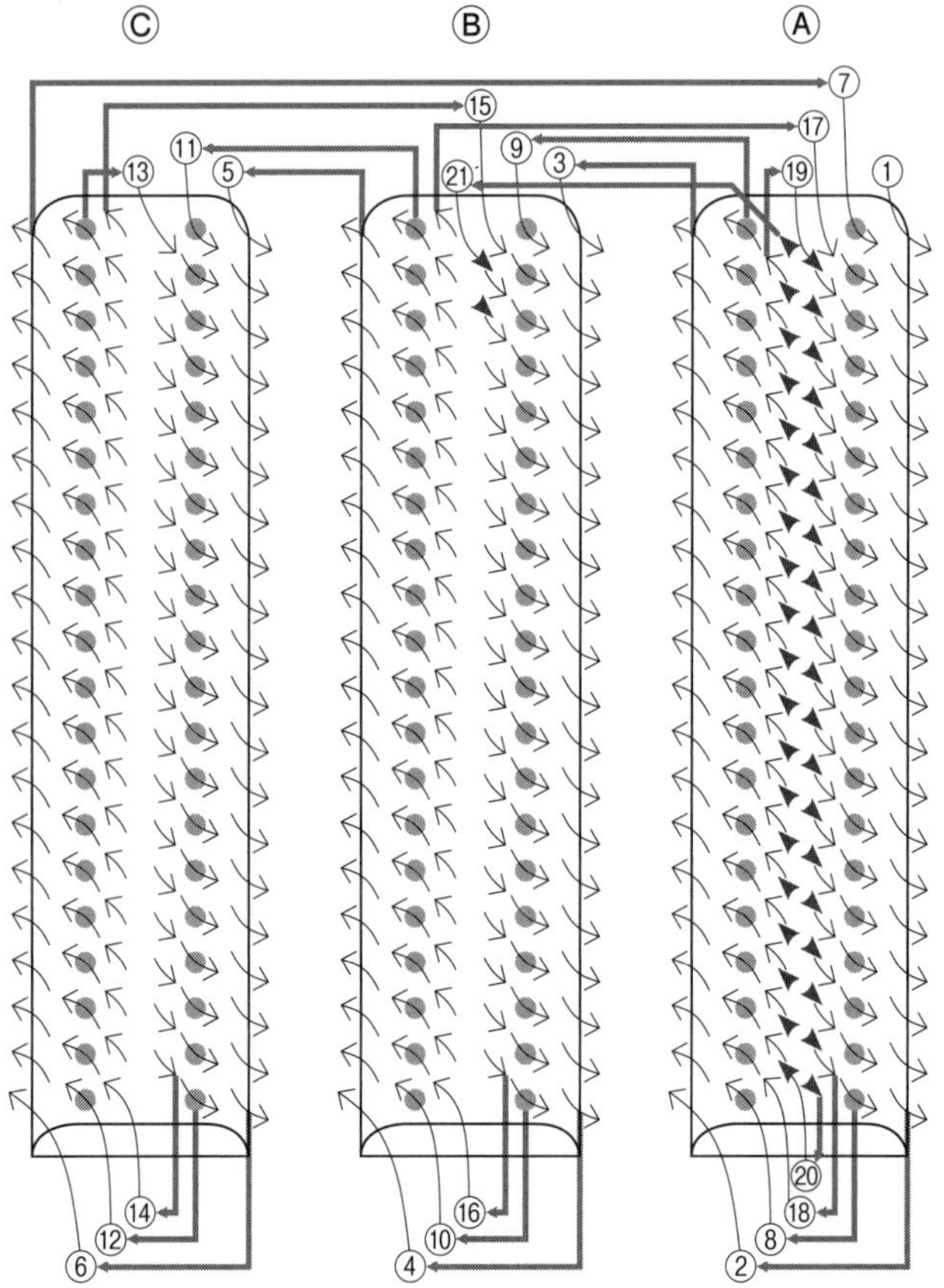

図⑦　麦田崩し、田代作りの牛犂耕展開図
(京都府京丹後市峰山町二箇・池田操さん伝承)

その上、中央部を左右に一度ずつ深耕するのである。高畝ゆえに、深耕しなければ土が均せず、田代が作れないのである。高畝式の麦代崩しの深耕等の状況は図⑧によって理解できる。ここで、奈良市中ノ川の麦代崩しと、峰山町二箇の麦代崩しの牛耕の手続手間を比較してみると、峰山町の方が奈良市の数倍の手間と労力をかけていることがわかる。降雪地帯と非降雪地帯で麦の栽培条件が異なり、麦代の作り方に差があるからである。丹後地方における牛犂耕への依存度は、奈良に比べて相対的に強いものがある。環境民俗学の視点に立つ時、「雪」が農業にもたらす影響として右の事例は極めて重要だと言えよう。

麦代崩しが終わると本田の代かきとなる。当地の代かきは、牛にマンガをひかせ、ⓐフチガキ・アラガキ→ⓑタテガキ→ⓒ二番タテガキを行って完了する。

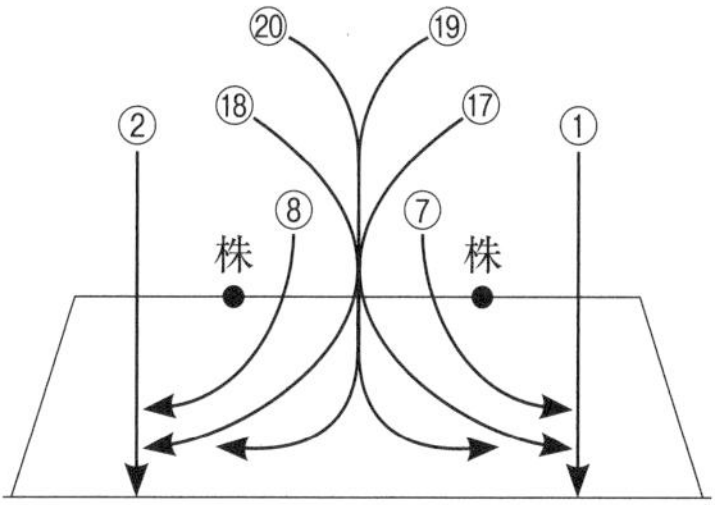

図⑧　高畝式麦代の牛犂耕断面図
（図⑦のⒶの畝）

牛は貴重な財産であり、家族の一員でもあった。峰山の民家では牛舎は母屋の中に作られていた。牛を病から守り、健康に働かせることには心を砕いた。二箇には、お講さんと呼ばれる天王講があった。姫路市にある広峯神社は、広峯牛頭天王とも称され、広く、牛を飼う人びとの信仰を集めた。二箇の人びとは、遠いほど御利益があるとして毎年二人代参を立て、お札をいただいて牛舎に貼った。この他、京都府京丹後市弥栄町和田野、与謝郡与謝野町石川にも牛頭天王社があり、牛を飼っている者は、広峯代参とは別に、個々でこのどちらかに参拝し、お札をいただいて牛舎に貼った。牛の埋め墓もムラの墓地の下にあり、昭和二年の丹後震災の際死んだ牛もここに埋めた。

1――黒田日出男『日本中世開発史の研究』（校倉書房・一九八四年）。
2――阪本寧男『ムギの民族植物誌―フィールド調査から―』（学会出版センター・一九九六年）。
3――古島敏雄「中世後期の農業技術」（『日本農業技術史』古島敏雄著作集6・東京大学出版会・一九七五年）。
4――安室知「水田の潜在力とその民俗的意義」（『水田をめぐる民俗学的研究―日本稲作の展開と構造―』慶友社・一九九八年）。
5――こうした砕土機は、大蔵永常の『農具便利論』初出一八二二（『日本農書全集』15・農文協・一九七七年）所収の「薬研把《やげんまぐわ》」「谷馬鍬」をはじめとして、近代に入って多様な機種の考案を見た。これもその一つである。砕土機については、加藤幸治氏の優れた報告がある。『和歌山縣農業概要』（和歌山県内務部編・一九三一年）をはじめとする諸文献や農具実測図・写真等を多用しており理解しやすい。中に刃・鎌を並備し、砕化力を強化した、通称「トンビ」「ヒコーキ」「カニケンガ」などの資料も収載されている（加藤幸治『紀伊半島の民俗誌―技術と道具の物質文化論―』社会評論社、二〇一二年）。
6――石塚尊俊「湿田での裏作」（『山陰一口事典』松江今井書店・二〇〇〇年）。
7――愛知県史編さん委員会『愛知県史　別編　尾張　民俗2』（愛知県・二〇〇八年）。
8――有薗正一郎「低湿地水田における冬季高畦の研究」（『在来農耕の地域研究』古今書院・一九九七年）。
9――河内理恵「瀬戸内平野の高畝栽培」（『生業と用具』山陰民俗叢書3・山陰民俗学会・一九九五年）。

七　水田の湿潤度と裏作作物

水田二毛作と称してもその実態は決して単純なものではなかった。それは水田の拓かれている地形地勢環境や気候条件によって様々な変化が生じてくるからである。山地の棚田などでは山に近く、冷え水を直接入れる田と、最も低位の田とで稲の品種を変えるのは当然である。平地の水田にも乾田と湿田とがあり、裏作と称される冬作作物もそうした農耕環境に応じて作物や品種を変えなければ収穫は見込めない。人びとは体験と伝承を重ねながらこうしたことに対応してきたのである。ここでは、限られた事例ではあるが、水田のおかれた環境、水田の湿潤度などに対応する作物・品種選定について事例に学ぶことにする。一部では肥料にも目を配る。

(一)　事例探索

①滋賀県近江八幡市北津田・辻清一郎さん（大正三年生まれ）

最も水辺に近いところに拓いた新田は湛水、湿田で裏作は全くできなかった。集落や山に近づくほどに田床は安定する。琵琶湖の内湖沿いの田から集落の屋敷田に至るまでの水辺の「湿田から乾田へ」という環境条件に応じた水田利用はおよそ次の通りだった。ⓐ夏作＝稲、冬作＝なし↓ⓑ夏作＝稲、冬作＝菜種↓ⓒ夏作＝稲、冬作＝小麦↓ⓓ夏作＝稲、冬作＝大麦↓ⓔ夏作＝稲、冬作＝藺草《いぐさ》↓ⓕ夏作＝小豆、冬作＝藺草。ⓐⓑⓒは稲作が主体となるが、ⓔⓕは藺田であり、畳表の素材となる藺草は季節的には冬作・裏作となるのだが、実質的には換金性の高い重要な作物だった。*1 また、大麦・小麦も主食の一角を占める大切な作物である。

②滋賀県近江八幡市円山・井上正六さん（大正六年生まれ）

当地では乾田のことを「アゲマ」と呼んだ。アゲマには冬作として麦を作ることができたが、新田即ち湿田の水の多いところには冬作はできなかった。そこより水気の少ないところで冬作に菜種ができるところがある。乾田には裏作に麦を栽培した。台風シーズンには冠水の被害がひどかった。特に早稲の害はひどく、稔りの季節に早稲が冠水すると一週間で籾から芽が出た。井上家では早稲の被害・危険を避けるために、早稲＝一反歩、中稲＝二反歩、晩稲＝一町歩と品種を分けて、冠水の心配が少ない晩稲に主力を置いた。冠水しやすい新田は収穫量も低く、反収二、三俵で、かつ裏作もできなかった。五月下旬から六月中旬にかけては、麦・菜種の収穫と田植とが複雑にからんで多忙を極めた。

琵琶湖の内湖である大中之湖・西之湖、主として西之湖やクリークで藻とその根についている泥を掻きあげて肥料にする習慣があった。藻のことを「モラ」と呼んだ。八月、鉄の瓜のついたエブリ型の「カナカギ」と呼ばれる掻き具で掻きあげ、モラと泥を混合の状態で水域との境である「ガテ」(畦)に「モヅカ」(藻塚)と称して積みあげておく。これを秋まで放置して乾燥させる。乾燥したモラと泥の混合物を鋤で切って稲刈りの終わった田に入れる。この肥料は、当面、麦や菜種の肥料になるのだが、稲作にも力を与えることになる。

事例①(滋賀県・近江八幡市)で、水田の冬作に畳表の素材となる藺草栽培についてふれたが、いま少し藺草についてふれ、麦との関係にもふれておく。

③大分県杵築市宇江野辺・手島正義さん(大正十二年生まれ)

当地では藺草のことを「シット」と呼び、藺草を栽培する田のことを「シット田」と称した。シット田は「上田」と決まっていた。藺草の苗は畑地等に仕立てておき、五月中旬から末に水田に植え、七月下旬から八月中旬にかけて収穫した。刈り取った藺草は馬で運んで住吉浜で干した。シット田の冬作は大麦だった。稲は湿田に作り、高畦の麦代を作って冬作は小麦だった。

④大分県国東市国東町小原・松本ミツエさん（明治三十四年生まれ）

仕立てておいた苗を一反歩のシット田に、六月上旬五寸間隔に植えた。七月下旬から八月上旬にかけて刈り取りをし、収穫したシットは浜で干した。シットは仲買人が買い集めに来た。シット田の冬作は裸麦だった。事例①（滋賀県近江八幡市）では藺草を水田で冬作として作ったのだが、③④（大分県杵築市、国東市）では藺草を水田に夏作として作り、冬作として麦を栽培している。藺草は栽培時期に柔軟性があったことがわかる。

⑤愛知県豊川市八幡本郷

地名の八幡は「八幡宮」の存在によるものだが、地区内には三河国分寺跡がある。古来、平地の中で農業が営まれてきた地である。図⑨は、八幡の本郷を中心とした空間概念図である、図⑩はその空間で栽培された作物概念図である。図⑩の「ウダンボ」は「ウダ」とも呼ばれる湿田のことである。ウダンボⅡは湛水田で、麦や菜種などはもとより、稲も栽培できない。当地ではその湛水田にレンコン（蓮根）を栽培して換金していたのである。ウダンボⅠとウダンボⅡは標高差ではなく、環境条件によって起こる泥の質や水深の差異を示すものである。ウダンボⅠは比較的泥土が固まりやすい地で、夏作に稲、冬作に菜種や小麦を栽培できる田である。ウダンボⅠの冬作も、より湿潤度の強い田に菜種を、より湿潤度の低い田に小麦を栽培するようにくふうしていた。水田の冬作作物が湿潤度の強から弱へ、菜種→小麦→大麦と配されるのは先に紹介した事例①（滋賀県近江八幡市）と全く同じであり、これは大麦・小麦の栽培環境への適応を認識した作物配置だと言えよう。

図⑨の「シマバタ」は便宜上姫街道の両脇に描いたが、現実には写真⑨に見る通り、水田域の中に、市松模様のように水田とシマバタ（島畑）が入り混じっているのである。八幡本郷小字市場の長谷川国夫さん（大正十五年生まれ）は水田とシマバタが混在する耕地構成の要因について以下のように語る。八幡地区内の新堀・宮下のシマバタおよび、水田・シマバタ混在の要因は、ⓐ新堀・宮下の平地が全部水田だと、西古瀬川からだけでは水がまかなえない。ⓑシマバタと水田が交互に並んでいる場合、水田の両側のシマバタは水田の湿気抜きの働きをする。ⓒシマバタ

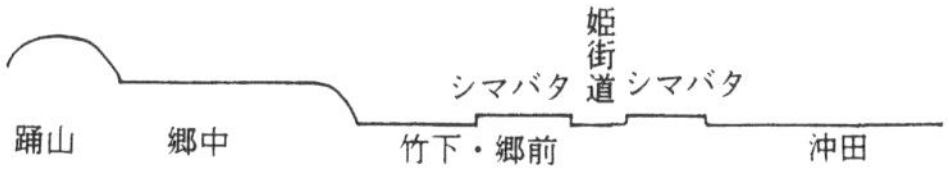

図⑨　八幡地区本郷を中心とした空間概念図

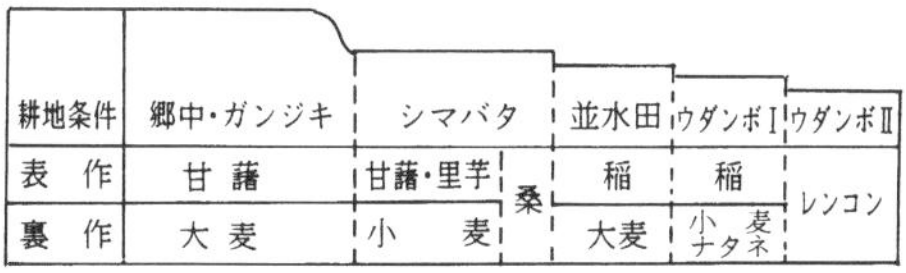

耕地条件	郷中・ガンジキ	シマバタ		並水田	ウダンボⅠ	ウダンボⅡ
表作	甘藷	甘藷・里芋	桑	稲	稲	レンコン
裏作	大麦	小麦		大麦	小麦ナタネ	

図⑩　八幡地区の耕地・作物概念図

写真⑨　八幡地区のシマバタと水田

の間にある水田はシマバタからの肥料分が入って稲作に有益である。図⑩の耕地条件の中に「ガンジキ」という語彙がある。ガンジキとは「岩敷」の意で、岩盤を意味している。八幡本郷を中心とした段丘は、表土を掘るとその下は強固な岩盤で、家屋建築の際コンクリート打ちをする必要がないと言われている。

右に見てきた通り、豊川市八幡本郷の場合、冬作である麦と対になる夏作が、稲・甘藷・里芋で、おのおのに耕地環境が深くかかわっていたことがわかる。

豊川市八幡小字忍地の近田節治さん（明治四十四年生まれ）は水田の裏作として麦を栽培する田のことを「ムギョウダ」（麦生田）と呼んでいた。当地では、稲藁・ゴ（松の落葉）・馬糞尿を混ぜて堆肥にしたものを麦の元肥にした。また、同市当古の平松市次さん（明治三十九年生まれ）は、麦には、「根寄せ」「泥入れ」など三回鍬を入れるものだと語っていた。麦の穂落とし、脱粒は、ⓐ麦焼き→ⓑ千把扱き→ⓒ足踏式脱穀機（大正三年から）、と変化したと語る。

⑥愛知県安城市藤井町・富田求さん（大正十三年生まれ）

水田の裏作は田の湿潤度によって作物を変えた。最も湿潤度の高い田には菜種を作り、次の湿気田には小麦を、乾田には裸麦を作った。大麦は甘藷の裏作として定畑で栽培した。同家には求さんの父、勘一の日記が保存されていた。その大正十四年の分を見ると、小麦二反五畝＝一二俵収、裸麦一反二畝＝五俵三斗収、大皮（大麦）二反二畝＝一四俵収とある。矢作川流域の同地は菜種の産地としても知られていた。

⑦静岡県磐田市富里・青島茂平さん（明治三十五年生まれ）・鈴木かずさん（明治三十八年生まれ）ほか

富里は磐田原台地の西麓にあり、集落と水田は天竜川左側にある。水田は天竜川の伏流水が湧出する田も多く、それゆえ、冬作の麦はできなかった。富里の人びとは水田の間に市松模様に畑地を作り、これをタジマ（田島）と呼んでいる。タジマはかつては自家用野菜の栽培地であったが、現在は換金作物である白ネギやメロンが栽培されている。基本的には稲（米）はサト（里、集落地）の水田、畑作物は東の磐田原台地と分けられていた。ハラ（磐田原台地）では古くは夏作に粟・黍・蕎麦・陸稲などの自家主食用作物、冬作に大麦・小麦が栽培されていたのだが、後に、桑・切干し用の甘藷・砂糖黍・タバコ、一時はみかんも栽培されたが、現在はハラのほとんどが茶園になっている。ハラで麦を栽培していた時代、その肥料は、サトで作られ、坂道を通って運びあげられていたのである。

天竜川の堤防の草は堆肥として利用されたのであるが中洲のチガヤも利用された。これらの草類と田の泥土とを混ぜて堆肥を作ったのである。泥土は、田の水口の部分の土を、稲刈後掘り出して乾燥させておくのであるが、これを「ヌキッチ」と呼ぶ。水口の土は肥えているのである。静岡県の大井川流域では、「ヌマタメ」と称して田のそばに、川から流れこむ肥えた泥土をためておく小型の溜を作る習慣があった。川から運ばれてくる沼土は優れた肥料だったのである。

その泥土と草で作った堆肥を、磐田原台地に牛車で運びあげて、麦の元肥にしたのである。「堆肥をやらないとケンツーになる」と鈴木きぬさんは語った。ケンツーとは丈の短い麦や稲のことである。

⑧京都府木津川市相楽西戸崎・奥谷稔さん（大正十三年生まれ）

水田の湿潤度によって冬作の作物を変えた。乾田と称して最も乾燥する田には冬作としてエンドウ豆を作った。タニシの棲息しない乾田を「普通田」と呼び、このような田の冬作には大麦を栽培した。次にタニシの棲息する泥田の冬作には小麦を当てた。水の最も多い田をシケダ（湿気田）と呼び、ここには何の冬作もできないので遊ばせた。

⑨三重県伊賀市西出・重倉志みさん（大正四年生まれ）

棚田状の水田の、最も低いところの湛水田のことを「フケダ」（水泥の深い田・深田）と呼んだ。フケダには冬作作物を作ることができなかった。棚田の段の上段寄りの部分を「シリゲ」と呼ぶ。シリゲは段先側に対して土がやわこい。棚田のシリゲの冬作には菜種を作った。ナタネは九月二十日に、定畑に蒔きつけておいて十一月下旬に棚田のシリゲに移植した。最上段の段先側の冬作は裸麦である。裸麦は指に和手拭を巻いて穂をしごいて収穫した。フケダの上段の段先側には冬作として小麦を作った。穂摘みをした裸麦の稈は刈り取って草とともに田に踏み込んだ。小麦稈は屋根葺き素材にした。

⑩三重県伊賀市才良・加藤繁さん（大正十四年生まれ）

当地では水田に夏作として稲を作り、冬期、同じ水田に栽培する作物のことを「ウラケ」と呼んだ。「裏食《うらけ》」の意味で、ウラケとしては、大麦・裸麦・小麦・菜種を栽培した。水田の湿潤度の強い順にウラケを並べると、菜種→小麦→大麦・裸麦である。ウラケの中心が麦であることがわかる。ウラケの麦蒔きに際しての元肥は、藁・牛糞尿・蚕糞《こくそ》を混ぜ熟成させた。「クマシ」（堆肥）だった。

⑪栃木県大田原市湯津上字下蛭田・伊藤勝夫さん（昭和四年生まれ）

水田二町歩のうち田麦を五反歩作った。麦代づくりや田代づくりの耕起に際して「結い」で馬を使うことがある。そんな折は、「アイモミ」（未熟稲）・大麦・馬鈴薯の屑イモを岩塩で煮て馬に与えた。

(二) 事例から見えるもの

各地で水田二毛作の冬作について学ぶうちに、冬作は水田の湿潤度に応じて栽培作物を変えていることに気づいた。当然と言えばあまりにも当然のことである。最初にこのことを学んだのは琵琶湖内湖にかかわって暮らす滋賀県近江八幡市島学区の人びとからだった。内湖に近い水田も多い。集落に近い昔からの田もある。両者の作物は当然異なるのである。深田、湛水田で、稲は作れるものの冬作は全くできない地もある。以下、収載事例の中で水田の湿潤度に応じて作物、品種を変えている例を表示してみよう。

表⑤を見てもわかる通り、水田の湿潤度の高い方から順に、菜種→小麦→大麦と、環境に適応す

表⑤ 水田の湿潤度と裏作作物

事例番号	伝承地		水田湿潤度：湿				乾	備考
①	滋賀県近江八幡市北津田	水田呼称	湛水田				屋敷田	
		作物	なし	菜種	小麦	大麦	藺草	
②	滋賀県近江八幡市円山	水田呼称	湛水田			アゲマ		モラ（藻）と土を積みあげて藻塚とし、肥料とした
		作物	なし	菜種		大麦		
③	大分県杵築市宇江野辺	水田呼称			湿田		上田	当地では藺草を夏作とする
		作物			小麦		大麦	
⑤	愛知県豊川市八幡本郷	水田呼称	ウダンボⅡ	ウダンボⅠ	ムギョウダ			
		作物	蓮根	菜種	小麦	大麦		
⑥	愛知県安城市藤井町	水田呼称						大麦は定畑、甘藷の裏作
		作物		菜種	小麦	裸麦		
⑧	京都府木津川市相楽西戸崎	水田呼称	シケダ		ドロタ（タニシ）	普通田（タニシなし）	乾田	大麦・小麦はタニシの生息を基準にする
		作物	なし		小麦	大麦	豌豆	
⑨	三重県伊賀市西出	水田呼称	フケダ		フケダ上段段先	最上段段先		棚田の上段下をシリゲと呼ぶ シリゲに菜種を作る
		作物	なし		小麦	裸麦		
⑩	三重県伊賀市才良	水田呼称	フケダ					水田の冬作物のことをウラケと呼んだ
		作物	なし	菜種	小麦	大麦	裸麦	

る作物・品種栽培が広域にわたって実践されていたことがわかった。また、事例②（滋賀県近江八幡市）では麦田の肥料に、泥と藻の混合物を用い、⑦（静岡県磐田市）では天竜川中州のチガヤと水口の泥を混ぜて堆肥を作っている。大井川流域でも沼土を肥料としている。「ヌキツチ」「ヌマタメ」「モヅカ」など肥料にかかわる種々の民俗語彙が生きている点にも注目しておきたい。大、中河川や湖周辺の二毛作水田においては、河川や湖が運ぶ泥土を肥料としていたことがわかる。表⑤の中で片仮名表記をしたものは水田二毛作、中でも麦栽培にかかわる農耕環境の民俗語彙である。アゲマ・ムギヨウダ・シケダ・ウダンボ・フケダ・ウラケなどいずれも貴重である。こうした民俗語彙とそれにともなう民俗は、調査を進めることによってさらに多く発見できるはずである。

1――野本寛一「近代の記憶―畳表と藺草の栽培―」（『近江八幡市島学区の民俗』近畿大学文芸学部・二〇〇二年）。

八　麦と雪

冬作作物である麦を冬季に栽培することを観念的にとらえると、積雪地帯での麦作は不適切で不可能だと考えがちである。ところが、現実には降雪・積雪という厳しい環境の中でも麦栽培が行われていたのである。しかし、積雪地帯で麦作を完遂するためには支障が多く、様々なくふうと努力が必要だった。また、このことは、積雪地帯では、苦労と心配りを重ねながらでも麦を栽培しなければ、食生活を維持することができなかったという厳しい事情をも窺わせる。

寒冷にして積雪も甚だしい北海道においても麦作は行われてきた。この国においては、麦は冬作物だと認識されるのが一般的であるのだが、北海道においては厳しい農耕環境であるがゆえに、冬季の雪を避け、麦を夏作作物として栽培しているのである。なお、北海道においては食糧としての麦以外にもビール麦（二条大麦）の栽培も盛んである。

また、本土の積雪地帯でも積雪という厳しい環境条件を押して麦を栽培してきた地も多い。そこには多くの苦労とくふうがあった。ここではそうした実態の一部をかいまみることにする。事例番号は便宜上㈠㈡を通して一貫にした。

㈠　積雪と消雪

①青森県十和田市長沢・長畑徳一さん（昭和二年生まれ）

陽当たりのよい小高い畑地に小麦を栽培した。小麦は雪の下で冬を越すので、なるべく早く陽を当ててやりたい。小麦畑の上が堅雪になると雪消しのために上に土を撒いた。

②岩手県江刺市玉里・千葉静子さん（昭和十九年生まれ）

水田の冬作に大麦・小麦を栽培した。田麦の上が雪渡り（堅雪）になるとそこにイロリの灰と土を撒いて融雪を促した。

③岩手県遠野市下宮守・大田代精三さん（昭和五年生まれ）

大麦は水田の裏作として、小麦は畑地の冬作として作った。追い肥は厩肥だった。コブシの花が咲いても田麦や麦畑の上の雪が消えない年にはその上に土を撒いた。麦代作りや、田の荒起こし、代掻きには馬を使った。賃犂きの仕事もした。馬に重労働をさせる時には餌として大麦を与えた。

④岩手県北上市二子町川端・八重樫将伺さん（昭和六年生まれ）

水田稲作の裏作として麦を作った。雪渡りのころに雪が固まると、田麦の上を掘って穴をあけた。一反歩につき五か所穴を掘ってその穴の中に土を撒き込んだ。こうすると融雪が促進された。雪の下にある麦に少しでも早く日照を与え、麦を守るためだった。

⑤岩手県気仙郡住田町世田米・紺野平吉さん（明治四十二年生まれ）

当地には小麦を焼畑で、大麦を定畑で栽培する慣行があった。焼畑のことを「カノガリ」と称し、年一反歩ほど拓いた。一年目を「アラク」と呼び、八月初めに灌木や草を伐薙し、十日間ほど干す。この一年目は蕎麦と小麦を混播する。蕎麦が稔ることを「カネ」がつくという。鉄漿《かね》がつく、即ち黒くなると刈り入れする。やがて雪が降り、雪が解けるとここは小麦畑になる。秋早く雪が降って根雪になり三尺積もり、春、雪解けが遅ければ麦はダメだと言われた。麦作りには陽当りのよいところが選ばれた。焼畑の灰が多くたまったところを「キゴミ」と呼び、ここには秋、白蕪を蒔く。二年目は小豆を薄蒔きにする。麦の花が盛りを過ぎ、粟の花が咲くと小豆を蒔いた。三年目は稗・粟である。大麦を春、雪解け後蒔きつける方法があった。これを「春麦」と呼ぶ。春麦・稗・粟の播種は「ジキフリ」によった。ジキフリについては後に述べる。「春麦」は北海道の事例⑪⑫⑬⑭と共通しており、紺野さんの語りは本土においても麦の春蒔きが行われていたことがわかる貴重なものである。

⑥富山県南砺市利賀村阿別当・野原ことさん（大正四年生まれ）

稲の裏作に大麦・小麦を栽培した。雪がひどいと麦が立ち枯れになった。雪の前に丁寧に麦踏みをしておくと雪の害が少ないと言われていた。田麦の雪消しには灰を撒いたのだが、灰が直接麦に当たると麦が腐ったようになった。

⑦富山市常願寺川右岸・大江きみ子さん（大正十一年生まれ）
稲の裏作に麦を作った。春、田麦の上の雪を早く解かすために雪田の上に灰を撒いた。灰はイロリ・風呂場などで出たものを「灰納屋」にためておき、箕に入れて運び、手で撒いた。

⑧富山県砺波市開発・今村守さん（昭和八年生まれ）
水田の裏作に大麦を作った。雪の深い年には田麦の上の雪に灰を撒いた。灰はイロリや竈から出たものを灰小屋にためておき、橇で運んで撒いた。

⑨富山県南砺市井波軸屋・稲垣博さん（昭和九年生まれ）
この地では春の堅雪のことを「スンズラ」と呼んだ。スンズラの上を歩くことを「スンズラに乗る」という。スンズラに乗れるころになると登校に近道ができるのでうれしかった。スンズラの季節になると、子供たちは箱橇で遊び、輪回しもした。大人たちは堆肥出しや、田麦の上の雪を早く消すために灰撒きをした。灰は灰納屋にためておいたものを使った。

⑩長野県下高井郡木島平村馬曲・芳澤定治さん（大正十年生まれ）
当地にはシミワタリ（堅雪）の季節に「ツチハネ」（土撥ね）をする慣行があった。ツチハネとは畑地に積もった雪を掘り下げて穴を掘り、土を叺《かます》に入れて雪上にあげる。その土を畑地の上に積もった雪の上に撒くことである。雪解けを早めるためである。土を撒くと、雪解けが一か月余り早くなった。畑地には小松菜・大根などの野菜を作る。土だけでなく、イロリの灰、風呂の灰なども融雪促進のために田畑に撒いた。

右に、積雪地帯で栽培された冬作の麦を積雪の諸害から守るための技術として、融雪促進を目的とした土撒き・灰撒きの事例を紹介してきた。他にも若干の報告があるので紹介する。榎勇は『北但馬 ムラの生活誌―昭和初期の歳時と民俗―』[*1]の中で以下のように述べている。

季節を追ってと言うことになると、昭和十年代のムラでの春一番の農作業は、麦畑に積っている雪を一日も早く消すための灰撒き作業であった。麦の原産地は西アジアからエジプトにかけての乾燥地帯であることから、もともと乾燥地向けの作物である。そのため北但馬地方のような、その生育期間に雨や雪が多い地方は、本来的には麦の栽培には向いていない。雪腐れ病に罹り、腐って枯死してしまうことが多いからである。実際、雪解けが遅く根雪期間が長かった年には、麦の葉はすっかりなくなっており、辛うじて残っているのは根株だけという有り様であった。春早くに麦畑に灰を撒いたのは、一日でも早く雪を消し、こうした状態の麦を救うためであったが、灰を撒く時季は普通二月末から三月の初めにかけての時季であった。

長山幹丸・伊藤忠温・ぬめひろし共著の『秋田農村歳時記』の「農作業」の項には次のように書かれている。[*2]「麦やナタネは今では作らなくなったが、雪消えと共に畑水が溜ったりするため、この時期に雪くされなどが出る。早めに水はけをする。苗代や畑の雪消しに荒土を撒布したり、クンタンをまく」――。

福島県の『舘岩村史』第四巻「民俗編」「畑作」の項には次のような記述が見られる。[*3]「ムギ播きの旬は十月上・中旬で、まだ常畑にはマメ・アズキがあるので、その畝の間に鍬を通し、ムギ種を下肥とネセゴエと掻きまぜてサクに一握りずつ落とすなり、下肥を水で倍に割ってサクに引いた上にムギ種を播くなりして鍬またはカッツアで土をかける。冬期間中は雪の下に埋もれる。以前は雪が多くて四月いっぱいあったので、ダイコンヌーなどから土を掘り出して雪上に撒布し、消雪を促した。それから、モグラの通った箇所だけはムギ踏みをして、小便水を施し、カタギリをする。これが当年初めての農作業であるところから「百姓の一番仕事」ともいった」――

積雪地帯の二毛作は不可能で、積雪地帯に冬作はないと考えがちであるが、際立つ深雪地帯は別として、これまで見てきた通り、降雪・積雪地帯の広域において麦栽培が行われてきたことがわかる。しかし、そこには、春季の融雪・消雪という大きな労力が課されていることもわかった。貞享元年(一六八四)佐瀬与次右衛門によって書かれた『会津農書』に次ぐ『会津農書附録』六にも雪下の冬作たる麦に対する融雪技術への言及が見られる。[*4] それは以下の通りである。「老人の曰、麦作春雪の下に久敷あれハくさると言て、何れの所にても雪の消際に成て土を引、又灰をふりて雪を早くきやし来る也。」――続けて農功者の言として、無理に消すと、まだ強い寒さも残っているので裸になった土が凍ってしまい麦の根は腐る、自然に消えるのを待つのがよい、という意見も記している。……「然共物陰か又窪地にて吹込積の雪有て五日も十日も遅く消る所の麦ハくさる事もあり、左様の畠へは土成共灰なり共ふりて余の畑同様にきやしたるかよし」としめくくっている。積雪地帯の人びとが麦栽培における消雪についていかに心を砕いてきたかがわかる。右のように、土や灰による消雪法は各地に見られるところである。佐々木長生氏は、土や灰を使って融雪する方法を「表面黒化法」[*5]だとしている。

麦畑・田麦の雪上に撒かれた灰は、融雪に力を果たすだけでなく、追って麦の肥料にもなる。また、撒かれる土は消雪効果に加えて耕土の補足にもなったはずである。積雪地帯の麦栽培については事例⑤に見える「春麦」と北海道における春蒔き麦とを合せながらさらに考察を深めなければならない。

(二) 北海道の春蒔き麦

⑪北海道中川郡本別町東本別・大石政男さん(大正元年生まれ)

大石家の自家食糧栽培は大麦一町歩、黍一町歩だった。他に、換金作物として、大豆・小豆・菜豆・豌豆・亜麻・ビート・馬鈴薯を作った。他に馬料として燕麦も作った。畑地耕起は二頭挽きの馬耕だった。当地の麦作は冬作ではなく、大豆・小豆・黍などと同様夏作だった。大麦の蒔き付けは雪が消える四月末、収穫は八月十五日を中心としてその前後だった。大麦の刈り入れ以後の処理は以下の通りである。ⓐ穂落とし=束焼き→ⓑ脱粒=唐竿→ⓒ精選=唐箕→ⓓ精白=バッタリ(添水)、昭和二年以後発動機。黍はモチ種とウルチ種を作った。黍の栽培は昭和五年までだった。餅はモチ種の黍だけで搗いた。飯には次の種類があった。㋐ウルチ黍だけの飯、パサパサの感じがした。㋑モチ黍だけの飯、㋒大麦とモチ黍を混ぜた飯——。

⑫北海道中川郡池田町利別南町・小沢きのとさん（大正十四年生まれ）

栽培した作物は以下の通りである。大麦・小麦・イナキビ（黍）・トウキビ（トウモロコシ）・燕麦・大豆・小豆・菜豆・豌豆・馬鈴薯・ビート・亜麻——。このように畑作一本の農業を行っていたのは昭和三十四年までで、三十五年からは畑地の水田化が始まった。一八町歩の畑地をすべて水田に転換できたのは昭和四十三年のことだった。皮肉なことに減反政策が始まり、せっかく拓いた水田を畑地にもどす動きが始まった。平成十八年現在、六反歩の水田を残して他は畑にもどした。最も力を入れている作物は長芋で、他に菜豆と小麦を栽培している。

大麦の蒔付けは五月だった。なるべく早く蒔きたいのだが、雪解けの土が乾かなければ蒔付けができなかった。小麦は「秋小麦」と称して九月十日ごろ蒔いた。収穫は翌年の盆前だった。大麦は飯にし、小麦は製粉所で粉化し、うどんにして食べた。イナキビはモチ種を五反歩ほど作った。きのとさんが嫁いできたころ小沢家は九人家族で、毎朝三升鍋一杯の飯を用意したのだが、それでも夕飯に足りるか足りないかというところだった。穀物比率にもとづく飯の種類には以下のものがあった。ⓐモチ黍七：米三、ⓑモチ黍八：米二、ⓒ大麦八：米二、ⓓモチ黍一：大麦八：米一、などである。大麦は、夜煮ておいて、朝米や黍と混ぜて煮直した。米は購入したものである。間食に丸麦を煮ておいてそれに醤油をかけて食べるという方法があった。

⑬北海道足寄郡足寄町上塩幌・松壽友由さん（大正五年生まれ）

松壽家は戦前には、仙美里軍馬補充部勤務・畑作・馬産を兼ねたが、戦後は畑作七町歩と酪農を兼ねた。畑で栽培した作物は以下の通りだった。大麦・小麦＝四月中旬蒔付け、盆前後収穫。黍＝五月上旬蒔付け、十月収穫。イナキビ（黍）は草に負けるので除草で苦労した。

⑭北海道十勝郡浦幌町豊北・竹田鉄男さん（昭和十八年生まれ）

竹田家は昭和二十五年にこの地に入植し、開拓を進めた。開拓を進める間十勝川の河川敷を五町歩借り受けてそこで作物栽培をした。主たる栽培作物は、大麦・小麦・大豆・小豆・ビート・馬鈴薯・燕麦などで、豆類やビートは湿地を嫌うので苦労した。耕起には二頭立ての馬を使った。厩床の寝ワラは、燕麦稈・麦稈で、馬が産をする時には特別に稲藁を敷いた。厩には人の起居する部屋もあり、馬を家族として扱い、馬にも人語で語りかけた。厩肥は一冬そのままにしておき、春先に出して積み直し、耕起の前に畑に入れた。大麦は五月初めに蒔き、盆過ぎに収穫した。この地は土が地下一メートルまで凍るので、馬鈴薯の種芋を守るために、貯蔵穴は、そこからさらに深く掘って空気抜きを設け、燕麦稈をかぶせる形をとった。こうして努力しても種イモをシバラせてしまうことがあった。大麦は手刈りだった。既存農家が巡回してきて行う発動機式脱穀機に頼った。精米所で皮を剝き、粒のままの丸麦と押し麦にした。一〇〇％の麦飯はボロボロして食べにくく、腹のへりが早かった。モノ日には外米の白飯を食べた。馬耕からトラクター（共有）に替えたのは昭和三十五年のことだった。

⑮北海道中川郡本別町チエトイ・高倉明雄さん（大正十三年生まれ）

高倉家は馬産農家だったが畑作にも力を入れてきた。昭和十年代、高倉家は一一町歩の畑作を営んでいた。作物は、主食としてのイナキビ（黍）・大麦・小麦を栽培し、イナキビはモチ種三俵、ウルチ種三俵ほど収穫した。モチ種の方が黄色く、ウルチの方が白かった。モチ種はモチにし、ウルチ種は飯にした。イナキビだけの飯と、イナキビと大麦を混ぜた飯を食べた。戦後は米も混ぜた。大麦、小麦はともに三俵ほどずつ収穫し、小麦は粉化してうどんにした。コビルと呼ばれる間食には馬鈴薯を食べた。換金作物としては、大豆・小豆・菜豆・ビート・馬鈴薯などを作った。ビートは大正十二年には入っていた。男爵イモは地味の豊かなところでないとできなかった。

右に北海道の畑作の一部を瞥見したのであるが、いくつか注目すべき点がある。まず、当該の麦については、大麦が冬作ではなく、夏作として栽培されてきた点に注目したい。小麦も夏作が主流であるが、一部に「秋小麦」と呼ばれる秋蒔きが行われていたこともわかった。麦が夏作として栽培されたことの第一の理由は、北海道が寒冷な積雪地帯であるという気候環境による。併せて、広大な畑地を確保できることも麦の夏作を進める上で有効だった。気候環境上、二毛作は困難が伴うことも当然である。麦の系統では燕麦も栽培されたがこれは馬料に当てられた。次に注目すべきは「黍の力」である。事例に見る通り、戦前には黍が主食として重要な役割を果たしてきたことがわかる。「黍の力」については後に述べる。第三には馬と畑作の関係である。本土においても馬と農業の結びつきは深いのであるが、北海道は耕地が広大であるため、その耕起や馬鈴薯の収穫などに二頭立ての馬耕が行われ、馬産・牧畜とも緊密な関係があった。大量に出る厩肥が広い耕地の肥料になっていたのであった。大麦の稈は馬料になるという。大規模な連鎖と循環がくり広げられていたのである。

1――榎勇『北但馬 ムラの生活誌―昭和初期の歳時と民俗―』（彩流社・二〇〇四年）。
2――長山幹丸・伊藤忠温・ぬめひろし『秋田農村歳時記』（秋田文化出版社・一九七六年）。
3――山口弥一郎監修・舘岩村史編さん委員会『舘岩村史』第四巻・民俗編（舘岩村・一九九二年）。
4――佐瀬与次右衛門『会津農書』『会津農書附録』初出一七〇九年か（『会津農書』『会津農書附録』日本農書全集』19・農山漁村文化協会・一九八二年）。
5――佐々木長生「『会津農書』にみる雪と農業」（『会津学』3・奥会津書房・二〇〇七年）。

九　沖縄の麦作

(一)　麦の島—久高—

1　フクギ並木と子守唄

久高島は沖縄県南城市知念に属している。知念半島の東方約五キロメートルに位置し、面積一・三九平方キロメートルで山も川もない、細長い平たい島である。耕地は畑だけで水田はない。久高の西銘シズさん（明治三十七年生まれ）は自分の住む島を「イチメイアル　クボージマ」——一葉のクバの葉が浮かんでいるように見える、と表現した。斎場御嶽から久高島を眺めるとたしかにそのように見える。久高島は琉球王朝とのかかわりが深い島である。

島の東南岸筋に一本の道がある。その道を、カベール岬を目ざして歩き始めると、海岸と畑地と

写真⑩　地割石で区画された久高島の畑地

の境にみごとなフクギの並木が続いているのに気づく。フクギ並木の外側にはシューキギやハマボーキの生える狭い林帯がある。このフクギの並木は、並木というよりはフクギの垣と呼びたいほどである。

沖縄の民家の屋敷の周囲にはフクギが植えられ、密生した丸い濃緑の葉はツヤやかに南の陽光を照り返して美しい。フクギは、家屋や、畑地に対する防風・防潮・陽除けの役割を果たすのである。[*1] 久高島のフクギ並木も、東南海岸からの潮風、強風から畑を守るために植えられたものである。屋敷のフクギが一軒の家を守っているように、久高島のフクギ並木は久高島という一つの島を守っている。島村落共同体の畑を守ってきたのである。

久高島の共同体組織については広く知られるところであり、その一つに「地割制度」があった。本来、地割は、男子一六歳になると一地を貸与され、六〇歳になると村に返すものだったという。久高島の耕地は、「ノロ地」（ノロは世襲・終身の女性神人、ノロ地はその所有地）・「ニッチュ地」（ニッチュは根人で男性の世襲神人、ニッチュ地はその所有地）以外を「ワク地」または「百姓地」と称し、ワク地すべてを村の共有としてきた。昭和二十六年の統計によると、ワク地は二九町歩となっている。このワク地を一〇組に分け、その一組分の畑をさらに一五等分する。例えばある組が二か所の畑地を持っているとすると、その両方を一五等分して、一五等分された二か所の畑地を合わせて「一地」と呼ぶ。一組一五戸としたものの、実際には増減があり、土地はすべて平等にはならなかったが、立て前上は平等になっていたのである。この地割の境界は石を並べることによって標示してきたのである（写真⑩）。沖縄本島国頭村の安波・宇嘉・辺野喜などの「アケケーバタ」（拓け替え畑＝焼畑）でも焼畑地を人頭割にして循環させる方法をとっていたが、久高島ほど制度化したものではなかった。久高島では、こうした土地制度をとっていたからこそ、その共有の畑地を守るために防潮・防風のためのフクギ垣を島びとこぞって代々守り、育み続けてきたのである。こうした対策をとってきても台風の潮風・塩害によって作物が全滅し、蘇鉄の実で命を継いだという伝承がひそかに伝えられている。島の北側は潮風の当たる率が少なく、アダンの林が多く、フクギやモクモーも混じっている。

西銘シズさんから次のような子守唄を聞かせていただいたことがあった。

ⓐ〽アンミャーアンミャー　ムフィガロ　ムフテクバ　ニチカマシュンド　ニチカマシュンド

（母さん母さん芋掘りに　掘ってきたらば煮てあげよ　煮てあげよ）

ⓑ〽アチャーアチャー　メメモギガロ　メメモキテクバ　カマシュンド　カマシュンド

（父さん父さん飯稼ぎ　飯もってきたら食べさすぞ　食べさすぞ）

この子守唄は、みごとに戦前までの久高島の人びとの生活を象徴していると言えよう。ⓐには母親が畑作に専念にしている姿が描きこまれており、ⓑには父親が島の外に出稼ぎに出ていることが歌われている。古くは久高の男は唐船に乗り、近代に入ってからも戦前までは八重山方面へ出稼ぎに行く者、漁業、海運にかかわる者が多かった。久高には水田がないので農耕はすべて畑作なのだが、その畑作は、長い間女性の仕事だとされてきたのである。父親が稼いできた米は、島で収穫される粟・黍・麦と混ぜて大切に食された。芋や雑穀飯以外は、麦やトーンチミ（高黍）で作った粥状の「アンディー」が常食だった。

2　穀物漂着伝説とその周辺

表⑥は久高島にまつわる穀物渡来・漂着伝承の代表的なものの骨子である。この他、『中山世譜』[*2]『琉球国旧記』[*3]『久高島由来記』[*4]などにも穀物伝承が見られる。他に島民の伝承もある。――まず注目すべきことは、諸書の記載及び西銘豊吉さん（明治四十四年生まれ）の伝承のすべてに、「麦をはじめ、雑穀・豆類は、まず久高島で栽培された」という内容が語られていることである。『琉球国旧記』に、「自往古以来、二年一次、二月麦御志幾与麻末時、王率二聞得大君加那志・司雲上・按司一、幸二于久高島一」とあり、隔年二月、国王が久高島に行幸して「麦ミシキョマ」即ち「麦の穂祭り」を行っていたことがわかる。このことは、沖縄諸島において、久高島が、麦を中心とした畑作の発祥地、「畑作の島」「麦の島」として重視され、聖視されてきたことをよく物語っている。

次に、表⑥の①以外はすべて、穀類が久高島の伊敷浜に漂着したと伝えている点に注目したい。①では阿摩美久（アマミキョ）が天から種を得たことになっているのであるが、久高島には、そのアマミキヨが、久高島のカベール岬にあるターキピシ（ウガン岩）と呼ばれる岩島にまず小舟をつけて休み、その後カベール岬→クボー御嶽→現集落地へと移動したという伝説がある。表⑥の①〜④には、穀物の種は海の彼方のニライカナイからもたらされたとする信仰心意が潜在しているのである。

表⑥　久高島における穀物漂着伝承の骨子

	①琉球国中山世鑑	②琉球国由来記	③遺老説伝	④西銘豊吉口承
穀物を得た場所	天	伊敷泊	伊敷泊	伊敷浜
穀物を得た人物	阿摩美久	アナゴの子（夫） アナゴ姥（妻）	白樽夫婦	アカチュミー（夫） シマリバー（妻）
穀物の容器		白壺	白壺	瓢箪
穀物を得た状況		沐浴後、白衣を着て得た。	白樽の妻が屋久留川で沐浴し、禊衣に改めた後得た。	アカチュミーとシマリバーがヤグルガーで禊ぎをし、白衣に改めた後得た。
得た穀物の種類	麦・粟・菽・黍・稲	麦・粟・黍・籈豆・檳榔・アザカ・シキヨ	麦三種（小麦・葉多嘉麦・大麦）・粟三種（佐久和・餅也・和佐）・豆一種（小豆）	裸麦・粟・小豆・米・アダカの実
蒔いた場所	麦・粟・菽は久高島、稲は知念大川の後玉城のヲケミゾに蒔いた。	すべて久高島に蒔いた。	すべて古間口地（久高島）に蒔いた。	裸麦・粟・小豆は久高島のハタスに蒔き、稲は玉城の百名にまかせた。
その後の展開	•二月の久高行幸・四月の知念・玉城への行幸が始まる。	•壺を埋めた所に石積みがあり、これを掘ろうとすると風が出て人が死んだ。 •麦が成熟した時期朝廷に献上、隔年一次二月に久高島に行幸。	•麦が熟れた時禁中に献上すると王はよろこんで令人に神酒を作らせた。	•ハタスバルで増やした種を人びとに分けた。

諸伝承の中の穀物等の種類は表⑥の通りであり、麦と粟がすべてに共通して見られる。この二種の穀物が重視されていたことがわかる。次いで、黍・小豆、さらには稲・菽・籩豆なども見られる。稲については①と④に見られ、ともに南城市玉城百名に栽培したことが伝えられている。

3　「ハタス」の伝承と現状

西銘豊吉さん（明治四十四年生まれ）は、久高神話（伝説）の神「アカチュミー」として生まれ（神人の資格を襲うこと）た島の神人である。久高島には、アカチュミー・シマリバーなど神話の神を体現する神人が生きている。アカチュミーたる西銘豊吉さん、外間ウッチガミ（掟神）であり、島の暮しや伝承に詳しい西銘シズさんなどの口承によると、漂着した稲以外の穀物の種を蒔いた地は、久高島の「ハタス」だとされている。『琉球国由来記』に、漂着した壺を埋めた所は石を積み、石で囲まれており、そこに鍬を立てると烈風が吹き、その者は忽ち死んだ、とある。豊吉さん・シズさんも、ハタスの下には種が入った瓢箪が埋められていると語っており、共通点が見られる。久高島民の中には、今も、みだりにハタスに入ってはいけないという禁忌伝承が生きている。

写真⑪　ハタスの拝所

ハタスは、穀物漂着地と伝えられる伊敷浜と、島びとたちから聖視されている井戸ヤグルガーを結んだ線と、カベール岬と集落の中の聖地ウドンミャー（御殿前）を結ぶ線との交点に当たる地で、いわば島の臍であり、伊敷浜よりはヤクルガー寄りである。ハタスは二五〇坪、大里家が管理してきた。ハタスの一画には拝所もある（写真⑪）。大里家では長くこのハタスを「麦地」「粟地」「小豆地」と分けて種蒔きをしてきた。漂着した種がこのハタスで増やされたという伝承から、戦前には、島びとたちはこぞって、麦の種おろしの前にはハタスの耕作に参加したものだという。そして、ハタスで収穫されたものは大里家で調理し、島びとこぞってこれを食したとも言う。戦後は大里家の門中のみで耕起していたというが、現在では大里門中も離散し、アカチュミーの西銘豊吉さんが大里家を継ぎ、シマリバーと二人でハタスを管理している。

4　麦の種おろしと豊作祈願

久高島には「麦の種おろし」儀礼がある。九月上旬のツチノエの日に、本来は、大里家・久高ノロ家・久高根人家・外間ノロ家・外間根人家の五軒で行われてきたものであるが、現在、久高根人家では行われていない。当該各家では、初種をおろすべきノロ地・根人地の中の三尺四方ほどを耕起しておき（写真⑫）、ツチノエの日の午前中、巳年の人を頼んで村頭立ち合いのもとで麦の種をおろす（蒔く）。外間根人家の外間梅子さん（大正十二年生まれ）によると、種おろしの予定地には薄を立てて標示しておくとのことである。大里家では、ハタスの拝所で種おろしの報告と豊作祈願の祈りをささげてからハタスに種おろしをする。島びとたちは、右の五軒の種おろしが済んでからおの

写真⑫　儀礼的な麦の種おろしのために耕されたノロ地

おのの畑の中の一画を耕起して麦の初種おろしをした。アガリ（東）を向いて、「フタビノムジャー　デキウゴフーシメテタボーレ」（今年の麦は豊作にさせてください）と祈ってから種をおろした。これは儀礼的な種蒔きであり、こうしておいて、実際の麦蒔きは、その後、最初に雨が降った後に行った。「戸主のトシビに種をおろしてはいけない」という禁忌があり、戸主のトシビを避けて種蒔きをした。

久高島と麦との関係は右に紹介してきたが、麦に関する神事をいま一つ紹介しておこう。西銘シズさんが子供のころ、現在学校のある位置に壇があり、拝所があった。内間うしという、ニラーウプヌシ（ニライカナイの大神）を祭る美しい女性がおり、内間うしさんは女性の年齢階梯神事たるイザイホーなどにも参加することはなかった。その女性が麦のパイパイ（拝祭）と称して、アガリ（東）のニーランウプヌシに麦の籾を供えて、東に向かって祈りを捧げていたという。国王の行幸、由緒ある家の麦の種おろし、一般の島びとたちの種おろしと実際の麦蒔き、ニーランウプヌシへの麦の豊作祈願に至るまで、久高島の麦の儀礼や祭りは数段階の重構造を以って展開されていたのである。種おろしの日は、「サネオトシアシビ」と称して午後は仕事をしないで休むのが本来の形だった。

西銘シズさんによると、かつては久高島に粟の種おろし（初種）も行われており、ミズノエの男がノロ地で初種をおろし、その日はアシビで働かなかったという。月日も定かではないが、このことから推すと、古くはハタスにおいて粟の種おろしも行われていたのではないかと考えられる。本土においては麦よりも粟の儀礼が優先しているのであるが、久高島では粟よりも麦の方が重かったのである。なお「アシビ」は遊楽・休憩の意ではなく、本来は慎しみ、忌みを意味していた。麦や粟の種を大地に蒔いた日には、種の根ざし、芽生えの始動を阻害しないために、人は、音を立てずに静かにして、穀種の活動の兆が正しからんことを祈ったのである。

久高島には「ウプヌシガナシー」の祭りがある。二月中旬のミンニーに健康・海上安全のウガンダティをし、十二月のミンニーに願解きをする。二月、家々の女たちがショーニン（十五歳以上の働いている男性）一人につき小石三個を伊敷浜から拾ってきて、十二月にウブクイをして浜に返すのである。二月も十二月も伊敷浜に赴くのであるが、約半数の者がアカラウタキから浜通り経由で伊敷浜に至るのに対して、アカチュミー・シマリバー・久高根神・大里門中の人びと、それにナンチュ（イザイホーに参ずる三十歳から四十一歳の女性）など約半数、特に畑作物の豊作を願う者などは、大里からヤグルガーをめぐり、ハタスの拝所に参ってから伊敷浜に至る。ウプヌシガナシーの行事は従来説かれて来た通り、たしかに、健康祈願・海上安全祈願のためのものではあるが、その底に畑作物の豊穣祈願が込められていることを見逃してはなるまい。

久高島の祭事に健康祈願が多いことは広く知られるところであるが、実際には、それに、海上安全祈願や畑作物の豊穣祈願が重層するのが特色である。旧暦一月中旬のミンニーに行われる麦の豊作祈願たる麦の穂祭りは男子の健康祈願と重なり、旧暦三月の麦の収穫祭は女子の健康祈願と重なる。また、旧暦五月の粟の穂祭りは男子の健康祈願と、旧暦六月の粟の収穫祭は女子の健康祈願と重なっている。してみると、ウプヌシガナシーの健康祈願が畑作物の豊作祈願と重なっていても不思議はない。ウプヌシガナシーと畑作とのかかわりは次の諸点からも考えられる。ⓐアカチュミー・シマリバー・大里門中など、穀物漂着伝説やハタスと深いかかわりを持つ者が、穀物漂着伝説に登場するヤグルガー・ハタス・伊敷浜をめぐること、ⓑウプヌシガナシーのウガンダティもウブクイも、穀物が漂着したとされる伊敷浜で行われること、ⓒウガンダティの時期が、麦・粟・黍・トーンチミ・小豆・大豆などの畑作作物の収穫に先立つ時期であること、などである。ヤグルガーから伊敷浜へというコースは、アカチュミーとシマリバーが穀物の種を得るためにヤグルガーで禊ぎをして伊敷浜に至ったコースである。ウプヌシガナシーの、アカチュミー・シマリバーを中心とした行列は、五穀漂着、五穀拝受伝説の再現実修と見ることはできないだろうか。二月に伊敷浜で拾う三個の石は穀物の種の象徴と見ることができよう。本来は、伊敷浜で小石を迎える条件として、ヤグルガーでの禊ぎがあったものと考えられる。女たちは伊敷浜でアガリに向かってニライカナイの神に祈るのであるが、前記の実態をふまえて表⑥の②③④などを眺めると、この島においては、古くはヤグルガーで禊ぎをしてから伊敷浜に赴き、ニライカナイの神に祈り、白砂・小石などを迎える信仰の型があったことが推察され、伊敷浜への穀物漂着伝説はこうした信仰土壌に根ざして成立したとも考えられる。現実に展開されるウプヌシガナシーの行列の移動コースは右のような推察を喚起して止まない。ハタスにおける麦の種おろし、ウプヌシガナシーとハタスの関係、そして、それらの中心をなす神人アカチュミー・シマリバーの存在を見る時、久高島における穀物漂着伝説はたしかに息づいているという実感を強くする。

5 久高島の畑作――麦の栽培と食法を中心として

久高島には水田がない。その代わり、この島では様々な畑作物が合理的に栽培されてきたのである。その中で代表的な畑作物に関する作業暦を表覧化したものが表⑦である。作物も、栽培作業サイクルも、時代や気象の影響を受け、個人により若干の差異があることは言うまでもない。表⑦および以下の農事伝承は、西銘シズさん・糸数うとさん（大正四年生まれ）・内間かなさん（明治三十五年生まれ）・外間梅子さんほか数名の方々の体験と伝承により、昭和十年代までを目やすとして整理したものである。主たる伝承者はすべて女性であるが、これは、冒頭でふれた通り、男たちは八重山地方での労働、漁撈・海運関係に従事し、畑作は女性が担当してきたという久高島の事情によるものである。以下、表⑦にそって久高島の畑作・作物について述べ、必要に応じてその食法にまで及ぶことにする。

久高島で自給食糧として麦が栽培されていたのは昭和四十年代までで、昭和五十七年現在は、農耕儀礼用の麦がわずかに作り継がれているだけである。現在、アカチュミーとして大里家を継いで

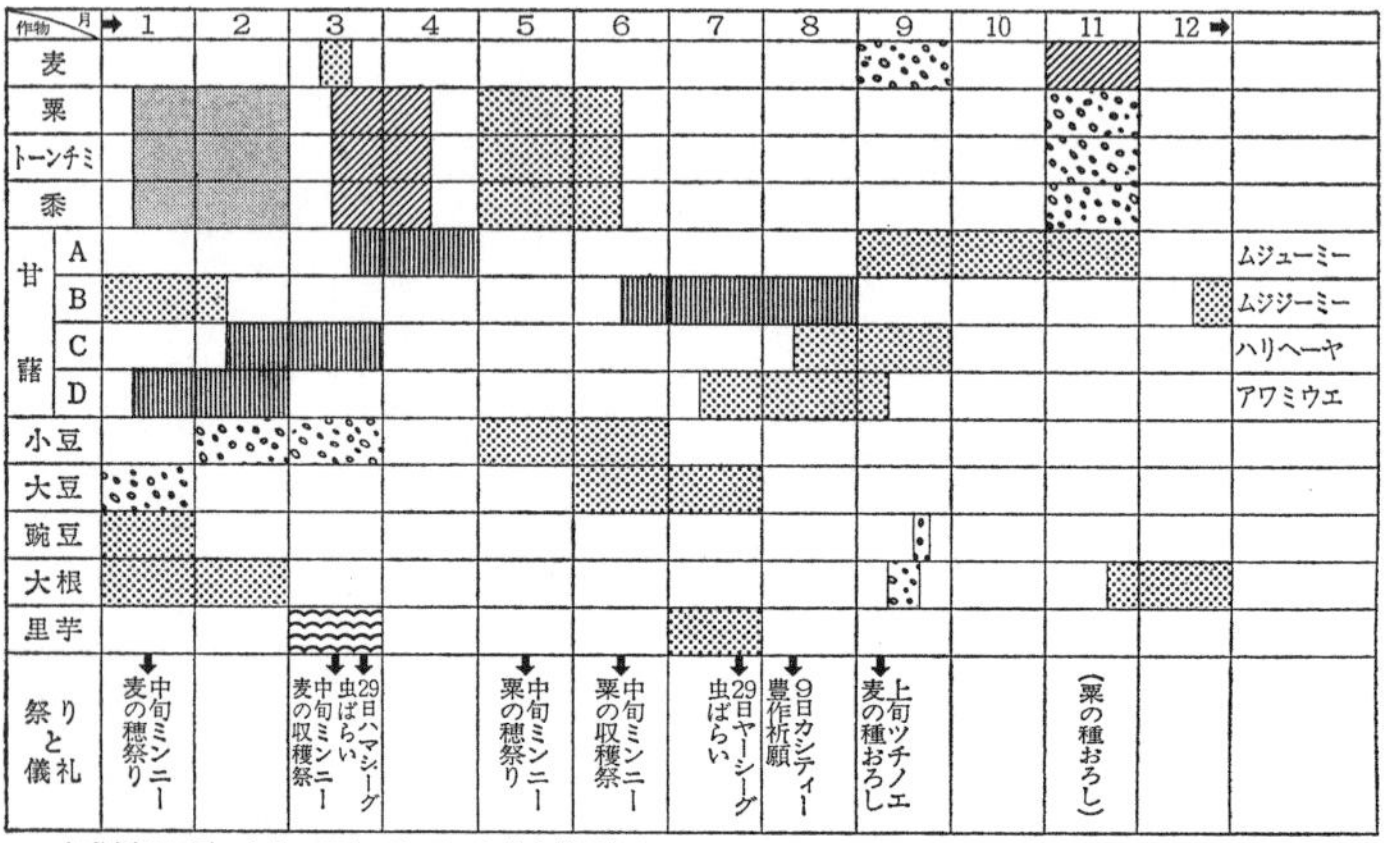

・畑作暦は旧暦により、昭和10年頃の畑作を復元した。
・付印 =種蒔き =除草 =収穫 =甘藷さし =里芋植え =移植

表⑦　久高島の畑作暦

いる西銘豊吉さんが守り続けている麦種は、大麦の一種である裸麦六条種である。それは、表⑥に見る通り豊吉さんが伝える漂着種の裸麦と一致する。このことは、島で、「アカムジ」「ンナムジ」と呼んでいるこの裸麦こそが、久高島で長く作り継がれてきた品種であることをよく物語っている。

　久高島における麦の播種法は、昭和初年までは撒播すなわちバラマキで、畝蒔きはその後のことである。畑一面に麦種を撒播した後、「ムジハキ」（麦掃き）と呼ばれる木製エブリで種を均らして土かけをした。儀礼的な「種おろし」は先に記した通りである。蒔付け後一度除草を行い、旧暦三月には収穫する。麦は根刈りで、小束にして地面、海岸の岩、屋敷の石垣などの上に一～三日干し、「ニブック」と呼ばれるムシロ、ビーグのゴザ、アダンの葉を編んだムシロの上に載せて足で踏み、脱粒した。麦稈は、一部には畑で焼く者もあったが、ほとんどはアダンの葉とともに生活用燃料として利用した。脱粒後の麦は五日から一週間ほど天日でよく干してから壺に入れて貯蔵した。

脱粒後の麦の処理には二つの方法があった。その一つは、石臼で碾き、「ミローキー」（箕）で簸出して水嚢《すいのう》（篩）でふるい、粉を作るという方法である。この粉を粥状に煮たものを「ムジアンディー」と称し、これが長く久高の常食をなしてきた。ムジアンディーは麦だけで作る場合が多かったが、時にトーンチミ（モロコシ）や小豆を混ぜることもあった。このムジアンディーが基本となり、久高の祭りには神饌として麦の粉食系食物のヴァリエーションが見られる。例えば、旧暦一月中旬のミンニーのマブッチマティー（麦の穂祭り）の「マブッチ」（麦の碾き割りを粥状にしたもの）の古態は、麦の粉を粥状にしたものであり、六月マッティー（粟の収穫祭）の「ウユー」は麦粉を水で溶いて煮たもので発酵要素のない飲みものである。乳児に母乳の代わりに飲ませたという。そして、三月マッティー（旧三月中旬ミンニーに行われる麦の収穫祭）には「三月ウパティ」（お初）として、その年に収穫された麦で「ターチメ」または「ウンバイ」と呼ばれる麦食を作った。ウンバイは、新麦を炒って粉化し、砂糖を入れて湯ざましで固めたものである。古くは臼で搗いて固めたものだというが、これを径一六センチ、厚さ五センチほどの丸平餅状に固め、「ウパティアゲ」と称して各二個ずつ大里家・ウプンシミ・ナンザト・外間ノロ・久高ノロ・龍宮神様・アマミャー様などに上げた。またこのウンバイは稲作発祥にかかわる南城市百名ミントングスク（アマミキヨ一族の住居跡とされる地）にも上げていた。さらに八月マッティーなどに用いられる「ミキ」にも麦の粉が用いられた。八月マッティーのミキは米を洗って蔭干しにし、石臼で碾き、水を加えてからそれを煮て一昼夜ほど置く。その中に麦の粉を加えるのである。こうすると麦の香ばしい香りと甘味が加わりじつに芳しいものになる。私もこのミキを糸数うとさん（大正四年生まれ）からいただいたことがあったが、その豊かな味と香り舌ざわりが今も蘇ってくるほどだ。

麦の粉食はこの他にもある。旧暦三月二十九日のハマシーグの時、「ウムニ」と称して甘藷と麦のハッタイ粉を混ぜて搗き固め、これを切って食べる習慣があった。また、古くは、旅に出る者に、麦のハッタイ粉に黒砂糖を混ぜて持たせる風習もあった。

いま一つの麦の処理方法は、脱粒した麦を竪臼に入れ、水を加えてアジン（竪杵）で搗いて精白する方法で、二人さし向かいで交互にアジンをおろすという形だった。これは本土においても広く見られたものである。こうして精白した麦は、いわゆる麦飯にするのであるが、久高では麦飯のことを「麦チチメー」と呼ぶ。そして、麦のウパティの時には「ジーンバイ」と呼んで麦飯を供える。右に見てきた通り、久高島では麦の粒食に比して粉食系の方が圧倒的に優位であった。変化に富んだ麦粉系神饌は、その基層にあるムジアンディーと深く結びついており、これらは、食物民俗文化史の上においても注目すべきものである。麦のハッタイ粉系の粉食品を併せて見る時、久高島の麦粉食の総体が極めて変化に富んだものであったことがわかる。

トーンチミ・粟・黍・甘藷についても述べるべきではあるが、当該主題から遠のくので割愛する。*5 ただし、輪作と肥料についてはふれておかなければならない。

西銘シズさんは、カベール岬に近い畑を東の畑、集落周辺の畑を西の畑、ハタス周辺の畑を中の畑と三分して呼んでいた。そして、オパマバル・ハラシバルなど東の畑は黍のできがよい、ハタスバル・ナベプクローなどハタスの周辺、島の真中はトーンチミのできがよい、集落周辺は粟のできがよい。東・西・中で土質が異なっているのである。シズさんは次のように語る。東での輪作は黍・麦・大根、中での輪作はトーンチミ・麦・甘藷・小豆・大豆・大根、西で多く輪作したものは粟・麦・甘藷・大豆――。

右のように畑地を酷使するので、施肥にも力を注いだ。新暦の八月から九月にかけて久高島の畑地を歩いてみると、畑の中に黒い焼け焦げの跡が点々と見える。小豆の茎や西瓜の蔓などを焼いたもので、これは、畑作の障害物の処理と同時に畑地に灰を与えることにもなっているのである。

〈稈焼き〉 粟・黍・トーンチミなどを盛んに作っていたころ、これらはすべて穂刈りであった。残った稈はすべて畑で焼いた。これも、障害物除去と肥料としての灰の獲得を兼ねたものである。粟・

表⑧ 久高島の輪作例

年次	→ 一年目	二年目	三年目	四年目	五年目	還一年目	還二年目	→
作物	麦	甘藷	粟・黍・トーンチミ	甘藷	小豆	麦	甘藷	
肥料		緑肥・ウナ	ウナ	粟などの稈焼き・ウナ		小豆の根瘤菌	緑肥・ウナ	
備考		ムジーミー		ムジーミー			ムジーミー	

黍・トーンチミの後に甘藷の蔓を挿すことを「ムジーミー」と称してこれを盛んに行ったのであるが、稈焼きはムジーミーの肥料になっていたのである。

〈緑肥〉　久高島は緑肥のことを「ヘー」と呼び、麦刈り後の畑を耕起しながら緑肥を埋め込んだ。緑肥としては次のものを使った。ⓐカーサギーの葉＝ユーナガーサーとも呼ばれ、アオイ科で和名はオオハマボウ、デイゴの葉に似て、つやがある。古くは久高島で尻ふき紙の代わりにこの葉が使われたという。これを使えばその薬効により痔にならないと伝えている。ⓑオクマメ＝和名をフジマメと言い蔓性で薄紫の花をつけ、大型の莢豆がつく。ⓒナシリギーの葉＝和名シマグワ、葉も実も桑によく似ている。ⓓトゥトゥシバー、和名ノジギクー。これらの植物を麦の後に埋め込んだのは、次に作る甘藷の肥料、ムジーミーの肥料にしていたことになる。

〈海胆《うに》〉　この島では海胆のことを「ウナ」と呼ぶ。一月・二月、粟・黍・トーンチミを移植する際、一株にウナ三〜五個を根もとに埋め込んだ。この他、甘藷の蔓挿しに際しても一本につきウナ三〜五個を埋めこむことがあった。

〈シナゲ〉　「砂替え」のことである。炊事場の水が流れ出る部分に砂を敷きつめ、一定期間を経て砂に肥料分が蓄積されたころその砂を掘り出し、笊に入れて頭上運搬で畑に運び、畑の肥料にした。砂を掘った後には新しい砂を入れてこれをくり返した。

〈堆肥〉　山羊・豚の小屋に草を入れ、糞尿をしみこませて堆肥にし麦畑に入れた。輪作循環の中で小豆・大豆の次に麦を蒔く場合には豆類の根瘤菌が肥料として働いた。

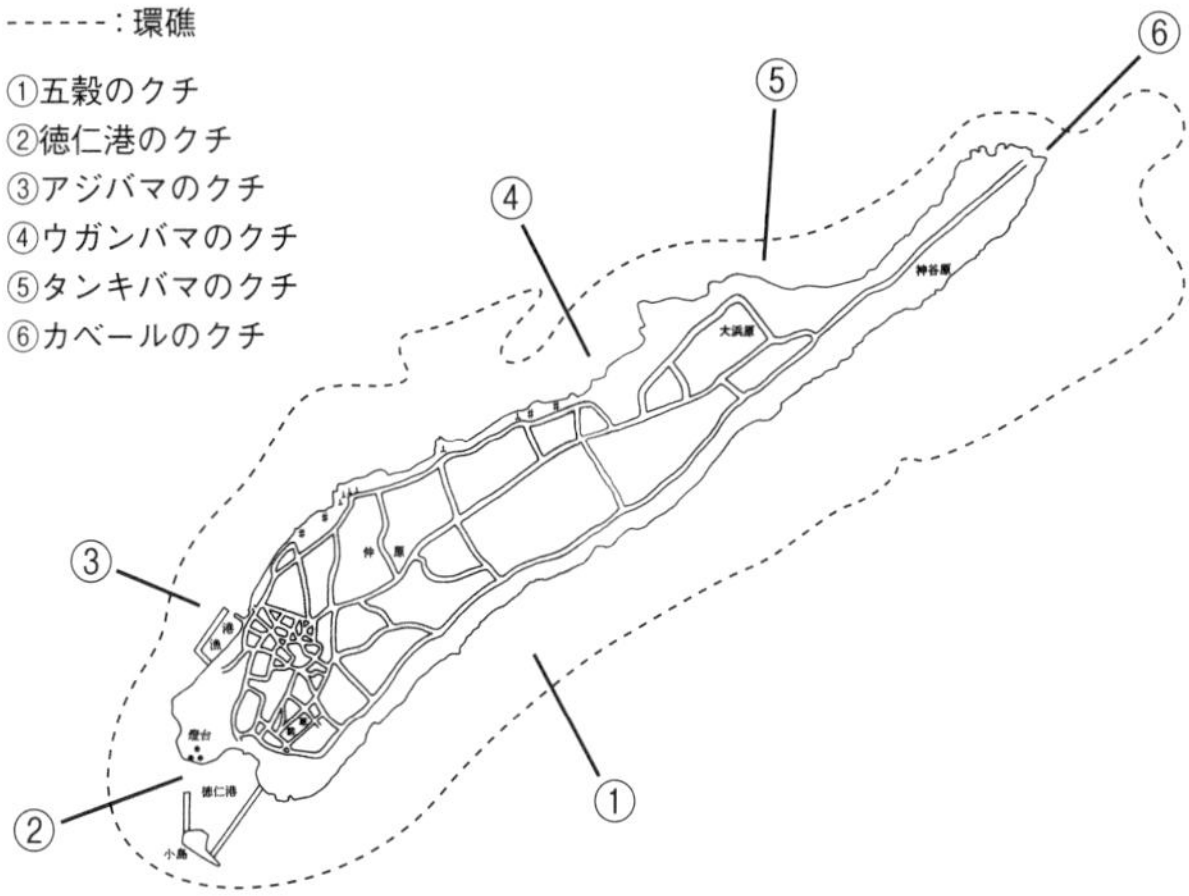

図⑪　久高島の環礁とクチ

カベール岬に向かう白く長い道、それに沿うフクギの並木、濃緑の葉と白々とした樹皮はこの木のシンの強さを思わせる。集落をはずれ、並木に沿ってしばらく歩く。フクギの海側にはシューキギやモンパの繁る林帯がある。仲原と久高原の中間の海側、即ち東南側に海に向かう径《こみち》がある。広いとは言えない林帯を抜けると彼方は濃紺の海である。環礁で区切られたこの濃紺の海を「フカウミ」と呼ぶ。深海ではなく、「外海」の意である。環礁の内側は甘い緑色で、ここは「イノー」（礁池）である。フカウミとイノーを限る環礁には切れ目があり、その切れ目のことを「クチ」という。クチは舟や、大型魚やスク、エラブウミヘビなどが出入りする、島にとっての海の門である。久高島に伝えられる穀種漂着伝説の白壺や瓢簞もクチを通ってきたのである。林帯のはずれからイノーの渚までの間は純白の砂浜である。サンゴ礁の枯サンゴが長い年月の間に砕化、細化を重ね、枯サンゴの色、純白を保っているのである。その白砂を挟むように、また遠慮するように処々に岩がある。ここが「伊敷浜」である（写真⑬）。白砂の上を靴で歩くのは憚かられる思いだ。己れの足跡が印されてゆく。私は久高島を訪れるたびに伊敷浜に参入する。伊敷浜の渚に素足で立つ。心が洗われる。

ふり返ってみると、久高島は麦の島だという思いが湧いてくる。久高島はまさに「麦の島」である。麦種の漂着伝承から、麦種播種の聖地ハタスの伝承、麦の種おろし、麦の収穫祭と粉食系儀礼食、麦のミキ、麦の麨の食、琉球王朝とかかわる伝承、ニーランウプヌシに対する麦籾の献供と麦の豊穣祈願、などがある。重層的な麦の豊穣祈願や農耕過程に伴う儀礼、農耕技術、など、稲作のない久高島においては、いわば「麦の完結性」がみごとに果されていると言ってよかろう。この島には「麦の宇宙」がある。これは沖縄の島々の中で、山や川がなく、畑作が中心となる島の農耕と暮らしを象徴するものである。琉球王朝の麦とのかかわりの強さを語る伝承もここによるものであろう。

写真⑬　五穀漂着伝説の舞台となった伊敷浜

(二)　竹富島

穀物の種が海の彼方からもたらされたという伝承を伝える島は久高島ばかりではない。沖縄県八重山郡の竹富島にも海彼から神が穀物の種をもたらしてくれたという伝説がある。竹富島の西側にコンドイ岬と呼ばれる岬があり、その一帯は白砂の海水浴場でもある。コンドイ岬と西桟橋の中間あたりに「ニーラン石」という高さ一メートルほどの石が立っており、その石のある浜をニーランの浜と呼んでいる。現在は、ニーラン石の周辺は岩盤が露出しているのであるが、かつては、この一帯は白砂の浜だったという。竹富島ではニーランの浜・穀物渡来について次のように語られている。「昔、ニーランの国から神たちが数隻の船に乗って竹富島に着いた。その時、ニーランの石にトモヅナを結びつけて上陸したと言われている。ニーランの神たちは、ニーランの国から穀物の種子を持ってきて、小波本御嶽の中にあるクスクバーの岡という小高い所に登りハイクバリの神に命じて穀物の種を八重山一帯に配ったという」——。

竹富島に住む中里長生さん（明治三十八年生まれ）は、昔、ニライの神が穀物の種を持ってニーランの浜に着き、種を浜におろしたところ、津波が来たので、島の真中にある小波本御嶽の横のクスクバーにあげておき、それを各部落に分けたと伝えている。また、竹富島で長くツカサを務めた崎山苗さん（明治二十六年生まれ）は、ニーラスクの神、カニラスクの神が海の彼方から持ってきてくれた穀物の種は粟・麦・大豆・小豆・クマミ（緑豆）・ゴマだったと伝えている。この伝来穀種の中に稲はない。竹富島には山も川もなく、水田もない。竹富島は畑作の島だったのである。後に竹富島の人びとは西表島で稲作を営むようになる。竹富島では毎年旧暦八月八日に島のツカサたち、親方たちがニーランの浜、ニーラン石の前に集まって「世迎え《ユンカイ》」という豊穣・幸福を迎える祭りを行って穀種伝来の様子を再現する。このことや、竹富島と西表島古見岳との関係については述べたことがあるので、[*6]ここで当該主題の麦にもどる。

生盛太良さん（明治二十六年生まれ）は「キーヤマ」と言う焼畑の体験者である。この島にはハブがいるのでその危険性を避けるために繋ったたままの叢林に火入れをした。ハブがいなくなったところで、女たちが幹を焚木として運び出す。残った枝を再度焼き、「イシンガイ」（石鍬）と呼ぶツルハシ状の鍬で木の根を起こし、整地し、三年から五年輪作してその後二年から五年休閑させる。粟→麦→甘藷と輪作した。麦蒔きの前には粟稈を焼いて肥料にした。

上勢頭亨の『竹富島誌　民話・民俗篇』[*7]には麦に関する二つの祭りについての記述がある。以下の通りである。

〈麦《むん》の祭《まつ》り〉「きのえ」の日に限り行われた。麦は年の初めの作物として兄者《しーざ》作物と称し、麦が豊作であればその年の作物はすべて稔るとされた。そのため麦作に対しては蒔き入れから除草、立毛、出穂に至るまで厳粛な式が行なわれた。この行事も祭政分離のため一九四九年に廃止された。

〈麦《むん》の祝《よい》〉「きのえ」または「かのえ」の日に行われた。麦の収穫がすむと、各戸より麦の初穂を各部落会長に納め、各部落会長は島の神司たちにこれを差し上げ、神司は各お嶽に参拝して豊作の感謝をささげる。その晩は、どの家庭でも天ぷら（ムンヌハンビル）料理をつくり、祝盃をあげた。さらに戸主は部落集会場（スミヤー）に一品携帯で集まり、麦の収穫祝いとしてジラバ、ユンタ、アヨーを歌ってお祝いをした。一九五七年ごろまでこの行事があったが、現在は麦作がないため行われない。

(三) 粟国島

那覇の北西約六〇キロの海上に位置する粟国島《あぐにじま》（沖縄県島尻郡）は、周囲一二キロの水田皆無の島で生業は畑作と漁撈である。もとより麦は重要な作物である。大麦と小麦を栽培した。以下は同島の玉寄武一さん（昭和二年生まれ）による。

旧暦二月のミズノエの日に麦のフマチー（穂祭り）をした。まず島のツカサが拝所に集まって麦の穂を供えて拝礼した。次に以下のようにする。集落の東西の境に神々が集まる場所だと伝えられる「ヌンドゥンチ」という聖地がある。そこに、区長とツカサたちが集まって麦の実入りを祈った。

旧暦三月十六日を「ウユメ」（折目）と称する。麦の収穫祭に当たる。この日のために、まず、小麦でコウジミキを作る。神々に供え、家族も飲んだ。また、この日は大麦の新麦だけの飯を煮て食べた。さらに、新麦（大麦）の収穫を待つようにして、粟・黍・トーンチミ・米とともに五穀の飯を作って先祖に供えた。新穀が麦だけであることに注目したい。この日、子供たちは小麦稈を固めて束ね松明にしてこれに点火しムラじゅうを歩いた。水田のない粟国島で、いかに麦が重い地位を占めていたかがよくわかる。

粟国島の北側の海寄りは蘇鉄山である。この島では蘇鉄の実や幹から澱粉を採ることが盛んに行われてきた。蘇鉄の澱粉は、麦・粟・米・野菜などと混ぜてジューシー（雑炊）にすることもあったし、大豆とともに味噌にすることもあった。

沖縄県八重山地方には「タングンジマ」（田国島）、「ヌングンジマ」（野国島）という言葉がある。田の国とは水田稲作ができる島の意で、山があり、その山を水源とする川もある島だ。その水によって稲作が可能になる島である。西表島や石垣島はこれに当たる。対して、山も川も、水田もない平坦な島のことをヌングンジマと呼ぶ。稲作は不可能で、畑作に依存する島である。竹富島・黒島・新城《あらぐすく》島などがこれに当たる。麦・粟・黍などへの依存度も相対的に高かった。

八重山ではないが、先に見てきた久高島も、粟国島も、八重山ことばで言えばヌングンジマである。久高島における麦にかかわる諸儀礼や、粟国島の麦の穂祭りから麦の折目につながる深い思いのこもった麦の儀礼には注目せざるを得ない。これまで見てきた事例によって穀物を中心とした農作物栽培が地勢環境の差異に、いかに強く影響されるものであるかがよくわかった。琉球王朝にかかわる久高島の伝承は、琉球域が版図に入れるヌングンジマ的平坦島、畑作の島のあり方を象徴するものでもあり、麦作の重要性を認める姿勢を示すことでもあった。海上の道も、日本文化も、容易に稲に収斂されるものではない。

また、穀種の漂着・渡来伝承は島嶼という環境の背負う文化伝播の象徴でもある。

1――野本寛一「フクギ」(『生態民俗学序説』白水社・一九八七年)。

2――『蔡鐸本』と『蔡温本』の二種があり、いずれも羽地朝秀が一六八八年に著した『中山世鑑』にもとづくものとされる。

3――首里王府編『琉球国旧記』琉球国の地誌で、本巻九、附巻一一、一七三一年成立。

4――『久高島由来記』の内容は王朝時代に編纂された『遺老説伝』と重なると言われている。完成は一七四五年ごろと見られている。

5――久高島の畑作全般については、野本寛一「農耕―畑作の伝承と習俗―」(『沖縄県の久高島の民俗』古典と民俗学叢書Ⅷ・編集代表桜井満・白帝社・一九八四年)において述べた。

6――野本寛一「西表島をめぐる生態集中」(『生態民俗学序説』白水社・一九八七年)。

7――上勢頭亨『竹富島誌　民話・民俗篇』(法政大学出版局・一九七六年)。

十　麦作技術伝承拾遺

1　麦種の練り蒔き

麦の播種に際して、特定の元肥を施す形と、麦種と堆肥・人糞尿などを捏ね混ぜにして畝に置く方法がある。おのおの事例で紹介してきたのであるが、「練り蒔き」（捏ね蒔き）についていま少し考えておきたい。

二②（長野県飯田市下栗小野）＝青灰・下肥・麦種を捏ね混ぜる。これを「モミアシ」（揉み合わせ）と呼んだ。三⑤（岩手県久慈市山形町霜畑）＝堆肥・人糞尿・馬糞・麦種を捏ね混ぜる。この混合物を畑の畝に置くことを「ゲスオキ」と称した。当地では麦のほか、稗・粟の種蒔きも同様にした。三⑪（宮崎県椎葉村臼杵岐）＝厩肥・人糞尿・麦種を捏ねた。これを畝に置くことを「麦摑《むぎつか》み」と呼んだ。岩手県から宮崎県に及ぶ広域で「練り蒔き」が行われていたことがわかる。この方法は、麦の元肥効果を確実にするもので、根ざし、芽立ちに力を与える方法だと信じられていたことがわかる。

静岡県伊豆の国市大仁小字浮橋の古屋七平さん（明治四十年生まれ）は以下のようにした。麦・トウモロコシ・陸稲などの種蒔きには練り蒔きをした。まず「アワセオケ」（合わせ桶、写真⑭）と呼ばれる径一・五メートル、深さ四〇センチほどの盥型《たらいがた》の桶を出す。これに堆肥・下肥・種を入れて入念に捏ね合わせる。できあがると「ツケ桶」（写真⑮）という径三〇センチ、深さ七〇センチほどでピッシリと蓋がしまる樽に詰め、よく蓋をして、牛の背・荷車、道の悪いところは人が担いで運んだ。当地では「練り蒔き」は肥料効果をあげるとともに霜除けになると伝えている。この地には堆肥専用の草場があり、春は良い草を生やすために火入れをしていた。

写真⑭　ネリ蒔きの合わせ桶
（静岡県伊豆の国市大仁小字浮橋）

写真⑮　ネリ蒔きの種を運ぶツケ桶
（同上）

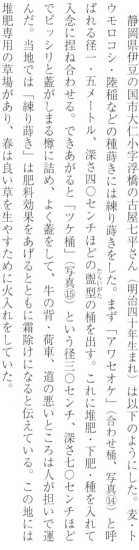

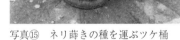

2　麦踏み

麦踏みについては序章でも、本章でもふれてきたが、さらに事例を加えておく。

①長野県飯田市上村下栗半場・野牧久言さん（大正七年生まれ）

霜柱のことを「ウッタツ」という。ウッタツが立つと麦が枯れると言われている。傾斜二五度から三〇度の斜面畑は水はけがよいのでウッタツが立たない。ウッタツが立たないようなところは麦が枯れないので麦踏みはしない。

②長野県飯田市南信濃木沢・斎藤七郎さん（大正十三年生まれ）

麦踏みはウッタツ（霜柱）防止、分蘖促進のために行うが、麦に節が立つと折れるので節が立つ前に踏むのがよいと言われた。二月までである。傾斜一五度の斜面に麦を作り、麦刈り前に麦の畝間に大豆を蒔く年がある。そんな年は麦畝が障壁になって小豆の芽をウッタツから守ることができる。

③静岡県牧之原市蛭ヶ谷・絹村勇さん（大正十四年生まれ）

麦踏みは二月末から三月初めにかけて三回行った。雨の前に踏むと麦が立つと言われていた。

④愛知県豊川市『豊川市史』第九巻・民俗[*1]（「ムラの生産技術と民俗」調査執筆・渡辺英夫）

大麦や小麦を冬の間に二回ないし数回踏みつける作業を、麦踏みという。まず土入れ器（写真⑯）で、畝間の土をすくいとり、これを麦の上からふるい落とす。そうしておいて、麦の畝に対して

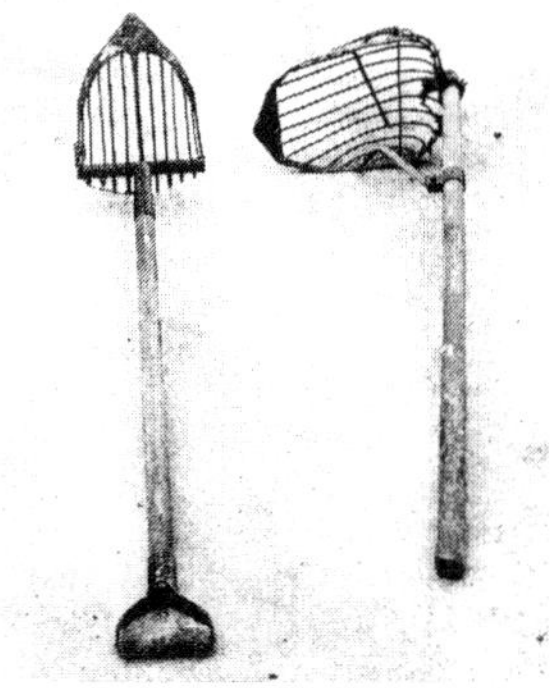

写真⑯　麦の土入れ器（鋤簾）（愛知県豊川市）

直角の向きになって両足で交互に麦を踏み締めながらカニのように横に進むのである。麦の株元や、まわりの土を踏み固め、凍霜害を防ぐ効果の他に、麦の芽を踏むことによって徒長を防ぎ、耐寒性を増す効果があるといわれていた。また根の際の茎が枝分かれするのを促し、さらに茎を太くして風に強くするためともいわれた。当古では「麦踏みをすることによって分けつをよくする」ともいっていた。

3　生業要素の増加と肥料の変化

稲・麦・豆類・野菜栽培を中心に特定の換金作物を栽培したり、他の特定生業要素、例えば養蚕などを加えるといった基本的な営農方法の中に、近代以降、次第に換金作物や換金生業要素が数を増してゆく例が見られる。次に示す例はその実態を示すものである。また、稲と麦の二毛作でおのおのの増産を果たすために肥料のくふうもなされ、肥料も目まぐるしく変化するのである。

①静岡県藤枝市大東町の原川康男（大正四年生まれ）家に、康男さんの祖父半助（文久二年（一八六二）生まれ、大正十三年（一九二四）没）が書き残した『晴雨日記』という農業日記がある。その日記の、ⓐ明治三十二年、ⓑ明治四十五年、ⓒ大正十年のおのおのの四月の分を比べてみると様々なことがわかる。もとより水田の冬作として麦を栽培しているのであるが、麦以外に肥大《こえだい》豆《ず》・レ

ンゲを冬作として田に作っている。肥大豆とは、小粒で皮が黒く、麦の間に蒔き、麦を刈ってからもそのままにしておき、田植直前、麦代崩しの際に刈って鋤き込み水田の緑肥にするのである。ⓐには麦の一番耕作七日、二番耕作一〇日で、おのおの土入れがなされている。ⓐの肥料は肥大豆だけであるが、ⓑには肥大豆のほかに肥料としてのレンゲが苗代田に栽培されている。ⓐ明治三十二年には米・麦のほかにお茶栽培が新たに加えられているのだが、ⓑ明治四十五年にはその上、さらに養蚕を開始したので労働量が急増している。ⓒ大正十年には驚くべきことに、その上さらに梨栽培が加わっている。農村の近代化の中で過重な多角経営が急スピードで展開されていたことがわかる。その中でも主食としての冬作の麦が消えることは考えられなかったのである。この年には肥大豆の栽培をやめ、レンゲ栽培を行い、肥料としてのレンゲを梨の苗に施している。肥料としては、この他に堆肥・下肥・鯨粕・種粕・ニシン粕・大豆粕・アンモニア・石灰などが用いられている。肥料の流通が盛んになり、金肥も登場する。

②兵庫県丹波市青垣町惣持の足立一天さん(昭和七年生まれ)は牛の飼料としてレンゲを一反歩作った。レンゲは裏作に麦栽培をすることのできない湿田に作った。中で、田の中央でより湿潤なところはレンゲ栽培も無理だった。牛には五月・九月・十月・十一月には藁・レンゲ・白豆の莢を与え、七・八月は青草、十二月から三月まではハゴと呼ばれる刻み藁に大麦を混ぜ、イロリの鍋で煮て与えた。レンゲは肥料にも飼料にもなったのである。大麦の一部も牛馬飼料に使われた。

4 倒伏防止の技術

麦に対する追肥の機を逸し、追肥が遅れてしまうと麦が倒伏するという伝承がある。それに先んずる土入れや土寄せを怠っても支障が生ずる。ここでは、麦の倒伏防止の技術についてふれる。

①宮崎県東臼杵郡椎葉村戸屋の尾・那須芳蔵さん（昭和三年生まれ）

麦を三反歩作った。大麦の倒伏を防ぐために「ベーラ」立てをした。ベーラとは淡竹《はちく》または虎攅《こさん》竹《ちく》（布袋竹《ほていちく》）の二年以上のもので、長さは二〜二・五メートルのものを使う。ベーラ立ての季節は麦踏みを一回したあとで、三月初めから彼岸前の間である。麦踏みは麦に節ができてからでは節が折れることがあるので、節のできる前、三〜四寸のころとされた。竹伐りは十一月から十二月にしておき、笹葉を落とした。戸屋の尾は標高八二〇メートルの位置にあるため低位の竹藪から定畑へ束にした竹を担ぎあげる必要があり、それが苦労だった。「旧正月の餅のあるうちにベーラ集めをせよ」という口誦句があった。男はベーラ立て、女は「ムクサ」（麦草）取りの仕事をした。

②宮崎県東臼杵郡椎葉村古枝尾・那須登さん（昭和四年生まれ）

麦の畝幅を三尺間隔にしておき、その間に里芋を植え、さらに麦を収穫した後、里芋の間に遅トウキビを蒔いた。麦蒔きの前日には麦種を湿しておき、麦種と堆肥を混ぜて蒔いた。堆肥かるい（背負い）は「結い」で行った。麦種と堆肥を混ぜるためには、積み置いた堆肥のキリモドシをしなければならなかった。定畑に七畝、田に五畝の麦を栽培した。大麦の倒伏防止に、「麦エーラ」

「エーラ」を立てた。エーラは真竹で、径一寸、長さ二間ほどのものを畝と交わる形に麦畑の中に張り渡した。エーラを必要とするのは大麦のみで、裸麦・小麦にはエーラは不要だった。彼岸前に追い肥を施し、エーラを張った。麦踏みは一月・二月にしたが、「雪が降ると根張がよくなり麦が良い」と伝えた。エーラには蜂が巣を作った。ハチノコは食べられるし、アブラメ釣りの餌になるので子供たちがよろこんだ。古いエーラは燃料にした。

③山梨県大月市上和田・相馬進さん（明治三十七年生まれ）

大正末年、冬作に麦三反歩を作っていた。夏作は粟五畝・里芋五畝・弘法（シコクビエ）一反五畝ほかだった。麦は肥料が多すぎると倒伏した。倒伏防止には「ヤタ」を立てた。ヤタとは木の枝のことで、冬のうちに切って用意するのだが欅の枝がよいとされた。麦が生長し、倒伏の心配が出てくると、ヤタを三尺おきに斜めに立てた。ヤタは弘法にも使った。

①（宮崎県椎葉村）でエーラ、②（宮崎県椎葉村）でベーラなどの呼称が用いられているが、これらは「バイ」（枝・棒）→ベー→ベーラ→エーラと変化したものと思われる。③（山梨県大月市）のヤタは、島根県で竹や木の枝を組んで作るしがらみと脈絡を持つ語彙だと思われる。それにしても、生長した麦の倒伏に対する技術が広域に及んでいたことは驚きである。

5　追肥の適期伝承

①徳島県美馬市木屋平川上の梅津多金美さん（明治三十六年生まれ）は麦の追肥について次の口誦句

を伝えていた。「二十《はたち》過ぎての子の意見　彼岸過ぎてのツンボ肥」――「ツンボ」は不適切な用語であるが、ここでは、「聞かない」と「効かない」を掛けているのである。「二十過ぎての子の意見　彼岸過ぎての麦の肥」が広く行われており、効力がなく無駄なことを語っている。梅津さんは次の口誦句も伝えていた。「二月のシロ畑　三月のフリデ麦」――シロ畑とは雨が降らず乾燥した畑を意味する。フリデ麦とは「振り出麦」の意で、三月に雨が降ると一気に麦が生長することを意味している。よって彼岸前に追い肥を施す必要があるというである。

②**長野県飯田市南信濃木沢下中根・熊谷愼蔵さん（大正十四年生まれ）**

下中根では二月初めから三月末までの間によくタツ巻（ツムジ風）が起こった。麦の追肥にするために厩肥を使い、マゴエ出しを結いで行ったのだが、それは春の彼岸前後に行われた。マゴエ出しが早すぎると、せっかく運び出したマゴエが乾燥して軽くなり、ツムジ風に巻きあげられて帯山・下栗の方に吹き飛ばされてしまう。ツムジ風の被害を恐れてマゴエ出しを遅らせると麦がノメって（倒伏して）しまう。二〇センチ以上になった麦は追い肥のマゴエを施さないと倒伏してしまうのだ。下中根の人びとには右のように、マゴエ出しのタイミングを計るのに葛藤があったのだった。麦栽培には倒伏防止、倒伏対応の技術が必要だったのである。

6　土寄せと土入れ

麦栽培には様々な技術があり、麦を収穫するまでには多大な手間隙がかかる。その大方についてはこれまで事例や本節「麦作技術拾遺」でふれてきたが、中耕・土入れなどの作業については詳細を欠いた。鋤簾を使っての土入れは、細化した土をゆきわたらせ培土効果をあげるのであるが、それも一度ではなかった。大舘勝治氏が、埼玉県所沢市北野海野のO家で調査した大正期から昭和初期にかけての麦作の記録は詳細である。[*2] 以下はその報告による。中耕＝土寄せのことを「サクキリ」と呼び、土入れのことを「フルイコミ」と呼んでいる。一回目サクキリ（株の北側から）↓一回目フルイコミ↓一回目麦踏み＝十二月中旬。二回目麦踏み＝二月上旬↓二回目サクキリ（株の北側から）＝二月上旬↓二回目フルイコミ＝二月中旬。三回目麦踏み＝二月中旬↓三回目サクキリ（株の南側から）＝三月上旬↓三回目フルイコミ＝三月中旬。シマイサク（マキサクともいう）で深耕。サクキリは男、フルイコミ・麦踏みは男女、と、手数がかかる麦作の実態や作業暦を克明に報告している。フルイコミのジョレンには押して掬う前進型と、引いて掬う後進型があったことも報告されている。一回目の麦踏みはサクキリ・フルイコミの後、二、三回目の麦踏みはサクキリ、フルイコミの前、また、土寄せの方位などといった細かい技術伝承も注目される。

1――新編豊川市史編集委員会『新編 豊川市史』第九巻・民俗（豊川市・二〇〇一年）。
2――大舘勝治『田畑と雑木林の民俗』（慶友社・一九九五年）。

Ⅱ　麦コナシから精白まで

麦を刈ればすぐにその麦を食べることができるわけではない。まず穂と茎（稈《から》）を切り離さなければならない。この作業も、麦の穂を成す実の一つ一つに突刺性の強い芒《のぎ》があるため容易ではない。穂を落とし、穂を集めると次にはそれを一粒ずつの実に脱粒しなければならない。脱粒に際しては鋭い芒を除去することも求められる。その次に実の皮を除く脱孚《だっぷ》・精白作業がある。大麦の一系統は「皮麦」と呼ばれる。それは、穀果がモミガラに密着し、精白に時間がかかる。一度搗くだけではとても皮は剝けない。一番、二番、三番と回を重ねて搗く。麦搗きには水を加えなければ皮が剝けない。搗きを終えるたびに日乾も必要となる。大麦の皮剝き、即ち精白には多大な労力と長い時間、手間隙を必要とする。現代を生きる人びとからすれば気が遠くなるほどである。麦＝ムギの語源を「剝き」、即ち「皮剝き」とする説があるのも首肯できる。

麦の穂落としから脱粒までを「麦コナシ」と呼ぶ地がある。ここでは、その「麦コナシから精白まで」の技術、その伝承例を示し、かかわる問題について考える。便宜上穂落とし技術の叙述の中で脱粒や精白まで述べる場合がある。精白については作業の事例とともに、「麦搗き」の民謡や民俗芸能の詞章なども資料とした。

一　麦焼きから精白まで——奈良県天川村栃尾の実践から——

奈良県吉野郡天川村に「麦焼き節」という珍しい民謡が伝えられていることを知り、天川村栃尾を訪ねたのは平成四年六月十四、十五日のことだった。当時は五穀にかかわる民俗に心を寄せていたのである。

大麦も小麦も稈《から》（茎）の先端に実（粒）が固まって穂として稔る。しかもその一つ一つの実には鋭く、突刺性のある堅い芒《のぎ》がある。麦を口にするまでには気が遠くなるほどの手数と手間をかけなければならないのだが、まず第一に稈の先端の穂を稈から分離しなければならない。穂を茎から切り離すために先人たちはじつに様々なくふうを重ね、それを伝承してきた。麦の穂と稈を分離する方法・技術も種々あるのだがその一つに、穂に火をつけて穂を茎から焼き落とす方法がある。この方法はその後の作業や工程で人の皮膚を刺激したり、痒《かゆ》さの要因をなす芒をも焼いてしまうことができるという利点を持っている。「麦焼き節」の「麦焼き」とは、麦の穂と稈を焼いて分離させることを意味しているのである。

麦焼きを行うのに適した条件は、晴天で、乾燥した日、しかも風のない日である。吉野郡旧大塔村篠原から天川村栃尾に嫁いできた玉井おりょうさん（明治二十八年生まれ）によると、麦焼きはいつも、六月十四日の祇園さんの頃だったという。それは、もう暑い季節である。その暑い時期に火を扱うのであるからなるべく涼しい時間帯にこれを行うのは当然のことで、夕方から夜にかけてか、午前三時頃からかであった。麦の多い家では徹夜になることもあった。

麦焼きは、近隣・親戚などで「結《ゆ》い」を組んで行うのが一般的だった。麦焼き作業は四人で行うのが最も効率的だとされていた。三人が焼き手にまわり、一人が火消し役となる。焼き手はほとんどの場合女性がこれに当たり、火消し役は男の場合も女の場合もあったが、いずれも若い者が担当した。俊敏な少年・少女が火消しを手伝うこともあった。

麦焼き作業の場は民家の庭で、庭の中央に高さ四五センチほどの木の組台を置き、その上に戸板三枚分の板を並べた。板にはトタンが張ってあるものもあったし、トタンのないものもあった。組台の三方には高さ二〇センチほどの囲み板をめぐらし、麦の穂の飛散、地面への落下を防ぐようにした。一方だけ囲み板を立てない理由は、板の上にたまった麦の穂を、囲み板のない面からタカミ（竹箕）に掻き集めて運び出すためであった。焼き手は、穂の運び役の行動を妨げないために、当然、囲み板のある三面で作業をすることになる。囲み板のある三面の背後には、ハデ場（麦架け場、写真①）から運んだ、乾いた麦束が積まれていた。三面のうち、どの面で焼くかは、その日、その時の風の方向によって自ら決まった。一面に三人横並びで焼くこともできたし、二面で向かい合って焼くこともできた。麦焼きのコツは、点火した穂先を注視し、麦束を回転させながら一本の穂も残すことなく焼落とすことであり、共同労働をする麦焼き仲間の間で、火を束の先から穂先へとリレー式に継承することであった。誰に聞いても小束一束の麦の穂を焼き落とす時間は一分足らずだという。戸板三枚という板台の寸法は、この火の継承と穂の集積との関係で最も効率的なものだったと言えよう。火の継承さえできれば、焼き手はどの位置に立っていてもよかったのである。

写真① ハデ場(奈良県五條市大塔町中井傍示)

火消しに必要なものに水桶がある。桶は径三尺、深さ一尺ほどで、常に水が満たされた状態にするために懸樋で水を引いていた。火消し役は焼き手からまわってくる、穂がなく、火の残っている麦稈をまず、手もとにある水で濡らした麦稈で叩く。次いで素早く麦稈の先を水桶に浸して麦稈置場に放るのである。こうした作業がリレー式に行われている間に、板の上にたまった麦の穂を運ぶ者があり、また、その運ばれた穂を箕でヒヤル(簸遣る＝選別する)者がある。麦を多く作る家では専門のヒヤリを置いた。ヒヤリの目的は言うまでもなく麦焼きによって生じた灰と穂とを仕分けることにある。

天川村坪の内の梶本いそのさん(大正九年生まれ)は麦焼きの服装について次のように語る。まず、並手拭(タオルでない日本手拭のこと）で、目だけ残して覆面する。頭にはマツ笠・カラバ笠と呼ばれる檜笠をかぶる。上は絣のテッポー袖（ツツ袖）、下は、黒と茶の縞木綿で作ったタッツケバッチだった。タッツケバッチは天川袴とも言われ、天川の女たちは他の農作業、山仕事などの時にもこれを愛用した。たまに、着流しにしていると、「今日はどこかへ出かけるのか」と問われるほどだった。着流しのことは「スソビロ」と呼んだ。いそのさんの時代、足ごしらえは地下足袋だった。『天川村民俗資料緊急調査報告書　第二』[*1]に麦焼きに関する解説が四行ほど見られるが、中に次のような記述がある。「麦ヤキはとても熱いもんで、チシャの葉をふところへ入れて熱いのを防いだ」――。杉本九八さん（明治四十一年生まれ）。は麦焼きには綿入れのジンベを着て腹の部分を水で濡らして熱を防いだと言い、大谷栄子さん（昭和二年生まれ）は、子供のころ火消し役を手伝った時、水で濡らしたチャンチャンコをウシロマエに着せられたと言う。この作業がいかに厳しく、防熱のくふうが必要であったかがわかる。大谷さんは、麦焼きの日は固い茶粥を食べることができたのでうれしかったとも語る。

また、栃尾の玉井フクエさん（昭和三年生まれ）は、麦焼きをすると「ムギカブレ」になったと語る。ムギカブレとは、芒や埃、それに、熱気によって肌が汗疹《あせも》のような状態になるのである。麦焼き作業で麦が焼け焦げることはなかったが、それでも稀に焦げる粒もあり、そのため庭には香ばしい香りが満ちていた。麦焼きが終わると子供たちは川で体を洗い、大人は行水をした。なお、奈良県五條市大塔町中原の中平正太郎さん（大正十五年生まれ）は、麦焼きのことを「穂焼き」と称し、穂焼きは早朝に行い、熱を除けるためにムシロを切って水に浸け、縄で胴に巻いてから焼いたという。

ところで、麦焼き処理を行った麦の品種は大麦・裸麦だった。小麦は麦焼きをすることなく、ムシロに広げて唐竿で叩いてこなした。このことは、先にもふれた通り、麦焼きが芒焼却に大きな効果を果たしていたことを物語っている。静岡市梅ヶ島では、麦コナシ作業に当たって、古くは、タフと呼ばれる藤の繊維で織った布の上下を着る習慣があったという。タフは麦の芒を除けるのに都合がよかったと言われている。

焼き落とした穂をヒヤッてからの作業は穂を粒にする作業であり、これには男たちが当たった。杉本さんによると次の通りである。松材で作った径二尺ほどの竪臼に、五升箕三杯の麦を入れ、二人の男が横杵で五分から十分搗くと穂が粒になった。麦粒は唐箕にかけてからカマスに入れて保存した。天川村塩野の松葉与平さん（大正十三年生まれ）によると、この脱粒作業に使う竪臼はオオガラウスと称し、五、六人搗きのものもあったという。また、この作業のことを「ムギガチ」と呼んだ。麦の穂を粒にする方法、即ち脱粒法は地方によって様々だった。これについては後に示す。麦焼き、麦ガチの次には麦の精白があるのだが、この作業過程の中で、どうしても男が担わねばならぬものは麦ガチで、麦焼きも、精白も基本的には女たちが分担することになっていた。

『天川村民俗資料緊急調査報告書　第二』に「麦焼き節」と題する唄の歌詞が一番だけ収録されている。

〽今宵麦焼きゃどなたも御苦労　あけて殿さんなお御苦労

図①　麦焼き節（歌唱：上平夏子、整譜：岡田明子）

麦焼きは三～四軒の「結い」で行われたので、夕方から始めたとしてもほとんどが夜半までで終わったが、多い家では徹夜になった。したがって、一夜単位で麦焼きの場が移動したことになる。先に述べてきた通り、ⓐ麦焼き→ⓑ火消し→ⓒ簸遣り→ⓓ麦ガチ、といったプロセスを、ここまで行って終わりとなったのである。したがって、この、いわゆる麦コナシの作業全体をこの地では「麦焼き」という言葉で象徴していたのである。その意味で、右に引いた唄は「麦焼き節」と呼ばれるのであるが、厳密な作業過程における「麦焼き」の段階で歌われたものではない。なぜならば、先にもふれた通り、麦焼き作業自体は瞬時の隙もなく火を扱う作業であり、しかも覆面しており声は出ず、熱に包まれているからである。この歌は、男たちが複数で脱粒のための麦ガチを行う時歌われたものであった。

玉井おりょうさんも、杉本九八さんも「麦焼き節」は聞いたことがないと言い、その節はもとより歌詞も知らなかった。ところが、天川村塩野から栃尾に嫁いできた上平夏子さん（昭和八年生まれ）という若手がこの歌を知っており、歌唱してもらうことができた（図①）。夏子さんは、上平家に嫁いできてから、舅の上平豊蔵さん（明治十三年生まれ）とともに麦焼きを行い、舅が夫たちとともに麦ガチをする折にこの唄を歌っているのを聞いて覚えたのだという。やはり、麦焼き作業ではなく、麦ガチの場面で歌われていたのである。この歌には特定の囃し詞はなく、適宜囃しを入れていたという。豊蔵さんは、旧大塔村篠原から婿に来た人だという。篠原には「稗ガチ唄」が残っているが「麦ガチ唄」はない。二つの穂ガチ唄を比べてみても両者の曲節は全く別である。麦栽培は篠原に比べて天川側が圧倒的に盛んであり、この唄の生まれる必然性はあった。

「今宵麦焼きゃどなたも御苦労」の内容は説明するまでもないが、「あけて殿さんなお御苦労」は、麦の栽培量が多い場合は、「麦焼き」が終わってからも、「麦ガチ」が翌日にずれこむ場合があったことをふまえているのであり、この歌詞は、「麦焼き」をする女性の立場から、「麦ガチ」をする男性を思いやるといった構造になっており、その底には労作唄に一般の恋情発想が流れている。麦ガチをする男たちが、男女の立場で掛け合い型の唄を歌っていたことが想定される。

天川村栃尾では、麦の精白はカラ臼（踏み臼）で行い、主として女性がこれに当たった。「マゼ」と呼ばれる麦粒の混ぜ役が必要で、これには年寄が当たることが多かったが、とにかく、この補助役とともに二人で行ったのである。まず、「アラヅキ」（粗搗き）から始まるのであるが、臼の中に五升の麦を入れ、それに茶碗三杯の水を入れて搗き始める。麦が固まったり、片寄ったりするので、マゼ役がマゼ棒で臼の中の麦をかきまわすのである。マゼ棒は杉材、長さ四五センチ、杓子状で、幅が八センチほどで手もとを細くしてあった。一時間ほど搗き、麦が固まってくると、臼から出し、ムシロに広げて一日干した。干しあげた後、糠を簸遣って、その糠は牛の餌にした。牛と言えば、麦焼き作業の時に出る麦稈は牛の踏み草にした。簸遣って糠を除いた麦は再度臼に入れて、「マヅキ」（間搗き）をした。マヅキにも茶碗二杯の水を入れ、一時間ほど搗いた。一時間ほど搗くと白麦の状態になった。玉井おりょうさんは、マヅキの後、さらに日に干し、仕上げ搗きをすることもあったという。仕上げ搗きには水を入れる必要はなかった。また、どうしても人手がなく、マゼ役がいない時には、魚釣り竿のような竿で臼の中をかきまわしながら踏み棒を踏むこともあったが、やはり麦搗きは一人ではだめだったという。

さて、天川村栃尾は十津川支流天ノ川ぞいの標高約五五〇メートルの地にあり、北の天狗倉山（一〇六一メートル）・高城山（一一一一メートル）と南の天和山（一二八五メートル）の間の谷底型集落である。水田は稀少であり、かつては焼畑を中心とした畑作によって食糧をまかなってきたムラである。したがって麦に対する依存度も高く、麦に対する思いも深かったのである。麦コナシ作業の中に麦焼きという、「火」を用いた独自な穂落とし法を位置づけた土壌に「焼畑」があったことは否定できないし、その技術を遅くまで守り続けたのは自給食糧としての麦に対する依存度が高かったからだと言えよう。「麦焼き節」という特異な民謡もこうした環境の必然で生成伝承されたものだったのだ。

1――奈良県教育委員会編『天川村民俗資料緊急調査報告書　第二』（奈良県教育委員会・一九七六年）。

二　穂落としの技術

㈠　麦焼き

「麦コナシ」の第一段階で「麦焼き」即ち「穂焼き」をするのは天川村ばかりではなかった。柳田國男の『後狩詞記』の中に「土地の名目」という項があり、その中の「シナトコ」という語彙について以下のような記述が見られる。[*1]「シナトコ　大豆、小豆、蕎麦、稗等を焼畑の内にてたたき落し収納したる跡をいう。猪は来たりて落穂をあさるものなり。△焼畑に作りたる穀類はすべて実のみを家に持ち帰るなり。麦などは穂を焼き切りて採るが常にて、短き麦稈の小束が松明の末のように、焦げて山に棄ててあるのを見る。麦を焼きて穂のみを収むることは奥羽にても普通なり」――。

以下に、柳田が訪れた椎葉村で伝承されてきた麦焼きに関する事例を示そう。

①麦刈り後、畑の中の平らな所を選んでムシロ四、五枚を敷き、麦焼きをした。麦焼きは三人から五人で行った。麦焼き棒と呼ばれる樫の木の棒先に麦束を刺して点火し、穂を焼き落とした。午後から夜にかけて行った。竹の枝尾には「麦焼き面」と称して、麦焼き作業に際して顔に当たる熱気を避けるために覆面する木の仮面があったという。五枚ほどの面が神楽面とともに保存されていたのだが、明治初期の火災で焼失したのだという。麦焼き作業が終わると、直ちに風呂に入った。落とした穂は廊下で干し、サビ（簸）て保存し、盆前に何十枚ものムシロの上に干し、午後二時ごろからテンコロー（横槌）またはメグリバイ（唐竿）で粒化した。麦の収穫量は籾のまま、四斗俵で最低三五俵、多い年には五〇俵収穫した。脱孚・精白は五升搗きの竪臼で、水を少しずつ加えて搗いたが、一臼二時間かかった。留守番のことをヤドモリ（宿守）と称し、ヤドモリが精白に当たった（宮崎県東臼杵郡椎葉村竹の枝尾・中瀬守さん・昭和四年生まれ）。

②ムギヤボ＝秋ガンノと称して焼畑の一年目に大麦を栽培した。大麦の刈り取りをした後、平らな畑地で麦焼きをした。晴天が続き麦束が乾燥した日、ムシロ三枚を水で濡らして敷き、水を張った桶を用意する。消火のためのものである。麦焼きは三人一組で、二人が焼き手、一人が火消しである。稈から分離した穂は、トンキネ（一間の竹の柄、径三〜四寸、長さ尺八寸の杵頭）で叩いて粒化した。水田の裏作に裸麦、焼畑に大麦を栽培した（椎葉村尾前・尾前善則さん・昭和四年生まれ）。同じ尾前の尾前新太郎さん（大正十一年生まれ）は麦焼きのことを「焼き落とし」と称し、ムシロの上に青草を敷いて行ったという。

③麦刈りをした後に麦焼きをした。ムシロを四、五枚敷き、消火の水を用意し、一人を火消しとして他の三、四人がリレー式に火を継いで焼いた。時間帯は夕方から夜にかけてで、焼き落とした穂を箕でサビ（簸）て穂だけにして倉庫に収納した。盆過ぎの天気の良い日にムシロ四、五枚を敷き、その上に穂を広げて干した。「ムギアヤシ」と称して杵で叩いて粒化した。小作の人びとに手伝ってもらったのだが、麦に関する仕事の日当は麦二升だった（椎葉村不土野・椎葉喜蔵さん・明治四十三年生まれ）。

④麦刈り後は麦焼きをした。ムシロ四、五枚を湿しておき、その上で三、四人が麦束の穂の火をリレー式に継いで穂を焼き落とした。麦焼後は体が痒くなるのですぐ風呂に入った。落とした穂はカマスに入れておき、都合のよい時二、三人で搗いて粒にした。アラ麦五升が日当だと言われた。精白は踏み臼で行った。五、六升の麦にコップ一杯の水を入れて、女が踏み役、男が棒を使って混ぜ役をした（椎葉村古枝尾・那須登さん・昭和四年生まれ）。

麦の穂と稈を分離させるために麦焼きをしたのは奈良県天川村や宮崎県椎葉村だけではなかった。以下にその他の地で行われていた例を示す。

⑤稗・粟・カブトビエ（シコクビエ）の蒔きつけが五月上旬、養蚕の春蚕の掃き立てが五月三十日、春蚕の蚕あがりが六月二十八日、田植が六月上旬、麦刈りが六月二十二日から二十五日で、農休みは七月七日から七月十日になる。この農休みの前に麦焼きを済ませるのがならわしだった。庭にムシロを一五枚敷き、火消し用に水を張った盥を置く。一人が麦束二把を持ち、三人が点火し

ながら盥を一角に置き、時計回りに回って穂を落とした稈を盥の水に浸けて火を消す。二人では焼きすぎてしまうので三人以上がよい。荷を背負う時に背に当てて背中を保護するための背中蓑（背当て、ネコダと呼ぶ地もある）を防熱のために胸に当て、菅笠を目深にかぶる。こうして焼き落とした穂は竪臼・横杵で搗いて粒化する。ケンド（篩《ふるい》）で選別して唐箕にかける。麦の実を干す。精白は搗き舎《や》（添水）で水を加えて二度搗きをする。麦焼き、脱粒が終わるとそのつど川で体を洗うか風呂に入るかした（岐阜県下呂市小坂町鹿山・成瀬一枝さん・大正七年生まれ）。

⑥麦刈りが終わると麦焼きをした。庭にムシロを敷き高さ二尺ほどの箱型の台二つの上に梯子を渡し、その梯子の両脇と前に四人が立つ。向かって左端（ⓐ）は麦束の渡し役で麦束二把ずつを持ってその右に立つⓑに渡す。ⓑは点火役、梯子中央（ⓒ）はリレー式に火を中継ぎする役、梯子の右端（ⓓ）は焼きかつ消す役で、梯子の右側には水を張った桶を置く。麦焼きにかかわる者は丈の短い襦袢を濡らして着、板笠を目深にかぶる。防熱のためである。戦前、萩原町山之口では麦焼きで命を落とした者があることから麦焼作業は慎重に行われた。焼き落とした穂は二、三日天日で干して、ムシロの上で反りのある叩き棒を使って脱粒した。脱孚精白は水車で行った（岐阜県下呂市萩原町尾崎馬頭・二村彰さん・昭和元年生まれ）。

⑦麦刈りが終わると麦焼きをした。熱除けのために半纏の懐に草を入れ、帽子を深くかぶった。三人でリレー式に火を継ぎ一人は麦束の渡し手、いま一人は茎を水につけて放る役を兼ねた（岐阜県関市板取小字杉原・横関誠さん・昭和四年生まれ）。岐阜県本巣市根尾下大須の上杉清助さんは、麦

焼きは谷水の近いところで行ったと語る。
⑧島根県隠岐郡の島々は牧畑が盛んでその作物の中心の一つは麦だった。当地では麦焼きのことを「ホヤキ」（穂焼き）と称した。穂焼きは熱いし、暑い季節にもかかるので早朝または夜行った。穂焼きは牧畑で行い、穂だけを籠またはカマスに入れて家に運ぶこともあった。その際は麦稈は牧畑で焼いて牧畑の肥料にした。牧畑で刈った麦をウズ（後述）にしておき、ムラに運び、隣保で設けた「カド」と呼ばれる脱穀場（写真②）で穂焼きをすることもあった。

写真②　麦の穂焼きや脱粒が行われた「カド」（島根県隠岐郡西ノ島町三度）

三度《みたべ》は戦前九〇戸あり、それが六つの組に分かれていた。その一組ごとに「カド」と呼ばれる約三〇坪ほどの平地を持っていた。カドは主として麦の穂おとし、脱粒作業に使われた。牧畑で麦刈りを終えると、「ムキウズ」と呼ばれる穂積みを作った。穂を外側にして根方を中心に集める形で麦束を積みあげる。麦束は一〇デコ（一〇摑《つか》み）一束である。径・高さともに一・八メートルほどに積みあげ、薦を掛けて石のオモリをつけ、薦が除かれないようにした。こうしておいて、カドが使える番が回ってくると牧畑からカドに麦を運ぶのである。作業はすべて「カタミ」「テマガエ」などと呼ばれる「結い」

で行った。「ムギウズ」とは「麦堆《むぎうず》」の意であろう。作業に先立って「カドヅクリ」と称してカドの掃除・整備を行う。カドは土を叩き固めたものである。作業の第一は麦焼きで、カドで行う場合も早朝か夜だった。数名がカドに立ち並んでリレー式に火を継いで穂を焼き落とした。この地には麦焼きをしないと穀象虫が付くという言い伝えがある。もとより種にする麦は焼かない。焼かれて稈から落ちた穂は唐竿で叩いて粒にした。オロシ（篩）にかけてゴミを除いた。粒化した麦は俵に入れておくが、食べる時には、踏み臼で精白した。一斗臼に麦を入れ、ドンブリ一杯の水を入れて二時間搗く。それを一～二時間干し、さらに搗く。三度搗をして終了となる（島根県隠岐郡西ノ島町三度・藤谷一夫さん・昭和二年生まれ）。西ノ島町浦郷の天草不三夫さん（大正十五年生まれ）の場合、カドは個人持ちで五〇坪ほど、ジョウバンで土を叩いて固めたものだった。麦焼きは土の上で行った。

⑨ムシロ三枚に水をかけ、その上で、三～四人が麦焼きをした。焼き手は熱気除けに衣類に茗荷の茎葉を挿して作業に当たった（栃木県大田原市南方・菊池松男さん・大正十一年生まれ）。

⑩麦の穂落としは、初めは「焼き穂」（麦焼き）だった。次に千把扱きを使うようになり、大正三年に足踏み式脱穀機を使うようになった。麦叩き（粒化）はオニバ槌（鬼歯、打面に溝を刻んだ槌）で行った（愛知県豊川市当古東船渡・平松市次さん・明治三十九年生まれ）。

⑪麦刈りが終わると麦の穂落としをしなければならない。畑に、腰の高さほどの杭を一間の幅を置いて打ち立てる。その二本の杭の上に竹を渡して固定する。竹の下と周囲には濡れたムシロを敷

く。二人が竹の前に立って麦束を竹の上にのせ、点火し、リレー式に火を移し、次々と束の穂先を焼き落とす。焼き落とされた穂は濡れムシロの上にたまる。麦の稔る季節はただでさえ蒸し暑い。火を使うので熱気が耐え難い。合羽を着たり、霧を吹きかけた半纏の背側を前にして着たりして麦焼きを行う。火の危険性を避け、涼気を求めて麦焼きは午後六時から八時にかけて行った。落ちてたまった麦の穂はムシロの上でオニバを使って粗叩きをする。唐箕にかけてから径五尺の大臼に入れて二人搗きで搗いて粒にする。粒にした麦は水車で精白した。一斗搗きの臼が二基あり、七戸が共同で、順番に使用した（静岡県浜松市天竜区春野町川上小字中村・富田英男さん・大正七年生まれ）。

⑫大麦刈り取り後、穂落としと脱粒を兼ねて「カンダイウチ」（鍬台打ち）をした。カンダイとはクワダイ（鍬台）の意で、まず木鍬を想定すればよい。直上する幹から斜め上に出ている枝の部分を鍬の柄にし、幹の部分を削り整えれば木製鍬ができる。風呂鍬の台に柄を植えこむ作業を省略して素朴だが頑丈な木の鍬を作ることができるのである。しかし、ここでは土を耕すのではなく、麦の穂を叩いて穂を崩し、麦を粒化するのに使うのであるから、枝つきの幹の枝から下の部分を使って削り整えれば、柄に対して鈍角の、草屋根葺きに使う大型のコテに似た叩き具ができる。カンダイの素材はアズサかサワグルミだった。カンダイウチ（穂打ち）は二、三軒の「ヨイトリ」（結い）で行うのが通例だった。麦束の穂の先端と先端が重なるように麦束を二列に並べておく。その穂の部分をカンダイで打って一気に粒化するのである。それも、ヨイトリの仲間が列を作っ

て順次前進する。穂先を重ねた麦束の列をもう一列作って置けば、ヨイトリ仲間は列を作って循環し、徹底した麦打ちをすることができる。全員ひと通り打ったところで穂先を中心に束の天地返しをする。こうして循環と天地返しをくり返す。ころあいを見て稈とノギ（穂のことをこう呼ぶ）を分ける。次にノギを集めて「ノギウチ」（穂打ち）にかかる。ノギウチの道具は「フルイ」（唐竿）かカンダイである。

さて、麦焼き以外の穂落とし法についての記述が長くなったが、当地では麦焼きによる穂落としも行われていた。当地では麦焼きのことを「ヤキトリ」（焼き取り）と呼ぶのだが、雨天続きで収穫した大麦が湿けてカンダイウチができない時にヤキトリを行った。ヤキトリには「ネゴ」と呼ばれる大型で厚でのムシロを敷く。大きさは二メートル×三メートルほどで、藁縄を緯として藁を編みつけたものである。これは冬季、畳に重ねて敷くものでもある。このネゴの上で、点火による穂落としを三人で行った（岩手県気仙郡住田町世田米小字小俣・紺野平吉さん・明治四十二年生まれ）。

⑬大麦は六月上旬に刈り、ハデ場に掛け干ししておいて八月の盆明けに麦コナシをした。まず麦束をハデ場から河原に運ぶ。次に川幅のツツミ（柵《しがらみ》のことをこう呼ぶ）を作る。こうしておいて河原にムシロを敷き、二人の者が両手に麦束を持つ。交互に新しい束に火を移し、穂を焼き落とした稈の束は川の流れの中に投げる。火消しのためである。投げられた麦稈は柵によって塞《せ》き止《と》められる。この麦稈は川からあげて河原で干す。干した麦稈は蒟蒻畑の敷きワラにする。麦稈は蒟

蒻の陽焼け防止となり、やがて畑地の肥料になる。焼き落とされた穂は家に運んで粒化し、精白する。小麦は脱粒が容易なので以下のようにした。長さ四尺、幅尺五寸、深さ尺五寸ほどの木箱を使う。木箱の上部は船型屋根になっており、そこに両側から小麦束を打ちつけて粒化する。臼杵で脱孚してから共同水車の石臼で粉化した。毎年大麦一〇俵、小麦三俵を収穫した（群馬県甘楽郡下仁田町平原・大河原丑五郎さん・大正十四年生まれ）。

麦の穂と茎（稈）を切り離す方法の一つとして麦束の先端の穂の部分に火をつけて、麦の実の固まりである穂の部分を焼き落とすという方法がある。この作業は事例で見てきた通り、「麦焼き」「穂焼き」「焼き落とし」「焼き取り」「焼き穂」などと呼ばれた。麦が稔るころ、麦刈り・麦コナシの季節は暑い季節の入口でもある。暑さにかかるこの時期に火を使う作業を継続することは苦痛だった。したがって、多くの地方では暑気と熱気を避けて、夕方から夜にかけてこの作業を行ったのだが、早朝にこれを行う地もあった。穂焼きはリレー式に火を継いで効率をあげることが求められ、火消しや穂集め、脱粒などの関連作業が多いので、ほとんどの地が、穂落としから脱粒までの作業を「結い」で行っていたのである。

麦焼き作業をする者は防熱の対策をした。天川村では覆面に檜笠、衣類を水で濡らして着る、ムシロを切って水に浸けたものを体に巻く、チシャの葉を懐に入れるなどの対策をとった。事例①でも覆面をした。この地には麦焼面という木製の面があったと伝えられている。⑤背中蓑を前面に当てて菅笠をかぶる。⑥襦袢を濡らす。⑦半纏の懐に草を入れる。⑧衣類に茗荷の葉を挿す。⑪半纏の背に霧を吹いて前面にまわす。⑫川の中で焼く。――東北から九州に及ぶ広域において、様々な対策がとられていたことがわかった。

麦の穂落としには後述する通り様々な技術があるのだが、その中で、麦焼きという、火を使う特殊な技術が広域に及んで伝承されてきた要因は何だったのだろうか。その第一は、麦という穀物の実の芒《のぎ》にかかわると考えられる。芒とはイネ科植物の外花穎《がいかえい》の先端から出る剛毛状の突起のことである。花穎は穀物が成熟するとモミガラになる部分である。麦はイネ科植物の中でもとりわけ芒が発達しており、それは針のように長く群れ立ち、突刺性が強い。特に大麦系はそれが顕著である。穂落としから脱粒（粒化）にかけての作業に際して、人びとはこの芒の突刺性に悩まされ続けてきた。芒は鋭い芒先で人の皮膚を刺激し、微細な傷をつける。そこに埃がつき、汗がしみる。人びとは麦コナシにかかわる独得のむず痒さを体験してきた。麦焼きという穂落とし法は、穂落としと同時に麦コナシの阻害要因、むず痒さを生ぜしめる要因となる芒を焼き落としてくれることになる。ここに、人びとに麦焼き法を実践・伝承せしめてきた理由が存在したのである。

(二) 板打ち

麦コナシ作業の最初に行われる穂と稈を分離する作業は、火を使う「麦焼き」「穂焼き」「焼き落とし」のみではなかった。麦焼き以外の穂落とし作業に注目しながら、粒化、精白をも含めて他の事例を覗いてみよう。まず、長野県飯田市上村・南信濃地区の例を示す。当地は遠山谷とも通称され、水田が極めて少なく、畑作中心で昭和二十年代までは焼畑も行われていた。麦栽培も盛んだった。当地の方法は板に打ちつけて穂を落とす方法である。

写真③　麦干し（静岡県磐田市豊岡）

①麦の穂を稈から分離する作業を「カラオトシ」と呼ぶ。カラオトシには、餅や蕎麦をのすノシ板を斜めに立てておいて、麦束を一把ずつその板に叩きつけて穂を落とした。穂を崩して麦を一粒ずつの粒にすることを「ノギウチ」と呼ぶ。ノギウチは前庭にムシロを敷きつめ、一〇人ほどで掛矢型の木槌を使って叩いた。カラオトシからノギウチまでを「ムギコナシ」と呼び、これらの作業は「結い」で行われた。ムギコナシにはボタモチを作って出した。コナシを終えた麦はまず篩にかけ、次に唐箕にかけて精選した。精選した麦は敷き並べた筵の上に広げて干す（写真③）。精白は次のようにした。ⓐ粗搗き――麦粒一斗を踏み臼の中に入れ、柄杓一杯の水を加えて二時間搗く。臼から出して一

日天日に干す。ⓑ二番搗き——柄杓一杯分の水を入れて一時間ほど搗き、一日干す。糠は牛馬に与える。ⓒ仕上げ搗き——茶碗半分ほどの水を入れ、三〇分ほど搗く。簁《とおし》に掛けて精選する。麦搗きの際には、麦粒が飛散しないように臼の中に藁製の輪を入れた。また、麦が臼の中で固まることのないように、飛び出した粒を臼に返したり、固まるのを防ぐために返し役がついた。返し役は「合わせ棒」という篦型《へらがた》の棒を持ってこれに当たった。女の子も六年生くらいになると返し役に当たったが、返し役には老婆が当たることが多かった（飯田市上村下栗小野・成澤徳一さん・昭和二年生まれ）。

②麦刈りも麦コナシも「結い」で行った。カラオトシは餅のノシ板を斜めに据えて麦束をそれに叩きつけ、次に女たちが幅尺五寸、長さ二間、厚さ一寸五分の板の上に麦束を載せて横槌で叩き、穂を完全に落とした。ムシロを三〇枚ほど敷き、その上に麦の穂を広げて男たちが大槌で叩いて粒化する。ノギウチである。芒・埃・汗で体が痒くなるので終了後、風呂に入るか行水をするかで体を洗った。「結い」の仲間には昼はボタモチ、夜の宴会には冷した焼酎、お菜はナギ（崩落地跡に生える大アザミ（フジアザミ）の葉や茎を茹で、ニシンと煮つけたものだった（飯田市上村中郷・遠山正敏さん・大正九年生まれ）。

③庭にムシロを敷き、長さ六尺・幅二尺・厚さ三寸の松板を杭に斜めに立てかけ、男たちが蓑笠姿になって板に麦束を叩きつけた。茎から穂を落とすためである。蓑笠姿は、ハシカユさを防ぐためだった。次に穂を集め、ムシロの上に広げ、掛矢で叩いて脱粒した。大麦は二〇俵余、小麦は

二俵ほど収穫した。大麦は踏み臼で精白した。臼は三升臼で茶碗一杯の水を入れて搗いた（飯田市南信濃木沢上中根・近藤松秋さん・昭和十五年生まれ）。

④麦コナシは五軒のオシ（結い）で行った。餅のノシ板を集め、竪臼に立てかけておき、男たちがノシ板に麦束を叩きつけて穂を落とす。残ったものは女衆が台にのせて小槌で叩く。穂はムシロに広げ、叩いて粒にするのだが、落とした穂を一時山積みにしておく。これを「ホグラ」と呼ぶ。推察するに穂をホグラに積むことによって穂は蒸れて粒化しやすくなるはずである。ホグラを解き広げて男たちは長さ二メートルほどの淡竹《はちく》の竿で叩いて粒化した。これをホグラタタキと呼ぶ。ムギコナシ・ホグラタタキが終わると痒みを除くためにカマブチ（上村川の淵）に入って体を洗い、オシの焼酎を飲んだ（飯田市南信濃木沢上島・下平福義さん・大正七年生まれ）。

⑤麦コナシには梯子に板をつけたものを二寸五分勾配に立て、男たちがそれに麦束を叩きつけて穂を落とした。粒化はムシロの上で槌で叩いた。精白は水車で行った。ムギコナシは梯子から足踏み回転式脱穀機、発動機へと変わった。川合には水車が三基あり、二基が個人持ち、一基が共同水車だった。水車組は一〇戸で一〇日に一回の順で循環利用した。水車による精白は昭和三十三年まで続いた。山崎家の麦の収穫量は、昭和二十年で大麦二〇俵、小麦三俵、小麦の主たる用途は味噌用の麴だった。小麦は昭和五十五年まで栽培した（飯田市南信濃木沢川合・山崎一さん・昭和七年生まれ）。なお飯田市南信濃木沢川合の針間寛さん（明治四十五年生まれ）はハサ（稲架）の足場の横木を麦コナシに使ったという。

事例に見る通り、長野県飯田市の遠山谷では、麦の穂落としは男たちが斜めに立てた板に麦束を叩きつけて行うのが基本だった。その板も①②④に見られる通り餅をのすノシ板を使う例が多かった。⑤では梯子を使っているが、梯子を使う形も珍しいものではなかった。こうして穂を板に叩きつけても稈から穂が離れないものがあった。こうした落とし残しを二番落としのように女たちが小槌で叩く例が②④に見られる。脱粒は掛矢型の木槌が主流だが、④のように竹を使う例もあった。静岡県では掛矢型の槌で、槌頭の叩き面にギザギザの溝をつけたものを「オニバ」(鬼歯)と呼び麦の粒化にオニバを使う例が多く見られた。

ムギコナシを「結い」で行う例は全国的に見られるのだが、遠山谷では特に盛んだった。「結い」のことを事例④では「オシ」と呼んでいる。遠山谷の民俗語彙であり、「オシ」のことを「オシジゴト」とも言う。この「オシ」の意味は難解であるが、「食《を》し」との関係を考えてみる必要があろう。「食し」は本来「食べる」の尊敬を意味する古語であるが、尊敬の概念が緩んだとすれば、交換労働、労力交換に際して行われる「共食」を示す語として用いられたとも考えられる。「オシジゴト」は「食し仕事」の意で「共食を伴う共働」の意ではなかろうか。麦コナシの共食には②の「冷やし焼酎」、④の「オシの焼酎」など焼酎まで出るのがならわしだった。麦コナシによって起こる体の痒いところに焼酎を吹きかけると痒みが癒るといわれ、これが行われた。麦コナシと焼酎の絆は意外なところにもあったのだ。イエごとに副食にも心が配られた。「オシ」の昼食はボタモチと決まっていたが、そのボタモチも本来は黍のボタモチだったという。黍については別にふれる。『改訂綜合日本民俗語彙』[*2]には、「オシ」――宮城県伊具郡筆甫村でモヤイのこと。オシにしようといえば共同でしようの意、とある。しかし、同書には遠山谷で盛んに行われていた「オシ」「オシジゴト」についての記載はない。「オシ」についてはさらなる調査研究が必要である。

麦コナシ、カラオトシとノギウチ作業は暑さに向かう時期であるため、芒の刺激と埃・汗で体が異常な痒さに襲われる。芒《のぎ》のことを「ハシカ」とも言うが、それが「ハシカイ」と形容詞になる。チクチクと痛痒い状態を示す。ハシカユイなどという方言もある。そのハシカユさから一刻も早く逃れたく、作業に当たった人びとは先を争うように風呂に入ったり行水をしたりする。川が近ければ川で体を洗う。事例④にそれが見られる。遠山谷には麦コナシ後の水浴びに関する悲しい伝説がある。以下は飯田市南信濃大町の荒井学さん（昭和三年生まれ）による。

ⓐ遠山川右岸に柳瀬淵と呼ばれる淵がある。この淵には「佐平治淵」という別称がある。それは、佐平治という人が麦コナシをした後この淵に入って体を洗っていた時に誤って命を落としたからだと伝えられている。

ⓑ遠山川左岸の和見と大町の間に八森淵《はちもり》という淵がある。この淵は「藤四郎淵」とも呼ばれる。それは、藤四郎という男が麦コナシの後この淵で水浴びをしていて死んだからである。この淵はまた「面淵」とも呼ばれる。それは、ある時にこの淵に半僧坊の面が浮きあがってきたからだという。

佐平治淵と藤四郎淵は二キロほどしか離れていない。こんなに狭い範囲に、麦コナシ→淵での水浴び→水死、という類似の伝説が二つも伝えられているのは驚きである。このことは、麦コナシ後の水浴び（体洗い）が必須だったこと、川沿いの地では水浴びの場として淵が選ばれていたこと、淵での水浴びは危険性を伴うことなどを語っている。

藤四郎淵の上手に住む近藤努さん（大正九年生まれ）は麦コナシ後の水浴びとともに痒みを除く方法を次のように伝えている。男たちは背中が痒くなると焼酎を吹きかけると痒みも止まるし、涼しくなると伝えていた。また、麦仕事の後の風呂にイチジクの葉を入れると痒みが止まる。──先に引いた事例②の「冷やし焼酎」、④の「オシの焼酎」は、単に宴の酒であったのみならず、麦コナシの体の痒み鎮めとも繋がっていたのである。

飯田市の遠山谷から小川路峠を越えて天竜川左岸の上久堅の例を一つ示しておく。

⑥長野県飯田市上久堅森・木下善治さん（大正十二年生まれ）

大麦と小麦を栽培した。裸麦は味が悪いので作らなかった。麦の穂落としは次のようにした。長さ六尺・幅三尺・厚さ四寸ほどのミネバリの板を高さ二尺五寸ほどの脚台に固定する。下にはムシロを敷く。三人の者がその台に向かって麦束の穂を叩きつけて穂を落とす。この作業を「ムギナオリ」と呼ぶ。次に穂を集めて大槌で叩いて粒にする。篩にかけてからムシロ煽りで風選する。足踏み式脱粒機を使うようになったのは昭和八年のことである。精白は三戸共同の水車で行った。水車では米・麦・稗・粟・コキビ（黍）を搗いた。水車利用は三日で循環した。水車利用の中心は米と麦（大麦）だった。米は一斗につき茶飲み茶碗八分目の水を、麦は一斗につき茶飲み茶碗一杯の水を加えた。麦搗きには天候・気温・乾燥度によって水の分量を加減した。

㈢　麦打ち台・麦摺り台ほか

麦の穂落としの方法としては、これまで見てきた麦焼きや板打ち以外のものもある。その一つに麦打ち台と呼ばれる専用の台を作ってそれに麦束を打ちつける方法があった。ここではその例を示すのだが、麦打ち台の延長線上に出現した麦の穂を摺る「麦摺り台」にも言及する。さらには事例紹介の中で、麦焼きや板打ち、麦打ち台以前の技術であるコバシ（扱き箸）や穂摘み、穂の手扱きなどについても述べる。近代に入ってからも、原始的とも見える、効率の悪い「手扱き」が行われていることもわかった。芒の刺激の強い麦の穂を手で扱き取る場合は、扱く手や指を布で保護していたのである。

①昭和五十六年四月、山梨県大月市上和田の相馬進さん（明治三十七年生まれ）から麦の話を聞いていた折に麦打ち台の話が出た。相馬さんは麦打ちのことを「ムギブチ」と呼んだ。そして、その折には既に使命を終えて納屋の軒下に置かれていたムギブチ台を見せてくれた（写真④）。台は角材で頑丈に作られており、幅・高さ二尺、長さ一間ほどのもので、幅一寸ほどに割った真竹の内

写真④　ムギブチ（麦打ち）台
（山梨県大月市上和田）

側と内側を合わせて一組としたものを二尺幅の中に一一組固定させてあった。庭にムシロを敷き、この台をその上に置き、これに麦束を叩きつけて穂を落としたのである。落ちた穂は台の下や台の周辺のムシロの上にたまるのである。

相馬さんによるとムギブチ台以前は「カラハシ」「コバシ」「コキバシ」（扱き箸）などと呼ぶ竹の道具が使われていたという。長さ一尺余の竹を割り、根方を麻緒や針金でゆるみをもたせて固定したものをV字に開いて、その間に稈つきの麦を挟んで稈を引いて穂を落とすものである。二本セットで使うところから扱き箸・コバシと呼ばれるようになったのである。これが一般的なコバシであるが、相馬さんはこれとは別にコキバシを伝えていた。それは一尺余の竹の一端にV字型の切り込みを入れたもので、このV字の箇所で麦の穂を扱き落としたのだという。扱き箸・コバシは本来は稲の脱穀具として作られ、使われてきた最も原始的な民具であった。長野県では稲作の農あがり、収穫の祝いのことを「コバシアゲ」と呼ぶ例が見られるが、伊那谷では現在でも「コバシヤスメ」という民俗語彙が生きている。

②愛知県豊川市稲束の寺部一男さん（明治四十二年生まれ）も麦打ち台を使った。幅尺五寸、長さ一

間、高さ三尺ほどで台には割り竹を張ったという。小麦はサッと落ち、湿気るとすぐ落ちるが、大麦は強く叩きつけなければならなかった。こうして落とした麦の穂は、初めはツチンボ（槌）で叩いて粒にしていたが、後に「ヒゲオトシ」という道具を使うようになった。ヒゲオトシとは麦打ち台のような台に金網を張った枠を固定し、その網の上に麦の穂を広げてその上から鋲の針が出た板で擦《こす》るというものだった。麦粒は唐箕にかけた。

③岩手県釜石市早栃の千葉久雄さん（大正十一年生まれ）は二年三毛作で麦・稗・大豆を栽培した。高さ一メートルほどの二本の柱に長さ二メートルほどの横木を渡した台を支柱で固定できるようにした「麦打ち台」で穂落としをした。横木は角材で、その角材に一・五センチ角、長さ六センチほどのカラミバ（絡み歯）を二センチ間隔ほどに植え込んだものだった。麦束の穂の部分を麦打ち台の絡み歯に打ちつけて引き、穂を落としたのである。

④滋賀県米原市志ヶ谷の藤田又吉さん（大正十五年生まれ）。真竹の簀の両端を台に固定しておき、麦束をこれに叩きつけて穂を落とした。反《そ》りのある叩き棒で叩いて粒化し、踏み臼で精白した。

⑤岩手県下閉伊郡岩泉町年々・祝沢口良雄さん（大正十一年生まれ）は麦の穂を落とすのに「ウスガラミ」（臼絡み）という方法をとった。敷いたムシロの上に竪臼を横たえて置き、その竪臼の胴に麦束を打ちつけたのである。穂を粒化するのには「フリコ」（振り子＝唐竿）で打った。岩手県久慈市川代の川代兼松さん（大正十二年生まれ）も臼絡みで麦の穂を落とした。粒化は槌で、精白は水車で行ったという。

⑥沖縄県島尻郡粟国島の玉寄武一さん（昭和二年生まれ）は麦の穂落としと脱粒に「ムギスリイシ」（麦擂り石）を使った。麦擂り石はサンゴ石で、尺五寸四方、厚さ四寸ほどだった。ムシロの上に麦擂り台を据えて、麦の穂束を持って穂の部分を麦擂り台にこすりつける。こうすると、穂落としと脱粒の両方が一気にできた。脱稃・精白は竪臼・竪杵で行った。この作業をすると体が痒くなったので終わってから水浴びをした。

麦の穂を稈から落とす方法には、「麦焼き」「打ち板」「麦打ち台」「臼がらみ」などの他に、人がおのれの手を使って麦の穂を稈から直接扱き落とすという方法があった。

⑦静岡県榛原郡川根本町小長井の鈴木猶一さん（明治四十三年生まれ）は次のようにした。コバシで扱くこともあったが、指に木綿の布を巻いて麦の穂を扱き取った。麦扱きをすると体がハシカイので風呂に入った。脱粒は、オニバで叩き、唐箕にかけた。精白は足踏み臼か水車だった。

⑧三重県伊賀市北出の重倉志みさん（大正四年生まれ）は、裸麦の穂を麦畑でしごいて採った。指に和手拭を巻いて採るのである。麦稈は刈って、草とともに畑に埋め込んで肥料にした。小麦稈は屋根葺きに使った。

⑨千葉県富津市千種新田の丸勝美さん（昭和二十三年生まれ）は次のようにした。麦の畝は二メートル間隔にしてその間に、四月末から五月初めにかけて南瓜・西瓜の苗を植えた。六月、麦の収穫は穂摘みだった。その場に残した立ったままの麦稈は西瓜や南瓜の風除けにした。

⑩富山県南砺市利賀村大勘場の東綾子さん（大正十一年生まれ）は次のようにした。麦は穂摘で収穫

した。穂はムシロの上に広げて干してから「ネゾ」（木の枝で根の方が反ったものを使って作った打ち棒）で叩いて粒化した。簁《とおし》にかけてゴミを除き、「カチバ」（搗ち場＝添水《そうず》）で精白した。

⑪静岡県榛原郡川根本町尾呂久保・土屋猪三雄さん（大正四年生まれ）は次のようにした。大麦は畑で根刈りにしたが、畑で麦の穂を手扱きにした。手には布を巻いて扱いた。扱いた穂は、臼三基を使って搗いて脱粒していたが後に、ムシロを敷き、穂を広げてオニバで叩いて粒化した。「ムギフルイ」（三尺四方深さ三寸、底部を網状にした簁）で精選し、唐箕にかけた。小麦は鉄製のコバシで扱くと粒になった。麦扱きや麦叩きをする時には藤の繊維で織ったタフの上衣を着た。タフには芒が付かなかった。

㈣ 千把扱き

麦の穂落としにはいま一つの方法があった。それは稲扱きに使う「千把扱《せんばこ》き」と同系のもので、麦扱き用に改良したものである。大蔵永常が文政五年（一八二二）に執筆した『農具便利論』*3の中に稲扱きに使う千把扱き型の絵図（稲扱之図《いねこぎのづ》）と解説がある。解説には二種あり、図に付したものは次の通りである。「麦扱《むぎこ》ぎ全図――一間ニ而ハ歯カズ四十本。大竹の元をもて製（ハシ五六寸出ル二寸四分、巾九分五厘、二寸四分、四寸三分、竹、巾一寸一分、一間余二寸八分角）」。本文の解説には次のようにある。「此麦こぎハ、稲こぎよりはるかに後に畿内《かみがた》にて作り出せし物とミへて、いまだ諸国に用ひざる所あり。右に図するごとく、壱間又壱間半のものありて、多人数《たにんじゆ》立并《たちなら》びて稲をこぐごとくして、しかふして筵に広げ干て、唐竿にて打おとすこと也。其国所にて麦場《むぎうちだい》に打当て打おとす所あり。畿内にても如此仕来しを、此麦こぎ出来て其事止ぬ……」とある。

千把扱き型の穂落とし具のことを永常は「麦扱《むぎこ》ぎ」と称している。いくつか注目すべき点がある。まず、その麦扱きの幅が一間から一間半に及び、数人が並んで作業をするとしている点である。これは、先に諸々の事例で見てきた通り麦コナシが「結い」で行われていたことを意味している。また、「歯」が竹であることも明らかに示されている。三重県伊賀市喰代の上田五郎さん（大正十年生まれ）は竹歯の千把扱きから鉄歯の千把扱きへの転換を体験していた。永常は麦の穂落とし技術が、「麦打ち台」から「麦扱き」へ大方転換したように考えているが、現実にはこれまで見てきた通り、麦の穂落としには、「麦焼き」「板打ち」「臼がらみ」「麦打ち台」「コバシ」「麦擂り石」「手扱き」などじつに様々な方法が近・現代に至るまで、各地で多様に展開されていたのである。以下に千把扱き型の「麦扱き」の事例を示しておく。

①栃木県黒磯市油井の阿久津権之さん（大正四年生まれ）は千把扱きで穂落としをし、「クルリ」（唐竿）を使って粒化した。

②茨城県常総市国生の長塚長太郎さん（大正七年生まれ）は千把扱きのことを「マンゴク」と呼び、これで麦の穂落としをした。落とした穂は振り打ち棒、即ち唐竿で粒化した。これを麦ブチと呼

んだ。唐竿のことを「フルヂ」と呼んでいた。「フルヂ」は「振《ふ》り打《う》ち」の省略訛音であろう。フルヂで粒化したものは、大麦・小麦・大豆で、稲の芒落としも行った。フルヂには男用と女用とがあった。なお、麦の穂落とし・麦ブチと、陸稲の草とりは「結い」で行ったという。

③滋賀県米原市志ヶ谷の鹿取恵正さん（大正四年生まれ）は次のように語る。麦の穂落としはコバシから千把扱きに替えた。落とした穂の粒化・芒落とし・ヒゲ落としには「ヤタカチ」という道具を使って麦の穂を叩いた。ヤタカチは竿（棒）の先に穴をあけ、麻緒を通して、その一端で長さ一尺径一寸五分の樫や楢の薪状の叩き棒の端を縛って固定している。竿と薪状の棒のおのおの先端が六寸前後の麻緒で連結されたものである。唐竿が一定の回転を前提として対象の穀物を叩くのに対してヤタカチは、連結部が緒（紐）であるだけに叩き棒の振れる範囲は固定性を免れることになる。竿を回転させながら打ち棒で穀物を打つという点では唐竿と共通性を持つものだが、構造的には唐竿以前の脱穀具だと言えよう。ヤタカチの「ヤタ」は、稲穂の折れたもの、または籾のついた穂先を意味する語である。「カチ」は「搗《か》つ」、即ち「搗く」の連用形、名詞化である。

④徳島県鳴門市大毛島小字福池の福池弘重さん（昭和六年生まれ）は次のようにした。麦の穂落としは昭和二十五年、船のエンジンを使っての脱穀機による脱穀をするようになる以前は「カナバシ」＝「千把扱き」で行った。粒化は一三歳の年までは唐竿を使っていたがその後は「スリ台」（摺り台）にした。摺り台とは、長さ一間、幅二尺五寸の木枠に金網を張ったものと、同じ大きさで鋲の針を密に突出させた板を交合させて使うものである。臍の高さほどの四本の杭で網枠を固定す

る。網の上に麦の穂を広げておいてその上から鋲板でこするのである。こうして粒化した麦の実は「カザヤリ」（風遣り）と称する風選でゴミを除いた。麦の実を箕に入れ、箕の口を風下に向けて肩に担ぎ箕を揺すってゴミを飛ばすのである。風遣りはマゼ（南風）に乗せて行った。

⑤静岡県浜松市北区引佐町三岳の案間文男さん（大正五年生まれ）は以下のように語っていた。千把扱きのことをコバシと呼び、コバシで麦の穂落としをした。穂をムシロの上に広げて干し、オニバ（鬼歯槌）で粒にした。精白は踏み臼で行った。当地では踏み臼のことを「ウマ」（馬）と呼んだ。踏み臼の杵を馬の首に見立てたのである。

⑥静岡県藤枝市下当間の小沢重太郎さん（明治三十三年生まれ）は以下のように語った。麦扱き用の千把扱きのことを「ムギマンガー」（麦馬鍬）と呼んでこれを使った。千把扱きの形が田の土を砕化する際馬に挽かせる馬鍬に似ているところからこの呼称がついた。麦馬鍬で麦の穂を落とし、その穂をムシロに広げるところまでを午前中に行ってから昼食を食べる。昼飯を食べて休んでいる間にムシロの上の麦の穂は陽光に照らされて蒸れている。午後、蒸れて暖まって脱粒しやすくなった麦の穂を鬼歯（槌）で叩いて粒化した。麦の粒化に際して日照が有効であることは広島県旧比婆郡に伝承されていた次の麦打ち唄[*4]にも見られる。

〽麦をたんたく（叩く）には　照るがよいもの――ヤーハレ　照るがよいもの――。

⑦広島県呉市豊浜町大長の新開重さん（昭和三年生まれ）は以下のように語る。当地では麦の穂を落とす千把扱きのことを「マンリキ」と呼んでこれを使った。脱粒は唐竿で行い、精白は踏み臼で

行った。

1――柳田國男『後狩詞記』初出一九〇九年（『定本柳田國男集』27・筑摩書房・一九六四年）。
2――柳田國男監修『改訂綜合日本民俗語彙』（平凡社・一九五六年）。
3――大蔵永常『農具便利論』一八二二年執筆（『日本農書全集』15・農山漁村文化協会・一九七七年）。
4――文藝委員会編纂『俚謡集』（文部省・一九一四年）。

三　脱粒

1　脱粒具と脱粒の諸法

穂焼き・板打ち・麦打ち台・コバシなどで茎を分離した麦の穂は、次の工程で必ず粒にしなければならない。その脱粒の方法も多様だった。それには以下のものがあった。ⓐ竪臼・横杵＝一（奈良県天川村）・二㈠⑤（岐阜県下呂市）、ⓑ杵＝二㈠③横杵（宮崎県椎葉村）、ⓒ横槌＝一（奈良県天川村）、ⓓ掛矢＝二㈡①②③（長野県飯田市）、ⓔ鬼歯槌＝二㈠⑪（静岡県浜松市）、二㈢⑪（静岡県川根本町）、二㈣⑤（静岡県浜松市）、⑥（静岡県藤枝市）、ⓕカンダイ（鍬台）＝二㈠⑫（岩手県住田町）、ⓖ叩き棒＝二㈠⑥（岐阜県下呂市）、二㈡④（長野県飯田市・「淡竹の竿」）、二㈢④（滋賀県米原市）、⑩（富山県南砺市）などと多様である。

2　カラサオの形式と呼称

右のほかに注目しておくべきものにカラサオ（唐竿・殻竿・連枷などと表記する）がある。カラサオとは稲・麦・粟・稗その他の穀類や豆類を打って粒化する時に使う農具である。竹または木の柄（二四〇センチ前後）と、回転軸（連結部）、回転棒（打棒）の三つの組み合わせによって成る。回転軸は「枢《くるる》」と呼ばれることもある。中には回転棒の端の曲りを利用して回転軸を略式に構成するものもある。柄を両手で持って振り、回転棒を回転させ、回転する打棒をムシロの上の穀類の穂に当てて穂をバラして粒にするのである。回転棒部分は一本の棒を使うものと、複数本の細めの棒や割り竹を編みつけたものとがある。回転棒の素材についてエゴノキ・サルスベリにこだわる地もある。

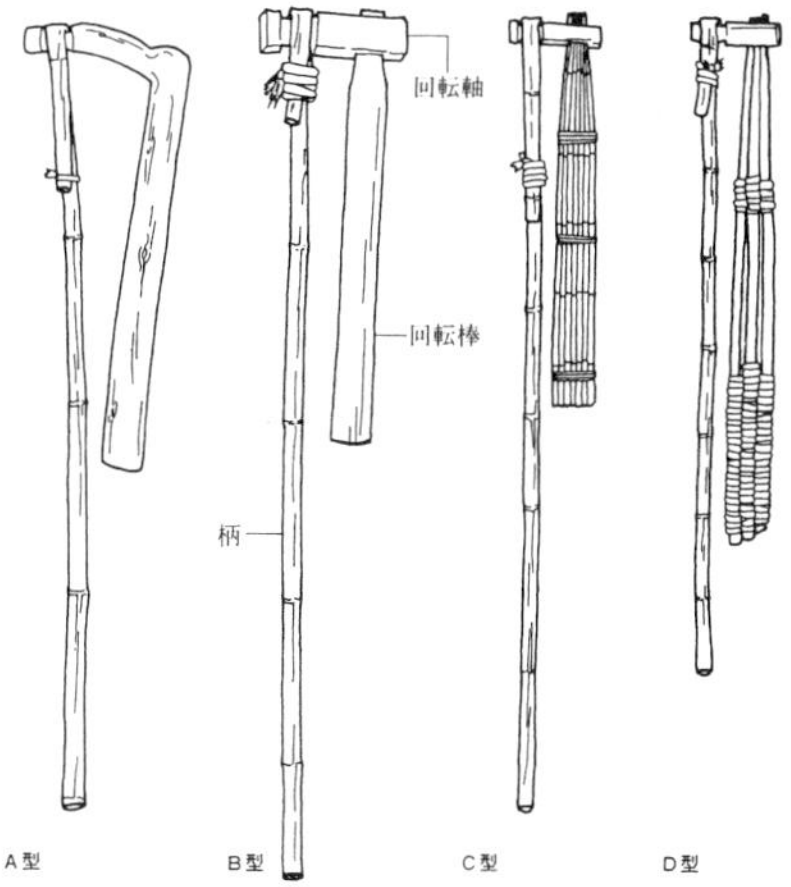

図②　クルリ棒の4形態（実測：大舘勝治氏、『田畑と雑木林の民俗』所収）

カラサオの呼称も地方によって異なる。メグリバイ（二㈠①宮崎県椎葉村）「回り棒」の意。フルイ（二㈠⑫岩手県住田町）「振るい」の意。フリコ（二㈢⑤岩手県岩泉町）「振り子」の意。クルリ（二㈣①栃木県黒磯市）カラサオ打棒の回転擬態表現による。フルヂ（二㈣②茨城県常総市）「振り打ち」の転訛。右のように様々な呼称がある。民具としてのカラサオに対する関心は比較的強く、とりわけ関東地方に関しては詳細な報告がある。[*1]

埼玉県ではカラサオのことを「クルリ棒」と呼

ぶ地が多い。図②は大舘勝治氏が埼玉県下で使われたクルリ棒を、特徴をふまえて四つのタイプに分類し、実測したものである。A型は秩父地方山間部に多く見られるもので回転軸と回転棒が一本の木でできているものである。B型は最も広く使われるもので、回転棒のもとが回転軸に差し込まれ、固定されている。C型は回転棒の素材が竹で、七、八枚の割り竹のもとを鉄輪で束ね、回転軸に差し込んでいる。このタイプは水田地帯で多く使われたという。D型は複数本の素性のよいエゴの木を三〜四本回転軸に差し込んで固定し、先端には藁縄を巻きつける。このタイプは所沢市をはじめ入間地方南部に分布するという。

3　カラサオ使いの民謡

唐竿をうまく使って作業効率を上げるためには唐竿使用に熟達しなければならなかった。労作唄には、その歌詞の中に作業技術の伝承すべき要点を歌い込み、歌唱の中で技術を伝承しようとするものが多い。唐竿と、その使い方を歌い込んだ民謡がある。それは、奈良県五條市大塔町篠原で伝承されてきた「稗搗《ひえか》ち唄」である。篠原は、本章「一」で紹介した奈良県吉野郡天川村とも峠越えで通婚がなされていた地である。天川村では麦の粒化を竪臼・竪杵で行っていたのだが、篠原では麦の粒化を唐竿で行っていた可能性を否定することはできない。稗の穂搗ちに唐竿が用いられていたからである。以下は篠原に生まれ育った和泉恭安さん(昭和三年生まれ)が稗搗ちに際して歌った唄である。

〽ハー　おもしろいわよ　唐竿搗ちはよ　コラショ（囃し）　肩で揺《ゆ》らして　シナで搗つ　コラシヨ（囃し）

「肩で揺らして　シナで搗つ」という箇所に唐竿を使う技術が歌い込まれているのである。「肩で揺らす」ということは、肩に力を入れて打ち棒を回転させるように竿を使うことを教えている。打ち棒を穀物の穂に当てる瞬間にはしなやかにシナを作るようにせよ、というのである。

〽ハー　今朝のかかりは　これはと思ったよ　コラショ（囃し）　これでお仕上げか　おめでたや　コラショ（囃し）

今朝、稗搗ちにかかる前に打つべき稗の穂の量を見た時には、量があまりにも多く、これは大仕事だと思い気後れするほどだった。しかし、打ってみると意外に能率があがってもう最後となった。何とめでたいことか――。二番の歌詞を見ると、この作業が「結い」で行われていたものと考えることができる。

4　ヤタカチという民具

(二)4③（滋賀県米原市志ヶ谷）で、唐竿に似て非なる「ヤタカチ」という道具が使われていたことを紹介した。この道具の概要については事例の中で説明したのだが、さらに補足する。カラサオが、柄と打ち棒の連結を「枢」で繋いでおり、打ち棒の回転が一定の円を描くのに対して、ヤタカチの特徴は、柄と打棒の連結に「枢」を使わずに両者を細綱で繋ぐところにある。したがって柄を振っても回転円は固定的ではなくなる。ところで「ヤタカチ」とはどういう意味だろうか。「ヤタ」とは方名として様々なものを意味する。静岡県磐田市や長野県飯田市の遠山谷では豆類の莢を意味し、滋賀県では籾の付いた稲の穂を意味する。カチは「搗つ」の連用形、ここでは名詞化の働きをしている。ヤタカチという道具を使ったのが滋賀県の米原市志ヶ谷であるから、この道具の原初の用途は稲の穂搗ちであり、稲の脱粒具であったことがわかる。これは、コバシと並ぶ、古い時代の稲の脱粒具だったのである。それが麦の脱粒にも用いられたと考えてよい。

岩手県遠野市大出の大橋ゆはさん（昭和八年生まれ）は「ヤタカチ」と同じものを「フリウチ」（振り打ち）と呼んでいた。打ち棒はナラの木で径一寸、長さ尺五寸、柄は長さ一間で、両者を長さ五寸余の麻紐で繋いだ。四人向き合いで、これを使って麦束を打った。岩手県花巻市大迫町内川目の小松平巳代吉さん（明治三十九年生まれ）も同じ形式の打叩具《だこうぐ》を「フリウチ」と呼んでいた。フリウチでこなした穀物は稗・粟・麦だったという。高知県吾川郡旧本川村の高橋光増さん（明治三十一年生まれ）は右と同型式の打叩具を「カラサオ」と呼び、これで小麦と稗をこなしたと語っていた。右によれば、枢を使わない、連枷以前の紐連結式の打叩具が広域で麦コナシに用いられていたことがわかる。

1——畠山豊「連枷覚書」（『民具マンスリー』18—10・一九八六年）。大舘勝治「いわゆるクルリボウについて」初出一九八六年（『田畑と雑木林の民俗』慶友社・一九九五年）。後藤廣史「南関東のクルリ棒―東京都多摩地区を中心として―」（『府中市郷土の森紀要』3・一九九〇年）。小川直之「クルリ棒の地域性」初出一九九〇年（『地域民俗論の展開』岩田書院・一九九三年）ほか。

四　麦の精白

(一)　麦搗きと水―「駿河麦搗き唄」を緒として―

私が静岡市安倍川上流部のムラ、梅ヶ島新田を訪れたのは昭和五十七年十月十日、夜のことだった。それは涼気が身にしみ始めるころだった。訪れたのは狩猟の名人と言われている葉山毅さん(明治四十二年生まれ)のお宅である。貴重な狩猟伝承をたくさん聞かせていただいたのだが、何よりもその夜歌っていただいた「駿河麦搗き唄」が心に残っている。

ⓐ〽銀《しろがね》のへりとり臼を八臼《やから》並べて麦を搗く(本唄)　麦を搗く、八臼並べて麦を搗く(返し)

ⓑ〽搗く麦は六斗六升に合わせる水は五斗五升(本唄)　五斗五升、合わせる水は五斗五斗(返し)

ⓒ〽五斗五升の水を合わせていつか蓑笠脱がせる(本唄)　脱がせる、いつか蓑笠脱がせる(返し)

この後に興味深い歌詞が延々と続くのだが、ここでは当該の主題に沿って右の歌詞について考えてみよう。毅さんはこの歌を歌う時、一人では声が続かない——と言って妻のまつさんと二人で歌ってくれた。主として本唄《もとうた》の方を毅さんが歌い、返しの部分をまつさんが歌ってくれた。曲調はこれまで聞いたことのないもので、中世的な曲節で心に沁みた。

当地では竪臼、竪杵（写真⑤）を使って麦を搗く。ここでの麦搗きは精白のことである。しろがね、即ち銀でへりをとった臼などあろうはずもない。見立てであろうが、地元には長年使いこんだ脂で光っているのだと説く人もいる。八臼並べるというのも規模が大きすぎる。これは、麦搗きに際しての臼の使い初《そ》めにおける臼起こし、臼褒め、臼祝いの意味をこめて麦搗き作業の最初に歌われたものではなかろうか。「結い」や「共同労働」としての麦搗きの冒頭に歌われていたことが考えられる。原初は大地主や権力者の麦搗きに奉仕する際の最初の唄であった可能性もある。

共働の場合には、こうした労働歌は音頭出しが「本唄」を歌い切り、他の複数名が「返し」の部分を歌う例が多い。複数の者が「返し」を合唱している間に音頭出しは喉を休め、呼吸を整えてまた二番の本唄を歌うのである。毅さんが一人では歌えないと言ったのはその意味である。

写真⑤　麦の精白に使われた竪臼と竪杵（静岡市葵区長熊）

ⓑの「搗く麦は六斗六升に合わせる水は五斗五升」というのは、麦の精白には水を合わせることが必要であることを伝えているのである。

ⓒ「五斗五升の水を合わせていつか蓑笠脱がせる」というのは、麦の精白には時間がかかるが、水を合わせて搗けばやがて麦の皮を剝き、精白することができるという意味である。労作唄の歌詞の中に当該の労作技術の要点を歌い込み、労作唄の中で技術伝承を行うという例は多く見られるところである。麦の精白には水が必要であるという技術の要点は様々な形で伝承されてきた。

静岡県藤枝市忠兵衛の仲田要作さん（明治三十三年生まれ）から次の伝説を聞いた。——昔、忠兵衛（江戸時代の開拓地名・現大東町）のある農家へ、麦搗きをしたことのない娘が嫁いできた。姑は故意に麦の搗き方を教えないで嫁に麦を搗かせた。嫁は一日中、一生懸命麦を搗いたが一向に皮がとれない。困りはてた嫁が泣いて涙をこぼしたところ、その部分だけ皮が剝けた。そこで、嫁は麦搗きには水が必要であることを理解し、みごとに搗き終えることができた。——静岡県袋井市浅羽字豊住にも同様の伝説がある。また、この伝説と同じ内容の「麦搗き唄」がある。静岡県島田市川根町笹間上の種本睦さん（明治三十四年生まれ）から次の唄を聞いた。

〽湿《しめ》り打たねで麦搗かされて　こぼす涙で麦搗けた*1

この唄によると麦の精白に際して水を合わせることをこの地では「湿り打ち」と称していたことがわかる。

麦の精白に際して水を合わせる場合、麦の量に対して加える水の量はどれほどだったのか、所要時間はどれほどかかったのか、麦搗き作業の工程や、麦の日乾も含めた事例は本文中で数例紹介してきた。その中の二例の要点を表覧化すると表①のようになる。一番搗き（粗搗き）→二番搗き（間《ま》搗《づ》き）→仕上げ搗きの三回搗きが一般的だったが、搗きを一回行うたびに簸《ひ》遣《や》りや篩《ふるい》がけを行って広げて日乾する。踏み臼で精白する過程でも、麦が水で固まったり、麦が臼のへりに跳ね出したりするので、固まりをほぐしたり、跳ね出しを臼の中にもどしたりする役割・人手が必要で、ⓐではこれを「マゼ」役、ⓑではこれを「カエシ」役と呼んだ。麦の精白にはじつに多くの手間と時間がかかるのである。

ところで、「駿河麦搗き唄」に歌われている。「搗く麦は六斗六升に合わせる水は五斗五升」――。どう解釈したらよいのであろうか。表①の麦の量と水の量を比べてみるとこれは異様である。「六斗六升　五斗五升」と同音を反復させて歌唱性を高めつつ、麦搗きにおける水の必要性を象徴的に歌ったと見るのが妥当であろう。しかし、別の見方を示唆する伝承もある。茨城県常総市国生の長塚清太郎さん（大正七年生まれ）が語る大麦の精白法にも注目しておきたい。大麦を精白する時は、まず四斗桶に水を張ってその中に大麦を浸ける。水に浸けた後に今度は全く水の入っていない四斗桶

表①　麦の精白と水

	伝承地	精白具	労務者	麦の量	水の量 一番搗き	水の量 二番搗き	水の量 三番搗き	伝承者
ⓐ	奈良県吉野郡天川村栃尾	踏み臼	搗き手 混ぜ役	五升	粗搗き 茶碗三杯	間搗き 茶碗二杯	仕上げ搗き 水なし	玉井おりょう（明治二十六年生まれ）
ⓑ	長野県飯田市上村下栗小野	踏み臼	搗き手 返し役	一斗	粗搗き 柄杓一杯	二番搗き 柄杓一杯	仕上げ搗き 茶碗半分	成澤徳一（昭和二年生まれ）

に麦を移す。そして搗く分だけ竪臼に入れて杵で搗いたのだという。私の聞いた範囲では精白に先立って麦を水を張った桶に浸けたというのはこの一例だけだった。これに照らして見ると、「駿河麦搗き唄」の五斗五升の水は桶の水だった可能性も否定できない。さらなる資料収集が必要である。麦の精白に湿気が必要であることについては様々な伝承がある。静岡県浜松市天竜区春野町杉の増田彦左衛門さん（明治四十三年生まれ）は次のように語っていた。「麦搗きには湿気が必要なので雨の日に麦を搗いた」――このことはよくわかるのだが、搗いた麦を簸遣って日乾することを考えると、天気の見方にも神経を使っていたことがわかる。

　麦搗きと水とのかかわりでいま一つ加えておくべき事例がある。それは、長野県飯田市上久堅下平の桐生隼人さん（昭和三年生まれ）の体験と伝承によるものである。――大麦は水車で精白した。桐生家は、下平と中宮の一二戸共同の水車を使っていた。水車組は一二戸なので各戸は十二支の呼称で呼ばれており、十二支の順で利用した。一戸の利用時間は一昼夜と定められていた。臼は二基あり、精白した穀物は、米・大麦・粟・コキビ（黍）だったが中心は米麦だった。一斗張りの臼の中に八升ずつ入れた。米麦を搗く時には水分を必要とした。米を搗く時には八升に対してナマの大根半分の大根オロシを入れた。大麦は八升につき罐詰の空罐一杯分の水を入れた。臼から穀物が跳ね出すのを防ぎ、併せて臼の中の穀物が均等に循環することを目的として、臼の中に「ワテ」と呼ばれる藁製の輪を入れた。ワテは径二〇センチのものと径一八センチのものの二個を入れた。金属製のワテを使ったこともある。桐生家は石屋だったので昭和三十二年に研磨機を使って麦搗き機を作ったのだが、それからいくばくもなく麦の精白を農協の精白所に依頼するようになった。米搗きに必要な水分補給に大根オロシを使うという技術伝承は貴重である。穀物精白にかかわる水車の共同利用の実態もわかる。

(二) 麦搗きの苦渋と恋情発想の唄―「お手に豆が九つ」―

静岡県教育委員会が昭和五十九、六十年度に行った民謡調査で多くの麦搗き唄を収録することができた。その結果が『静岡県の民謡』として報告されている。[*2] 中に、伊豆の国市韮山山木の岩田とめさん（明治二十六年生まれ）の伝える麦搗き唄がある。次に示すのはその一部である。

①〽麦ょ搗いて夜麦ょ搗いて　お手に豆が九つ　九つの豆を見れば　生まれた在所が恋しゅい
〈ああトントコトントコ　つけたかむけたかよいこになったか　トントコトン〉

②〽麦ょ搗いて夜麦ょ搗いて　お庭のおせどへ出てみれば　磯舟の船頭さんが　おそでをしめてはなさない　よせはなせたもとはなせ　わたしゃ他人の下女だもの　下女なれど娘なればおんとりあげて妻とする

①の「お手に豆が九つ」型の歌詞は、賀茂郡河津町縄地・伊東市新井・沼津市戸田・田方郡函南町・三島市安久・静岡市梅ヶ島などに見られる。函南町ではこの例と同様「生まれた在所」と歌う。『俚謡集』[*3] にも「お手に豆が九つ」はいくつか見られる。神奈川県都筑郡のものに「その豆を見れば、

どんな親でも涙出す」というのがある。山梨県南巨摩郡・同南都留郡にも同系の歌詞があり、柳田國男もそれを『民謡覚書』の中に引用している。[*4]また、この型は愛知県や福井県の手毬唄にも見られるが、[*5]柳田は、麦搗き唄から手毬唄への転換利用は「つく」という点がキイになっているとしている。[*6]「生まれ在所」「親の在所」を中心に見ると、前後に並ぶ歌詞の内容によって嗟嘆の主体は、嫁とも、奉公に出ている下女ともとれ、流動的となる。①の唄では、「夜麦」という表現から、麦の精白を夜なべに行う習慣があったことが明らかになる。「お手に豆が九つ」という表現は麦搗きの厳しさを象徴しているのであるが、これは、竪杵・竪臼（写真⑤）を使用する麦精白搗きの形を示すものである。本章「一」で紹介した天川村の踏み臼によるものではない。

賀茂郡河津町縄地の石井むらさん（明治二十四年生まれ）伝承の麦搗き唄は次の通りである。[*7]

〽おいとしやトントンとおつる杵おかたの杵か　おいとしや娘ならかはるべきもの　深山おろしのアラ杵トントン

山から切りおろした木で作ったばかりの重い竪杵は、重さも重いが手になじまず、これこそ「お手に豆が九つ」の原因にもなる。

さて、ここで注目すべきは②の唄の内容である。労作唄の主要モチーフである恋情発想がここに見られ、しかも叙事性を潜在させているところに特色がある。それは以下に示すⓐ〜ⓔにも見える。

ⓐ〽麦を搗いて麦を搗いて　お背戸の浜へ出てみれば　親船の船頭様が袖をしめて離さない　よせ離せ　袂離せ　わたしは他人の下女だもの　下女なればおん娘なれば　おんとりあげて妻

にする　トントコトン（伊豆市修善寺加殿・山本きみさん・明治二十四年生まれ）

ⓑ〽麦搗いて麦搗いて　夜麦搗いて　下の浜に出て見れば　上船船長様が袂しめて離さない……（以下同じ）（伊東市宇佐美・内田らくさん・明治三十一年生まれ）

ⓒ〽麦ょ搗いて麦ょ搗いて　お背戸の浜へ出たなれば　石船船頭様……（以下同じ）（伊豆の国市長岡長瀬・内田やすさん・明治三十年生まれ）*8

ⓓ〽十七ぞよ麦搗き　裏の浜へ出てみたら　上り船の船頭様がしかと抱いて離さない　袖離せ……（東伊豆町『南豆俚謡考』*9）

ⓔ〽麦をついたり夜麦ついてお手にま○まめ《豆》が九ツよふ○おだの麦を九日ついてかど《門》にそ○そよとた《立》ゝれたよふ○門にそよとたちたれは太郎治さ○さまにそでひかれたよふ○袖ではなせたもと□《は》なせ我等は下人　下の下女て《で》まします○下人なれと下女なれとあけ《げ》てひ○ひめ《姫》とよばせませう○太郎治様とねてのねさめに十二ひ○ひとへ《単》おき《を着》ませう……（以下略）（『常州茨城田植唄』*10）

右に引いたⓐ～ⓔおよび①②で歌われている女主人公は手に豆を作って麦搗きをしなければならない下女である。そして、①及びⓐⓑⓒⓓに登場し、その下女を見初めて嫁に迎えようとするのは、いずれも①磯船、ⓐ親船、ⓑ上船、ⓒ石船、ⓓ上り船と、船にかかわる船頭である。中でⓒの石船は、トサワ石・ナガオカ石と呼ばれる石を切り出して運ぶ船で、大正初年まで三津浜と清水間を航行したものであるが他は特定のものではない。船は古来、異郷の文物を運びきて憧れをかきたてるものであった。田遊び詞章や田唄に見える筑紫船もそれであった。船と船頭（船長）・船乗りを媒体として異郷憧憬を滲ませて恋を歌うというこの型は、現代演歌のマドロスものに継承されていると言ってもよかろう。麦搗きをする下女と船頭の恋物語の麦搗き唄は、はじめ海岸部で発生し、やがて、海のない伊豆内陸部の伊豆の国市韮山・伊豆市修善寺町などへ伝播して行ったものと思われる。

ⓔは田植唄の中に登場する麦搗き下女である。これは麦搗き唄が田植唄の中に導入されたものと思われるが、ここでは、船頭の代わりに田郎治、即ち田主が恋の対象となっている。こうした恋情発想は、労作唄に共通するものであり、このように恋情と叙事性を持った労作唄が、重い労働を慰め、解放感をもたらす効果を果たしてきたことは確かである。

ここで想起するのは『万葉集』（三四五九）の東歌である。「稲舂けばかかる我が手を今夜《よひ》もか殿の若子が取りて歎かむ」――

麦搗きと稲搗き、九つの豆ができた手とかか（皹）る手、船頭・田主と殿の若子、麦搗き下女と稲搗き下女、といった具合に、先に引いた麦搗き唄群とこの東歌は、その構成素材とそれゆえに創出される叙事的世界がみごとに対応している。『万葉集』東歌は民謡そのものではないにしても民謡的世界の中から生成されたものである。現代まで伝承され、一部では生き生きと機能してきた民謡から東歌に光を当てることにより、東歌の成立原点を探ることもできるはずである。

なお、①②の唄の間の〈　〉の中は囃し詞であり、しかも、この囃し詞はリズムの上からも、内容の面からも、擬声語の効果的な使用という点からも、極めて優れたものだと言えよう。

㈢ 田遊び系芸能の「麦搗き」——麦搗きをめぐる葛藤——

東海地方の田遊びで、その演目の中に「麦搗き」およびそれに関連する「簸る」（簸出し・簸遣り）・「洗い」などを含むものがいくつかあり、現在演技や歌唱が消滅していても詞章が残っているものがある。そうした中で、筆者が直接詞章本に当たった、静岡県藤枝市滝沢八坂神社田遊び[*11]と、静岡県天竜市懐山新福寺阿弥陀堂のおくない[*12]の、麦にかかわる演目の詞章を記し、その他は、新井恒易の翻刻資料[*13]によって比較する。

ⓐ八坂神社田遊び「麦搗」（井沼行雄家所蔵・文政八年（一八二五）本）

一　しうとめ　御前も人の嫁　我も人の嫁いくらほとの　違めに嫁そしるらんと
一　しうめや　あら麦に水かひて　りりうら
一　嫁よぶこゑわとうたいちの金のこゑとこそきく
一　しうとめや　けくら桝に米入りて　りりうら
一　娘よふこゑわ　まくの内のことのこゑとこそきく
一　しうとめや　麦つけとのとふ　なこのりりうら
一　麦つかは袴おきしやう　なこのりりうら

一　麦ひればしらげは本へよれ　ぬかわ先へゆけゆけ

一　しろ金おひしやくにまけて水くめば　水もろともに　とくとくとくまるる

一　宮口へくれ竹ながれよれ　ざんざ　本とれば　すれさきゑなびけ　なんこのりりうら

大意をつかみ、後に比較考察をするために以下に整理番号を付して、整理修正したものを記す。

①姑御前も人の嫁　我も人の嫁　いくら程の違いめに嫁を謗るらん、②姑や新麦に水交ひて　りりうら、③嫁呼ぶ声は東大寺の鐘の声とこそ聞け、④姑やけぐら枡に米入れて　りりうら、⑤娘呼ぶ声は幕の内の琴の声とこそ聞け、⑥姑や麦搗けと宣る（明治十一年の仙島平一家所蔵本には「のる」とある）なごのりりうら、⑦麦搗かば袴を着しよう　なごのりりうら、⑧麦簸れば精げは本へ寄れ　糠は先へ行け行け、⑨銀を柄杓に曲げて水汲めば　水もろともに徳ぞ汲まるる、⑩宮口へ呉竹流れ寄れ　ざんざ　本取れば末先流れ寄れ　ざざんざと末先靡け　なんごのりりうら

ⓑ懐山おくない「麦米つきの次第」（大石伝次家・明治四年（一八七一）本）

一　春くれは〳〵　まつ花米を打蒔て　志うとめこんぜはなく〳〵　うすい麦入て〳〵　よめよぶこんへは　またアノからかねのことのこゑと　らりとりりうりや　このちんかはさるのこへ

一　志うとめこんぢはな〳〵　うすい米いれて〳〵　娘呼こんゑはん　また　アノ　まこの内てのことのこへ　らりとりりうらりや　このちんかはさるのこゑ

一　米ひればんにや〱　アノ志らきハ元へ　ぬかはうらゑさんと散ルと　らりとりりうらや
　此ちんかはさるのこゑ
一　白金を〱　志やくにまけて水めば神諸にとみそ入ます　らりとりりうらりや　此ちんかは
　さるのこゑ
一　米あらへはんにや〱　アノ千石や万石のよねをさいりさいり
①春来れば　まず花米を打ち撒きて　姑御前は臼へ麦入れて　嫁呼ぶ声は唐金の琴の声　らりとりりうらや　このちんかはさるのこえ、②姑御前は臼へ米いれて　娘呼ぶ声は幕の内の琴の声　りらとりりうらや　このちんかはさるのこえ、③米簸れば精げは元へ糠は末へざんと散る　らりとりりうらや　このちんかはさるのこえ、④銀を杓に曲げて水汲めば神もろともに富ぞ入ります　らりとりりうらや　このちんかはさるのこえ、⑤米洗へば千石や万石の米をさいりさいり

右の二例を比較しただけでも、麦搗きをめぐる姑・嫁・娘の関係、麦搗きの後の簸出し、麦米洗いなどがこの演目・詞章の骨組をなしていることがわかる。さらに、八坂神社の②で麦搗きと水、⑦で麦搗き袴との関係が示され、㈠の記述内容と照応することがわかる。東海地方の田遊びには、表②の通り麦搗きにかかわる演目がある。まず、稲作の予祝・豊作祈願を目的とする芸能である田遊びの中に、米搗きと並んで麦搗きが登場することに注目しなければならない。このことは、麦が農民の食糧構造の中で重い意味を持っていたことの証左である。表②を見ると「搗く」演目において

表② 東海地方の田遊びにおける麦搗き関係演目の概要

	伝承地	芸能名	演目名	演技継承	詞章記録	関係人物 舅	姑	嫁	娘	その他	作業内容 麦・米搗きと担当		簸る	洗う	呼び声の比喩 嫁	娘	その他 麦交い水	袴
1	静岡県藤枝市滝沢	八坂神社田遊び	麦搗き	×	○	×	○	○	○	×	麦：嫁	米：娘	麦	麦米指定せず	東大寺の鐘の声	幕の内の琴の声	○	○
2	静岡県牧之原市蛭ヶ谷	蛭児神社田遊び	麦搗き	○	○	×	(○)	○	○	三郎	麦：嫁	米：娘	×	麦米指定せず	尊い寺の鐘の声	幕の内の琴の声	×	×
3	静岡県焼津藤守	大井八幡神社田遊び	麦搗き	×	○	○	○	○	○	×	米麦搗きはあるが混乱している		麦	麦米指定せず	東大寺の鐘の声	琴の糸	×	○
4	静岡県浜松市北区引佐町寺野	宝蔵寺観音堂おこない	麦米搗・ひる・洗う	×	○	×	(○)	○	○	×	麦：嫁	米：娘	麦・米	麦・米	東大寺の鐘の声	幕の内の琴の声	×	×
5	静岡県浜松市天竜区懐山	新福寺阿弥陀堂おくない	麦米搗き	×	○	×	○	○	○	×	麦：嫁	米：娘	米	米	唐金の琴の声	幕の内の琴の声	×	×
6	静岡県浜松市天竜区神沢	万福寺阿弥陀堂おこない	麦搗き	×	○	×	(○)	○	○	×	麦：嫁	米：娘	麦・米	麦・米	幕の内の鐘の声	幕の内の琴の声	×	×
7	愛知県新城市黒沢	峯福寺阿弥陀堂おこない	麦米搗き	○	○	×	(○)	○	○	×	麦：嫁	米：娘	麦・米	麦米指定せず	東大寺の鐘の声	幕のかげの琴の声	×	×
8	静岡県浜松市天竜区水窪町西浦	観音堂おこない（西浦田楽）	麦搗き	○	○	×	(○)	○	○	×	麦：嫁	米：娘	麦	麦米指定せず	東大寺の鐘の声	幕の内の琴の声	○	○

は米と麦が対等に扱われていることがわかり、「簸る」段階においては、七例中、米のみのものが一例、麦米並列のものが三例、麦のみのものが三例と麦の力が強い。精白工程における労力は、米に対して麦の方が数段重いため、麦搗き、麦穂の簸出しが強く意識されるのである。表②の8では、麦搗きに不可欠な「水」のことも歌われており、第㈠㈡節の内容とも呼応する。

ところで、東海地方の田遊びにおける麦搗き関係演目の最大の特色は、姑が、自分の娘には容易に精白できる米搗きを命じ、嫁には精白に時間と労力がかかる麦搗きを命ずるという骨子を持ち、しかも、嫁を呼ぶ時は、東大寺の鐘の声のようにあたりに鳴り響く声を出し、自分の娘を呼ぶ時には、幕の内の琴の声のようにやさしい声を出すとしているところにある。このことは、一節二節でも確認してきた麦コナシ、麦の精白の厳しさを前提として初めて成り立つのである。嫁には重い労働を、娘には軽い労働を与えるという型の労作唄は他にも見られる。

ⓐ娘にや手桶前の川　よめ御には松の木桶の沢水（神奈川県麦打ち唄『俚謡集』*14）

ⓑ娘にや手桶前の川　嫁ごにや松本桶で沢の水（同）

ⓒ娘には稲の鳴子を嫁には粟の鳴子を（『田植草子』晩哥二番*15）

ⓓ娘にや手おけ前の川　嫁ごには柳桶で沢の水（静岡県伊豆市市山・高橋せんさん・明治四十三年生まれ・田植唄*16）

この他、前節㈡で引用した、「おいとしや娘ならかはるべきもの　深山おろしのアラ杵」にも姑・嫁・娘の問題が含まれている。田遊びの「麦搗き」の詞章は右の諸例と比べてみても比較・比喩が強烈で、麦搗き労働の厳しさを浮かびあがらせている。「㈠　麦搗きと水」の節に示した伝説や麦搗き唄、「お手に豆が九つ」の主体が嫁であるものなどを総合してみるとき、農家の労働構成・労働分担において、麦搗きを嫁が担った時代が長かったことがわかる。

1――青森県津軽地方に伝わる「弥三郎節」に類似の歌詞がある。

〽十四ァエー　しめり打たねで籾搗かせ　たらす涙で籾搗けた　コレモ弥三郎エー

2――静岡県教育委員会『静岡県の民謡』（静岡県文化財調査報告書34・一九八六年）。

3――文藝委員会編『俚謡集』（文部省・一九一四年）。

4――柳田國男『民謡覚書』初出一九四〇年（『定本柳田國男集』17・筑摩書房・一九六二年）。

5――吾郷寅之進・真鍋昌弘『わらべうた』（桜楓社・一九七六年）。

6――柳田國男、前掲注4に同じ。

7――前掲注2に所収。

8――ⓐⓑⓒは前掲注2に所収。

9――足立鍬太郎『南豆俚謡考』（麗澤叢書刊行会・一九二六年）。

10――小宮山南梁『常州茨城田植唄』一八八五年（志田延義編『続日本歌謡集成』巻二中世編・東京堂出版・一九六一年）。

11――藤枝市八坂神社田遊び保存会『滝沢の田遊び』に翻刻資料を収載。

12――静岡県天竜市教育委員会『懐山のおくない』に翻刻資料を収載。

13――新井恒易『農と田遊びの研究』上（明治書院・一九八一年）。

14――前掲注3に同じ。

15――志田延義校注『田植草子』（『中世近世歌謡集』岩波書店・一九五九年）。

16――前掲注2に所収。

Ⅲ　麦の食法

一　大麦・裸麦の食法

瀬川清子は『食生活の歴史』[*1]の中で大正七年に内務省衛生局保健衛生調査室が行った「全国主食物調査」の要点を県別に表覧化して収載している。市部・市街地郡部・村落部に分けて特徴的なものを示した。この時代における全国的鳥瞰として学ぶべきところが多い。

本書で示す事例は右のような網羅的な把握はできないが、表覧では見えてこない細部に言及しているところもある。以下に大麦（皮麦）・裸麦を中心として一部に小麦を含む麦の食法に関する事例を示し、次いで大麦・裸麦の粒食・粉食について事例から見えてくる問題を記す。

(一)　事例探索

①長野県飯田市上久堅森・木下善治さん（大正十二年生まれ）

麦飯は大麦（丸麦）をエマシ麦と称して麦に割れ目ができるまで煮てから米と混ぜて炊き直す。この丸麦をツブシ麦（押し麦・平麦）にして使うようになったのは昭和五年のことだった。麦ツブシ機と呼ばれる手動回転式の機械を購入したのである。しかし、精白した大麦を直接麦ツブシ機にかけるわけにはゆかなかった。一旦、湯を通す程度にイロリでサッと煮るか、四時間ほど水に浸けるかの処理をして、いずれの場合も笊にあげて水を切っておく。それを麦ツブシ機にかけるのである。善治さんは尋常小学校五年生の時から麦ツブシ機を回す仕事を任された。こうしてできたツブシ麦を米と合わせるのであるが、米麦の比率は時代や家々の経済状態によって異なった。木下家の場合、昭和十年前後で米一升に麦三合だった。「ハンバクメシ」と称して米麦半々の家もあった。大麦は麦飯のほかに香煎にもした。「エヘン　パッサリ　ムギ香煎」という口誦句があった。「エヘン」は香煎を口にした時噎《む》せる状態を示し、パッサリはパサつく状態を示す。「ハチヤ香煎」と称し、ハチヤ柿の熟柿に香煎をまぶして食べる方法もあった。

春、彼岸ごろ八幡の薬屋から麹《こうじ》の元菌と醪《もろみ》の元菌を買ってくる。蒸した米に麹菌を混ぜて一週間置く。一方、小麦を炒ったものと大豆を煮たものとを混ぜ、これを蒸して醪菌を混ぜて一週間置く。一週間たったところで、この中から「醬油の実」（副食）にする分を取り分けて別にして置く。それ以外のものと米麴とを桶に移し、水を加えて攪拌する。この時点ではまだ塩は入っていない。一〇日から一五日の間随時箆《へら》で搔き混ぜる。尋常小学校五年生の時からこの作業をさせられた。一〇日から一五日を経て甘みが出て来たところで塩を入れる。これを味噌部屋で翌春まで収納する。味噌部屋に入る者は誰もが必ずその都度箆で搔き回すことになっていた。これを搾ったものが醤油である。醪菌を混ぜるに際して小麦を炒るのは醤油に色をつけるためである。さて、醤油の実を作る分として、別に取り分けておいた醪を含む一塊は、甕に入れて水を加えて攪拌し、一週間たってから塩を入れる。そこに、牛蒡・人参・瓜類・茄子などを刻んで入れて漬けこむ。これを醤油の実と称し、副食にする。なお、味噌桶・醤油桶は板目桶で、昭和三十七年ごろまで使った。下久堅下平の桐生隼人さん（昭和三年生まれ）は、大豆五に対し小麦五の比率で醪菌を使って寝かし、塩を加えたものを「醤油の元」と呼んでいた。これに水を加え一年寝かしたものを醤油屋に搾ってもらったという。

②長野県飯田市上村下栗大野・胡桃沢ちさ子さん（大正七年生まれ）

麦飯は次の通りだった。ⓐ麦七：米三、ⓑ麦八：粟二、これなら上等だった。麦飯が余ると次のようにした。飯の余り・ヒバ（大根の干し葉）・蕎麦粉を混ぜ、塩を入れて煮る。煮えたらこれを団子型に丸め、胡桃ヌタまたは荏《え》ヌタをつけて食べた。先に示した麦飯に野菜類を刻んで入れることもあった。すべて、麦飯を煮る時には、鍋底の真中に飯茶碗を伏せて置く。その上に米・麦・野菜類などを入れるのである。こうしておいて麦飯を煮ると、飯にカスが混ざらないと言われており、これを実践した。

③長野県飯田市南信濃須沢・大沢さち子さん（昭和四年生まれ）

麦飯は丸麦を夜エマシておき、朝米と混ぜて煮た。戦中戦後は麦一升に米一、二合の比率で、それに大根や甘藷を加えた。昭和二十年代後半には麦七：米三になった。昭和三十三年からは押し麦になった。麦飯の他に、丸麦を茹でておき、醤油の実をかけて食べる方法があった。醤油の実は次のようにして作った。大豆を煮ておき、半日干す。蕎麦の葉を炒って粉化したものをまぶす。種麴を加え五升櫃に入れて日本酒を吹きかける。二週間寝かした後塩を加えて混ぜる。――他に、茹でた丸麦に醤油をかけて食べる方法もあった。新麦（大麦）が穫れると香煎を作った。熟柿に香煎をまぶしたり、香煎をお茶で練ったりして間食にする方法もあった。

味噌豆は毎年二斗使った。麴用として小麦一斤、米一斤を用意し、麴七升を作った。昭和二十七年までは、二月に味噌豆を搗き、味噌玉にした。桜が咲くころ青黴がくるので桶の中に掻きこむ。五合塩にして六か月置くと食べられる。小麦麴は寝かしておき、寒中に粟のドブロクを作った。合成酒が出るまではドブロクが盛んだった。未熟の小麦を炒って石臼で碾いたり揉んだりするとちぎれたうどんのようになり、これを「アオダシ」と称して好んで食べた。

南信濃下中根の熊谷愼蔵さん（大正十四年生まれ）は大麦を茹でておき、味噌と葱を擂って汁を作り、これをかけて食べる方法を「ヒヤ汁」と呼んでいた。飯田市上久堅蛇沼の近藤弥治郎さん（大正十一年生まれ）は小麦を使って「醤油味噌」を以下のようにして作った。茗荷《みょうが》が枯れる季節に小麦を搗いて水に浸けたものと大豆を蒸す。枯れた茗荷の葉と茎を床に厚く敷き並べ、その上に蒸した小麦と大豆を混ぜたものを広げて置く。さらにその上に茗荷の葉と茎を厚めにかぶせる。小麦と大豆が蒸れるようにするのである。小麦と大豆が発酵してきたらこれを桶に移し、塩と水を入れて攪拌する。そして、その中に、縞瓜・茄子・数の子などを入れて漬けこむ。これを醤油味噌と称し、冬季の副食にした。この醤油味噌に醪を加えたものを「醤油味噌の実」と呼んだ。これも副食である。

④長野県飯田市南信濃木沢・斎藤七郎さん（大正十三年生まれ）

大麦・黍・米を混ぜた飯を「ミクサメシ」と呼び、これにトヨノハ（クサギの葉）・大根葉を乾燥保存しておいたものを混ぜて飯にした。麦刈り前に未熟の小麦を刈り、実を炒って石臼で碾いた。すると小麦は揉んだお茶の葉のように捩れるので、それを炒って食べると甘くておいしかった。飯の代わりにしたこともある。これを「アオビキ」（青碾き）と呼んだ。

⑤長野県飯田市南信濃下中根・熊谷慎蔵さん（大正十四年生まれ）

大麦で香煎を作り、香煎を、皮を剝いた渋柿にまぶして食べると甘くなった。大麦（丸麦）を茹でて水を切り、ネギ味噌のヒヤ汁をかけて食べた。小麦のアオビキも食べた。

⑥長野県飯田市南信濃八重河内・山崎今朝光さん（大正十一年生まれ）

麦飯は夜、丸麦をエマシ麦にするために煮る。煮あげたエマシ麦は水分を切らなければならない。それを、糊を除くとも言う。エマシ麦を「バクアゲザル」（麦上げ笊）に入れて水分を除いておく。それを翌朝、米または粟と合わせて炊くのである。

⑦長野県下伊那郡天竜村向方・松下芳高さん（明治三十一年生まれ）

麦飯には次の二種類があった。ⓐ麦四合・モチ種の粟三合・米三合、ⓑ麦を煮ておき、それに稗糠を混ぜて蒸してから混ぜて食べる。

⑧静岡県浜松市天竜区水窪町押沢・平賀さかるさん（明治三十五年生まれ）

飯は大麦が基本だった。ⓐ麦五：粟三：米二、ⓑ麦五：稗三：米二、ⓒ麦五：小豆三：米二といった比率が長かった。小豆は焼畑でたくさん穫れたので糅《かて》にした。蕎麦や黍・麦など粉食が多かったので、「ウセヤ」（臼屋）と呼ばれる臼碾きの部屋があり、径尺五寸の石臼と、径一尺の石臼が置かれていた。大臼ではキビ（トウモロコシ）を碾き、小臼では麦・蕎麦・大豆などを碾いた。五月五日には大麦を炒って香煎を作った。香煎を母屋の周囲に「長虫這うな」と唱えながら撒いた。マムシ・ムカデ除けだと言われていた。

⑨静岡県浜松市天竜区佐久間町横吹・森下政太郎さん（大正十一年生まれ）

ノキ畑（母屋の背の斜面畑）の冬作で大麦四俵、小麦一俵を収穫した。五月五日に大麦で香煎を作り、神棚に供えてから蛇・ムカデ除けと称して屋敷に撒いた。入梅に新麦で香煎を作り、神仏に供えてから「腸が黴びないように」と祈って家族で香煎を舐めた。天竜川支流の水窪川に祇園淵という淵があり、椀貸し伝説・大蛇伝説があり、この淵で魚を獲ってはいけないとされている。この淵を祀るのは横吹の人びとで、祭日は六月十五日、この日、小麦団子を淵に供え、各戸にも分けた。同じ佐久間町早瀬の祇園さんは七月十三日で、ここではこの日うどんを作って供え、ムラびとたちも食べた。横吹では麦畑一枚一枚に樫・椿などの照葉樹の枝を折って立てる習慣があった。樫や椿の葉が乾くと葉が風を受けて発する音がモグラ除けになると伝えている。

⑩静岡県浜松市天竜区水窪町向市場・川下勘三郎さん（明治三十七年生まれ）

大麦は平均二〇俵は収穫した。畑地の麦代うないが終わると「ウナイ祝い」として自然薯のトロロ汁を食べた。山作（焼畑）に小麦を作ったことがあった。当地には「小麦は灰を好む」という口誦句がある。大麦は夜煮てエます。翌朝、米や粟と合わせて炊く。大麦・キビ（トウモロコシ）・粟を混ぜて炒り、碾いて香煎にした。旧暦五月五日、「虫炒り香煎」と称して、香煎を作り、屋敷や畑地に儀礼的に撒いた。これを行えば屋敷にマムシが入らず、畑作作物に害虫がつかないと伝えた。小麦は、醬油・金山寺味噌の素材にし、うどんにもした。

⑪岐阜県下呂市小坂町鹿山・成瀬一枝さん（大正七年生まれ）

大麦は飯にした。「サンパクメシ」と称して、米・大麦・稗を等分に合わせた。サンパクの意は、三種のシラゲ（精白）を終えた穀物の意と思われる。大麦は他に味噌・香煎にも使われた。当地では、香煎は暑気の薬だとされている。小麦は団子にした。冬作である麦について一枝さんは次のような昔話を語った。――昔、神様が川を越さなければならない時、麦に向かって、背負って川を渡してくれと頼んだのだが、麦はそれを断った。それで、麦は冬中寒い外に居なければならない。加えて、その罰で麦は背中が割れている。対して、蕎麦は神様を背負って川を渡したので足が赤くなったが短い間外に居ればよいことになった。――飛驒市河合町の中斎徹さん（昭和十一年生まれ）は香煎のことを「イリコ」（炒り粉）と呼ぶ。イリコは夏、冷水で溶いて飲んだという。

⑫富山県南砺市利賀村大勘場・東綾子さん（大正十一年生まれ）

新麦（大麦）が穫れると鍋で炒って石臼で碾いて粉にした。これを「イリコ」（炒り粉＝香煎）と呼んだ。飯どきにイリコに砂糖を混ぜ、湯で掻いて食べた。これに炒った大豆を加えて食べることもあった。

⑬愛知県豊川市稲束・寺部はつさん（大正四年生まれ）

昭和六年から昭和十四年の間は大麦一〇俵・裸麦四俵、小麦四俵ほど収穫した。家に手動のローラーがあり、丸麦をローラーにかけ押し麦（平麦とも）にし、米と混ぜて麦飯にした。裸麦の新麦が穫れると香煎を碾いた。黒糖を加えて湯で掻いて食べた。「コウセンガキ」という。小麦は、うどん屋に二俵入れ、うどんと小麦粉に換えた。田植終了の農休みのことを当地では「ゴンゲラボウ」と呼んだ。ゴンゲラボウにはエビス棚に洗い苗二把とうどんを供え、家族もうどんを食べた。うどん屋で換えた小麦粉は、焼き餅や、練って汁に落として煮る団子汁にした。盆が明ける八月十六日は精霊様のみやげとして素麺を五把あげた。盆には家族も素麺を食べた。

⑭静岡県浜松市北区引佐町三岳・案間文男さん（大正五年生まれ）

新麦（大麦）が穫れると香煎を碾いて食べた。また、子供のころ小麦を嚙んでガムのようにして遊びながら食べた。

⑮静岡県牧之原市蛭ヶ谷・絹村勇さん（大正十四年生まれ）

新麦（大麦）が穫れると炒って香煎を作って仏壇にあげた。家族は練って食べることが多かった。

小麦は素麺にしたが、自家用醤油のために三斗用意し、十二月に漬け込んだ。

⑯山梨県南都留郡鳴沢村鳴沢・渡辺佐久馬さん（大正二年生まれ）

昭和二十年代までの褻《け》の飯は以下の通りだった。ⓐ粟のみ、ⓑ稗のみ、ⓒ粟と麦、ⓓ稗と麦――。麦飯の麦は次のようにした。大麦を茶釜に入れて一晩ゆっくりと煮て、翌朝それを鍋に移し、粟や稗と混ぜて煮直すというものだった。麦の雑炊も食べた。エマシ麦・大根・十六ササゲ・人参・牛蒡などを混ぜたものだった。七夕には次のものを作って食べた。㋐小麦粉の餡入り団子、㋑小麦粉の餡なし団子、㋒チギリコミ（落とし団子＝小麦粉を練って汁の中に落とし込むもので、ホウトウの祖型と言える）。七夕には小麦の食物が多く、小麦の収穫祭といった印象がある。大麦は収穫後大豆と混ぜて炒り、香煎にして神仏に供え、自分たちも食べた。

⑰埼玉県加須市大越・斎藤茂さん（昭和七年生まれ）

水田四反歩で表作に稲、裏作に大麦一反歩、小麦三反歩を作った。大麦の麦飯よりは小麦粉のうどん・スイトンの方が食べやすかった。大越六〇〇戸の中に穀屋（粉屋）が二軒あった。小麦を持ち込んで小麦粉・うどんに換えてもらった。

⑱岩手県久慈市川代・川代兼松さん（大正十二年生まれ）

丸麦（大麦）を軟らかくなるまでよく煮てから焼き味噌・アサツキ味噌・煮干し味噌を添え、混ぜて食べた。小麦は粉化してうどんまたは「トテナゲ団子」（取って投げ団子、即ちつみれ式）にし、団子汁にして食べた。

⑲岩手県下閉伊郡岩泉町年々・祝沢口良雄さん（大正十一年生まれ）

大麦三石、小麦一石を収穫した。麦麴を次のようにして作った。座敷に麦稈を敷き、その上に煮た大麦を固めて並べる。別に、小麦の麬《ふすま》を味噌玉のように固め、並べて置く。並べられた麦と、小麦の麬の固まりの上にしおれかけたヨモギの茎葉をかぶせておく。なお、小麦では小麦饅頭を作った。

⑳奈良県吉野郡天川村栃尾・杉本九八さん（明治四十一年生まれ）

エマシ麦のことをヨマシムギと呼んだ。前夜ヨマシムギを煮ておいて翌朝、それに里芋・蒟蒻を加えて煮て食べた。新麦（大麦）が穫れると炒ってハッタイ粉を作り、固めて仏壇に供え、家族も食べた。米または粟七：麦三で茶粥を作り、それにハッタイ粉を入れて食べた。

㉑和歌山県田辺市竹の平・木下儀太郎さん（明治三十九年生まれ）

麦飯を作る時大麦を前夜に煮た。このことを「ヨバス」と言った。エマスと同系とも考えられるが、ホトバす・フヤケさすの意である。ヨバシた麦は翌朝米と合わせて煮た。麦茶粥を作る時にも麦をヨバシておいて、初め茶の中に米を入れ、次に麦を入れた。米・麦の比率は半々で、麦茶粥は主として夏食った。裸麦が穫れるとコヅキ（ハッタイ粉）を作り、湯で掻き砂糖を入れて食べた。味噌を作る時裸麦を蒸すのだが、その麦の一部を取り分けてコヅキをまぶして食べるのを楽しみにした。

㉒徳島県美馬郡つるぎ町貞光・磯貝絹子さん（大正十二年生まれ）、和幸さん（大正十四年生まれ）

〈麦飯〉　麦だけの飯を炊く時には水が引きにくいので早く水を減らすために少量の米を入れた。この米のことを「オカワキ」（お乾き）と言った。

〈麦のドブロク〉　麦飯は饐《す》えやすい（腐りやすい）。麦飯が余って饐えそうな時には甕に入れ、湯を加えて、家で作った麦麹を入れた。三、四日で吹いた（発酵した）。冷して飲むとうまかった。

〈ヒシオ〉　炒った大豆とコバク（小麦）を煮たものを混ぜて、それに麦麹を入れて寝かした。水を少し加え、二分塩でさらに一週間寝かす。その後、丁寧に天日に干す。天日に干すからヒシオ（干塩）と言うのだ。

これらの他に、裸麦でハッタイ粉を碾いた。

㉓島根県隠岐郡西ノ島町三度・藤谷一夫さん（昭和二年生まれ）

大麦三〇％に対し、小麦七〇％の収穫だった。大麦は精白して麦飯にした。米麦の比率は麦九：米一だった。祭日や祝いごとの折には麦飯の中に小豆を混ぜた。大麦の新麦が穫れるとそれを炒って石臼で粉化し、ハッタイ粉を作った。ハッタイ粉には砂糖を入れて茶で練り上げ、仏壇に上げ、家族も食べた。小麦は竪臼で精白して石臼で粉化、団子にして食べたりオジヤに入れたりした。精白した小麦は小麦飯にもした。小麦と粟を混ぜて飯にすることもあった。一月三日に、粟飯・稗飯に甘藷を搗き込んだ。甘藷は貴重品だった。三月三日の節供には次の菱餅を作って雛壇に供えた。米の餅・粟の餅・ヨモギ餅・フキ餅、即ち碾き餅で、一旦粉化したものを固めたものである。この日のフキ餅は、モチ種の麦、即ち紫色をした麦餅とタカビ（モロコシ）の赤茶の菱餅である。これにクチナシの実で染めた黄色の菱餅、食紅の赤い菱餅などで、菱餅は七色にも及んだ。モチ種の麦も栽培されていたのである。モチ種の麦は色は紫色であるが、形態は大麦と同じである。そのモチ種の麦は粉化してから搗き餅または団子にした。

㉔長崎県佐世保市宇久町野方・菅勝次郎さん（大正六年生まれ）

麦のハッタイ粉と蒸した甘藷、あるいはシロカンコロ（生甘藷を平切りにして干しあげたもの）の粉を混ぜて団子にしたものを「カンコロ団子」「麦団子」と呼んだ。麦飯・蒸した甘藷・ハッタイ粉などを混ぜて朝食にすることがあったが、これを「ゴッチャマゼ」と呼んだ。

㉕宮崎県東臼杵郡椎葉村臼杵岐・椎葉ユキノさん（昭和六年生まれ）

湯がいた小豆一、二合、湯がいたトウキビ（トウモロコシ）二合、エマシ麦三合を合わせて麦飯にした。家族は六人だった。押し麦機を購入したのは昭和三十年だった。ムッケー（麦粥）には皮鯨と筍を入れ味噌味で煮た。「アクマキ」は次のようにして作った。水に浸した大麦と、水に浸したモチ米を混ぜて竹の皮に包み、樫の木を燃やして採った灰で灰汁《あくじる》を取り、その灰汁で三、四時間煮る。山仕事の時など山に持って行き、塩または味噌をつけて食べた。

㉖宮崎県東臼杵郡椎葉村尾前・尾前新太郎さん（大正十一年生まれ）

麦飯には次のものがあった。飯にする時に麦を前夜から煮て置く。翌朝、その麦と、トウキビ（トウモロコシ）・稗を混ぜて炊く。これを「チャンポン」と呼んだ。麦と小豆を塩を加えて炊く飯があった。これを「ムギアズキ」と呼んだ。「ムギズーシー」（麦雑炊）には里芋・イモガラを入れた。当地では大麦で作るハッタイ粉・香煎のことを「コッポー」「コツキ」と称した。両者に用いられている「コ」は「粉」の意である。コッポーの食法には次のものがあった。ⓐ砂糖または塩を加えて舐める、ⓑアワシ柿にまぶして食べる、ⓒスミラ（ユリ科ツルボの鱗茎）を煮詰め、コッポーと練り合わせて食べる。お盆には小麦のものを仏壇に供え、家族も食べた。八月十五日、米団子と麦団子を精霊様のみやげとして供えた。あまり早く団子を供えると精霊様が泣くと言い伝えた。八月十六日は素麺を供える。素麺はみやげを背負う「カニロー」（荷縄）だと言われている。「麦包み」というものがあった。大麦と小豆を混ぜたものに塩をふりかけて竹の皮に包んで蒸しあげたものである。峠越えの遠出などの時に作った。

㉗宮崎県東臼杵郡椎葉村古枝尾・那須登さん（昭和四年生まれ）

イロリで「ムッケー」を煮た。麦・生筍・馬鈴薯・皮鯨で塩味だった。砥石状の形をした皮鯨は、行商人が売りに来た。皮鯨は蓋つきの箱に入れて保存した。当家では、肉・魚を食べる時には臭いがつくとして、カシ類・ススキ・麻ガラなどの箸を作って食べた。当家で裸麦を作り始めたのは昭和二十三年からで、それ以前は大麦だった。

㉘宮崎県東臼杵郡椎葉村竹の枝尾・中瀬守さん（昭和四年生まれ）

麦飯には麦と米、麦と小豆、麦とトウキビ（トウモロコシ）の組み合わせがあった。麦飯に胡瓜・野蒜などを入れ、冷汁《ひやじる》にして食べた。ムギゾースイ（麦雑炊）には皮鯨を入れた。麦では醪や焼酎も作った。麦焼酎はトウキビ（トウモロコシ）で麹を作り、大麦を蒸して作った。

㉙富山県南砺市井波軸屋・稲垣博さん（昭和九年生まれ）

大麦のモヤシを作り、それを煮てから濾過して飴を作った。当地では大麦の香煎のことを「イコ」または「チラシ」と呼んだ。イコに砂糖を加え、湯で掻いて食べた。「イコカイテハシレ」（急げ）という口誦句がある。イコを熟柿にまぶして食べる方法もある。

㉚徳島県美馬市木屋平麻衣・中野恒雄さん（明治四十五年生まれ）

裸麦を収穫するとハッタイ粉を作って食べた。麦のハッタイ粉は日常的に食べた。飯前に、飯とは別の茶碗にハッタイ粉を盛り、竹や木で作った匙で口に撥ね込んで食べた。また、ハッタイ粉を弁当に持って行くこともあった。和紙でできた一合入りの袋に入れ、別に菜入れメンツに塩を入れて行き、食べる時にハッタイ粉と塩を合わせて匙で食べた。また別に塩味の稗飯を弁当として持って行くこともあった。こちらは小型の柳行李の弁当箱に入れた。

㉛滋賀県米原市志ヶ谷・藤田又吉さん（大正十五年生まれ）

毎年、夏前になると「麦飴屋」が荷車に麦飴入りの二升樽をいっぱい積んで巡回してきた。麦飴は澱粉を麦芽に含まれるアミラーゼで糖化して作った飴で、黒色をしていた。麦飴は、富山の配置売薬と同じ方法の置き飴方式だった。麦飴の用途は、魚や黒豆の煮詰め、二番米で作る自家用オコシの固着、子供の駄賃などだった。夏は軟らかいが冬は鑿《のみ》で起こして使った。また、美濃からうどん交換屋がうどんを持って巡回してきて、うどんと小麦を交換して行った。五月五日の端午の節供には小麦粉で団子をつくり、ガラタテ（サルトリイバラ）の葉で包んだ。大麦でハッタイ粉を作り、夏、川泳ぎに行く時砂糖を入れて固めて持ってゆき、子供仲間でオヤツにした。

米原市志ヶ谷の箕浦栄美子さん（大正十三年生まれ）によると、小麦はムラの粉挽屋に持ちこみ、うどんと小麦粉に換えてもらったという。大麦のハッタイ粉のことを「イリコ」と呼んだ。炒り粉には砂糖か塩を混ぜて湯で搔いた。また、アマンボシという渋柿とイリコを混ぜて練り、団子にした。これを「柿団子」と呼んだ。

㉜静岡県藤枝市瀬戸ノ谷・山本トシさん（大正六年生まれ）

乳児を持つ母親の母乳が出ない場合、旦那衆や地主の家では玄米を炒って粉化し、湯で薄めたものを飲ませたが、貧しい家では大麦（丸麦）を煮た時にできる「ネバ」（糊状の液）を飲ませるのが普通だった。このネバは饐えることがあるので、夜、七厘で火入れをした。重湯を与えることもあった。

㉝長野県下伊那郡下條村親田・古田良広さん（大正二年生まれ）

古田さんは家畜商であり、木曾種の種馬も飼育していた。昭和十年前後、種付け料が穀物・大豆などで支払われることが多かった。米なら三升、麦なら五升、大豆なら三升だった。

㉞愛媛県西条市西之川千々野・坂東伊三郎さん（明治三十二年生まれ）

麦飯を炊く前に大麦をエマシ麦にするか、碾き割りにするかの処理をするが、当家ではエマシ麦八割に対して二割の碾き割り麦を混ぜた麦ばかりの麦飯を多く食べた。

(二) 食法の種類と特色

大麦・裸麦の食法を大別すれば、粒食と粉食が二本の柱で、その中間に碾き割りがある。碾き割り麦は石臼で碾き割りにしてから飯にしたのだが、具体的な事例に接することは多くなかった。吸水状態がよくなるところから炊飯効率はよくなるはずだが、丸麦に比べて碾き割り工程に手間がかかることから浸透度が低くなったものと思われる。しかし、麦の碾き割りという食法は、新大陸系の渡来穀物たるトウモロコシの食法に影響を与えたことが考えられる。このことについては項を改めて述べる。ここでは、先に紹介した事例に補足資料を加えながら大麦・裸麦の粒食・粉食の類別や特色について述べる。

1 粒食

(1) 麦飯

大麦・裸麦の粒食の中には麦だけを煮て「麦《ばく》」「麦飯《ばくめし》」「お麦《ばく》」などと呼んでこれを食べた例もあったが、実際には他の穀物を混合させたものを食べることが多かった。麦だけの飯は褻の飯とは限らず、沖縄県粟国島では麦の収穫祭の日に新麦だけの飯を煮て食べたという。粟国島には水田はなく、稲作は行われていなかった。その穀物の混合比率は時代、農耕環境、イエイエの経済力の差異などによってじつに多様だった。例えば、長野県飯田市上久堅小字森の木下善治さん（大正十二年生まれ）がイエを支えた時代の麦飯は、麦三：米七だったという。ところが、同じ飯田市でも山を隔てた遠山谷の飯田市南信濃八重河内の常山常雄さん（大正六年生まれ）が長く食べ続けた麦飯は、「ミクサメシ」（三種飯）と呼ばれるもので、麦（大麦のエマシ麦）・粟・米を同比率で混ぜたものだった。同じ遠山谷でも、南信濃の上方、天竜川支流遠山川上流部右岸、標高八五〇メートルの地、飯田市上村下栗で生涯を送った大川長男さん（明治三十三年生まれ）が食べたミクサメシは前記のミクサメシとは内容を異にしていた。大川さんが長く食べたミクサメシは、麦・粟・小豆を同比率で飯にしたものだった。その作り方は次の通りである。麦・粟・小豆をおのおの別に煮ておき、それを吊るし鍋に入れて混ぜ、イロリで煮返すというものである。煮返す時に塩を入れたのだという。見方を変えればこれは小豆飯の一種でもある。

柳田國男は小豆に対して強い関心を抱き続けた。柳田は、「小豆を食べる日」という文章の中で次のように述べている。[*2]「小豆を稗粟麦のやうに、又近世の都会の米の飯のやうに毎日食ひ、又は乾菜や芋大根と同じにカテ飯のカテとし、腹のたそくにして居た時代は、日本ばかりか他民族の中でも、曾て無かつたやうに私には推測せられるが、それを反証する事実が無いかどうか。日本民俗学は斯ういつた疑問を、成るべく他の隣接諸学と共通に持つて進みたいと思つて居る」「小豆を常の日には食べないといふことも現在の状態だけならば追々確かめて行くことが出来るが、……」——。先に示した大川長男さんのミクサメシは、右の柳田の小豆観を否定するものである。ミクサメシは日常的に食べ続けられたものであり、中の小豆は糅《かて》であり、褻の食物であり、タソク（多足）であった。愛知県の北設楽地方は串柿の産地として知られていた。串柿を作る柿の皮剝きは傭人によってなされた。その傭われ人の立場で歌われた「柿の皮剝き唄」がある。

〽今宵柿剝きゃやでやでならぬ　宵の夜食が小豆飯――

小豆飯は赤飯《せきはん》ではなく、ウルチ米と小豆の飯だが、平地稲作地帯では小豆飯は一種の晴れの食べものである。それが奥三河では、飽き飽きする食べものなのである。遠山谷や奥三河ではなぜ小豆が糅や褻の食に使われたのであろうか。それは全国各地の焼畑輪作の二年目または三年目に大量の小豆が栽培収穫されていたからである。本書で後に示す事例の中にも、麦と小豆を合わせた褻の麦飯が出てくる。

「ミクサメシ」という麦を中心とした名称と類似の呼称に、「サンゴクメシ」（三穀飯）、「サンパクメシ」（三白飯＝三種類の精白穀物を合わせた飯）、「ハンパクメシ」（二種の精白穀物を半々にして炊く飯）、などがあるのだが、現実には穀物だけでなく、大根・里芋・甘藷・大根葉・採集山菜・野草を混ぜる場合も多かった。

〈エマシ麦〉　事例㉒（徳島県つるぎ町）では麦だけの飯「オバク」は水が引きにくいので水を引かせるためにわずかな米を入れ、これを「オカワキ」と呼んだという。数種類の穀物で麦飯を炊く場合、硬質の麦をやわらかくするために前夜多めの水で麦粒がやわらかくなって割れる（笑む）まで煮ておく。これを「エマシムギ」と呼ぶ。このエマシ麦を翌朝他の穀物と合わせて煮直すのであるから、麦飯は手数がかかるものである。②（長野県飯田市）麦飯を煮る時には鍋の中央に飯茶碗を伏せると飯にカスが混ざらない。⑥（長野県飯田市）エマシ麦が煮えたらすぐに「バクアゲザル」に入れて水分を切る。右を見ると、麦飯を炊くには様々な技術伝承があったことがわかる。

麦の比率が非常に大きい例もある。③（長野県飯田市）麦一升に米一、二合、㉓（島根県隠岐郡）麦九割に米一割、などは麦に対する依存度の強さを示している。㉓の麦と小豆の飯は晴れの麦飯であるが、㉕（宮崎県椎葉村）エマシ麦三合：トウキビ（トウモロコシ）二合：小豆一、二合における小豆は、冒頭で解説した糅の小豆である。㉖（宮崎県椎葉村）では麦と小豆は塩味で、これは糅の小豆である。㉕も㉘も同じ椎葉村であるが、麦とトウキビ（トウモロコシ）を混ぜた飯が見られる。全国的に見て麦と稗・粟の結合は多いが、④（長野県飯田市）では大麦・黍・米を等比率でミクサメシにし、これに大根葉・トヨノハ（クサギ）の乾燥葉をもどしたものを加えている。⑦（長野県天龍村）では煮た麦に稗糠を混ぜて蒸してから食べている。⑳（奈良県天川村）ではエマシ麦に里芋・蒟蒻を加え、味付けをして食べたという。

昭和四十年代から五十年代前半、静岡県の大井川中流域の山のムラムラを巡っていた時、麦七：米三の麦飯を炊き、それを通学する子供の弁当に入れる時、米の多い部分を掬って弁当箱に入れたという話をたびたび耳にした。そのための鍋への入れ方もあったという。掬い米弁当の話は全国各地でも聞いたが、静岡県浜松市天竜区春野町川上の高田角太郎さん（明治三十四年生まれ）は次のように語っていた。小学校時代、昼食は、茹でた里芋・蒸した甘藷・稗飯などを布袋に入れて持って行き、イモ類は炊事場で焼いて食べた。稗飯はこぼれるので袋の方がよかった――。弁当箱は数人しか持ってこなかった。弁当箱の中はみな麦飯だった。

〈押し麦〉　蒸した大麦を圧し、押しつぶして平たくしてから乾かしたものを押し麦または平麦《ひらむぎ》・つぶし麦などと呼ぶ（写真①）。これを使えば水分の吸収もよく煮炊きの時間が短縮される。大きな圧縮機を使って能率的に作ることもできるのだが、手動回転式の家庭用押し麦機（麦つぶし機）も普及した。事例①（長野県飯田市）では昭和五年から家庭用の押し麦機を使っている。ここでは丸麦に湯を通すか茹でるかの処置をしてから麦つぶし機にかけている。これを見ても麦を食べるには細かい手間がかかったことを知ることができる。③（長野県飯田市）によると、同じ飯田市内でも押し麦を食べ始めたのは昭和三十三年からだったという。⑬（愛知県豊川市）では昭和六年からローラー式の押し麦機を使っている。㉕（宮崎県椎葉村）では昭和三十年に押し麦機を入れた。それは高度経済成長期入口、麦飯は暮らしの中から姿を消すのも間近い時期だった。押し麦や押し麦機の普及も地域によって大きな差異があり、一様でなかったことが知れる。高知県吾川郡仁淀川町大野の西森梅子さん（大正十年生まれ）は押し麦のことを「ツヤシムギ」（潰し麦）と呼んでいた。機械以前の麦潰しの方法と、大麦を潰して煮る方法があったことを示す民俗

写真①　押し麦（精白後に蒸した大麦を圧してつぶしたもの）

語彙である。静岡県焼津市小川では「ツブシムギ」（潰し麦）と呼んでいた。

(2) 茹で麦

丸麦（精白した大麦）を茹でておき、それに醤油・味噌・嘗め味噌系の保存食をかけたり、つけたりして食べる方法があった。長野県の伊那谷・遠山谷ではヒシオ系・嘗め味噌系の発酵食品を「醤油の実」（①③）、「醤油味噌」（③）などと呼び、自家で作り、茹で麦に添えて食べた。次のような味噌を添える食べ方もあった。ネギ味噌（⑤）、アサツキ味噌・焼き味噌・煮干し味噌（⑱）。宮崎県北諸県郡三股町の木田三郎さん（大正八年生まれ）は、夏季丸麦を茹でて冷やし、味噌を水で溶き、紫蘇を刻んで混ぜたものにつけて食べた。これを「ヒヤズリ」と呼んでいたという。鹿児島県肝属郡南大隅町横別府の黒江ふみさん（大正十四年生まれ）は丸麦を茹でて冷やし、山椒と生姜と味噌を擂鉢で擂り、水を加えたものをかけて食べた。これを「ヒヤシ」と呼び、五月末から八月末まで食べたという。

徳島県つるぎ町（㉒）ではヒシオを作っているが、茹で麦に添えたか否かは確かめていない。これらの嘗め味噌系食品にはどれも小麦が使われている。

(3) 麦雑炊と麦粥

丸麦をエマしたり茹でたりしておいて他の食材と水を加え、味付けをしてさらに煮込んで食べる方法があった。⑯（山梨県鳴沢村）エマシ麦・大根・十六ササゲ・人参・牛蒡などを混ぜたものを麦雑炊と呼んだ。㉖（宮崎県椎葉村）エマシ麦に里芋およびイモガラを入れたものを麦ズーシーと呼んだ。㉕㉗（宮崎県椎葉村）麦に皮鯨・筍・馬鈴薯などを混ぜて煮た粥をムッケー（麦粥）と呼んだ。麦と皮鯨と筍を基本としたムッケーは、マダケ・ハチクの筍の出る季節の食の楽しみの一つだったという。

奈良県の吉野山中から和歌山県の熊野山中にかけては茶粥の食習が濃密である。麦はその茶粥とも無縁ではなかった。⑳（奈良県天川村）では、麦三に対し、米または粟七で茶粥を作り、それに大麦で作ったハッタイ粉を加えて食べた。㉑（和歌山県田辺市）には、「麦茶粥」という呼称がある。大麦をヨバシ（エマシ）ておいて、茶の中にまず米を入れる。次いで麦を入れる。米麦の量は半々である。麦茶粥は主として夏に食べた。

2 粉食——麦香煎

大麦や裸麦を炒って石臼で碾き、粉化したものを「ムギコガシ」（麦焦がし）と呼ぶが、「コウセン」（香煎）という呼称も中部地方や関東地方では広く用いられている。香煎という呼称は、本来、大唐米を炒って陳皮《ちんぴ》・茴香《ういきょう》などの香料を混ぜ合わせて粉化し、白湯に入れて飲んだものだというが、むしろ麦焦がしを指す方が一般化している。それは、庶民の暮らしから距離のある珍奇な飲みものより、庶民の身近にあった、香ばしい麦香煎の方が親しかったからである。関西では「ハッタイ粉」

という呼称が一般化している。この名称は碾き臼（石臼）以前の粉化方法にもとづくもの、即ち穀物を臼杵で叩《はた》いて粉にしていた時代のもので「叩《はた》き粉《こ》」の意である。他に、イリコ（⑪岐阜県下呂市・飛騨市・⑫富山県南砺市）・イコ（㉙富山県南砺市）・チラシ（㉙富山県南砺市）・コガシ（静岡県伊豆市、後述）・コヅキ（㉑和歌山県田辺市、これも碾き臼以前の呼称である）・コッキ（㉖宮崎県椎葉村）・コッポー（㉖宮崎県椎葉村）・コーバシ（二㈠③福岡県柳川市）など、この食物には方名も多く見られる。

⑴新麦と香煎─収穫祝いの香り─

新麦を収穫すると「初香煎」「初煎り粉」などと称して香煎を碾いて食べる地が多かった。丁寧な家では絹篩《きぬぶるい》などでふるった細粉に砂糖を混ぜて舐めていた。古くは塩を混ぜた地も多かった。香煎の食法は舐め粉のみならず湯で搔いてペースト状にする搔き粉や、湯で堅めに固めて食べる方法、水で解いて飲む方法、粥に混ぜて食べる方法など多様であった。中で、舐め粉にする場合、砂糖（白糖・黒糖）・塩以外のものを加えることもあった。茨城県常総市国生長塚清太郎さん（大正七年生まれ）は次のようにした。当地には香煎に生姜の粉を混ぜる習慣があった。生姜を薄切りにして良く干し、カラカラになった生姜を石臼で碾いて粉にし、それを香煎に混ぜるのである。生姜の香りと味が混ざっていなければ香煎とは言えないと清太郎さんは語っていた。香煎匙と呼ばれる専用の竹匙があり、これで粉を掬って舐めたのである。静岡県藤枝市花倉の秋山政雄さん（明治二十九年生まれ）は香煎を碾く時、干しあげてから砕いた生姜を炒った大麦とともに粉化して混ぜ、生姜と炒り麦の香りと味を楽しんだと語る。生姜を入れた時には砂糖も塩も入れなかったという。

大麦または裸麦の新麦を収穫したら必ず香煎を作って食べたという地は多い。のみならず、事例⑮（静岡県牧之原市）では香煎を仏壇に供えている。⑳（奈良県天川村）では、新麦が穫れるとハッタイ粉を作り、それを練り固めて仏壇に供えたという。㉓（島根県隠岐郡）では、ハッタイ粉に砂糖を加え、お茶で練りあげて仏壇に供えた。静岡県藤枝市や大井川流域では新麦の香煎を「初香煎」と称し、これを仏壇に供える例を多く耳にした。⑧⑨⑩（静岡県浜松市天竜区）では旧暦五月に香煎を作り、マムシ・ムカデ・害虫除けとして屋敷に撒く防除呪術を行っている。もとより神仏にも献供するこの香煎は、旧暦五月五日であるから新麦を使うことができる。これらを総合してみると、新麦で香煎を作り、神仏に供え、家族も共食するということは、これを大麦・裸麦の収穫祭・収穫祝いの一つの形だと見てもよかろう。香煎による虫除けについては後にふれる。

⑵菓子の祖型

〈香煎と柿〉　香煎と柿の組み合わせがある。事例の中でも①ハチヤ（柿の種類）香煎、③熟柿と香煎、⑤渋柿と香煎（いずれも長野県飯田市）、㉖コッポーとアワシ柿（宮崎県椎葉村）などの例をあげているが、さらに詳細な食法を示しておこう。サイラクという柿の熟柿の皮と種を除き、コネ鉢の中で香煎と練り合わせ、団子状に丸めて食べた（静岡県藤枝市上大沢・種石歳一郎さん・明治二十八年生まれ）。藤枝市谷稲葉の菅谷たまさん（明治三十七年生まれ）はサイラクを薄く切って香煎をまぶして食べたという。同市五十海の下村ふみ子さん（昭和五年生まれ）は次のようにした。トーハチ・イチベ柿などという柿をアラレほどの大きさに刻み、香煎と混ぜた。これを柿香煎と呼び、十月八日の原木神社の祭りの日にはよく作った。静岡県葵区田代の滝浪作代さん（明治三十九年生まれ）は柿の皮を干しておき、石臼で粉化したものと麦香煎を混ぜて食べたという。この柿の皮は甘味料である。柿と香煎の結合は一種の菓子になっていたのである。

〈コッポーとスミラ〉　コッポー・ハッタイ粉・香煎とスミラの鱗茎の組み合わせがある。事例㉖でもふれているが、「スミラ」とは「ツルボ」の方名である。ツルボはユリ科の多年草で、ニラに似た長線形の葉を出す。根にはラッキョウに似た鱗茎がつき、これを掘って食用にする地がある。熊本県や宮崎県でその食体験の話を多く耳にした。以下に二例を示す。

㋐宮崎県東臼杵郡椎葉村不土野・椎葉伊八さん（大正五年生まれ）

スミラは畑の隅で増えた。葉が枯れてから掘り、三斗釜に水を張りスミラの鱗茎を入れ、灰を入れた布袋も入れて二昼夜煮続けると飴色になり、ドロドロになる。それをハッタイ粉と混ぜて練り、オヤツにした。煮詰めたスミラは保存が利いた。

㋑宮崎県東臼杵郡椎葉村尾前・尾前新太郎さん（大正十一年生まれ）

麦の収穫をする旧暦五月にスミラの根を掘った。洗って土を除き天日に干す。干しては揉み、揉んでは干すことを一週間続ける。ラッキョウに似ているので、ラッキョウの皮を剝くようにして皮を剝く。煮れば煮るほど苦みがなくなるとして、釜で三日間ほど煮続けた。スミラを煮る時、エビ（ナルコユリの根）を入れると味がよくなると伝えた。「エビば入れんば辛《から》か」などと言われた。新麦のコッポーと軟化したスミラの根（鱗茎）を練り合わせて食べた。コッポーとスミラの練り合わせは菓子屋もない山深い地の人びとが創出した優れた「茶請け」だった。*3

柿香煎は、砂糖以前の甘味の一つである柿と香煎の結合であり、スミラコッポーも、煮詰め、アクヌキをしたスミラの甘味とコッポーを合わせたものである。両者ともに菓子の祖型だと言えよう。大麦の粉食法の一つとして注目しておくべきである。

⑶香煎の吸湿性

静岡県藤枝市花倉の秋山政雄さん（明治二十九年生まれ）は、次のような狂歌を伝えていた。〈吹けば舞ふ　舐めれば噎《む》せる香煎寺　鼻の大戸《おおと》（大戸口＝入口）が白くなるらむ――〉。香煎を粉のまま舐めると噎せたり咳こんだりする。吹けば舞い散り口辺が白くなる。事例①（長野県飯田市）に見える口誦句の「エヘン　パッサリ　ムギ香煎」の「エヘン」も噎せを抑える咳ばらいの擬声語である。二㈠③（福岡県柳川市）にある「コーバシを食べると他人の悪口が言えん」というのもこれらにつながる。香煎を舐めるとなぜ噎せたり咳《せ》いたりするのか。それは、炒って粉化された麦は極度に乾燥しており、吸湿性・奪湿性に富んでいるからである。秋山政雄さんは、「梅雨期に香煎を舐めると香煎が体の中の湿気を取り除いてくれる。梅雨どきには香煎を食べるものだ」と語っていた。静岡市葵区戸持の秋山藤蔵さん（明治四十四年生まれ）は次のように語っていた。「入梅時には人間の腸《はらわた》が腐る。香煎を食べれば腸が腐るのを防ぐことができる」――。先に紹介した事例⑨（静岡県浜松市）にも同様の伝承が見える。静岡県の安倍川・大井川流域・天竜川流域では梅雨どきに香煎を食べて湿気を除く、腸が腐るのを防ぐという伝承をたびたび耳にした。

先に秋山政雄さんが伝える香煎にかかわる狂歌を紹介したのであるが、井上靖の『幼き日のこと』[*4]の中にその狂歌を地でゆくような場面が描かれている。「……楽しかったのは麦粉である。湯でねらないで、そのまま口に頰張ると、口の中も口の外も粉だらけになった。そんな時、大抵、祖母は私の傍についていて、私が口に麦粉を頰張ると、すぐ茶のみ茶碗を差し出してくれた」――。靖少年が麦粉で噎せるのを防ぐために、お婆さんはすぐにお茶を飲ませたのである。井上靖が幼少年期を過ごした静岡県伊豆市湯ヶ島長野の浅田喜朗さん（昭和十五年生まれ）は次のように語る。「新麦（裸麦）が穫れるとコガシ（香煎）を作り、ヨウジャ（夕茶＝昼食と夕食の間の間食）として湯で練って食べた」――。

(4)ハナムケの穀粉

井上靖の作品『しろばんば』[*5]の中にも香煎が登場する。主人公の洪作少年がおぬい婆さんとともに父母の住む豊橋へ出発する場面がある。その折、親戚や近隣の人びとが、豊橋の家への届けものを託すのだが、その届けものの品目の中に穀粉がある。ここに登場する穀粉は蕎麦粉と麦粉（香煎）

である。門野原の伯母は、はったいの粉（香煎）約一五〇匁を託している。ここでは豊橋の家への届けものとなっているのであるが、広くは、旅立つ人に対するハナムケ・ミヤゲとして穀粉を渡す民俗があったことを物語っている。ここを読んだ時ある種の疑問が心をよぎった。旅立つ人になぜ粉化した穀物を持たせるのか。この地で常食されている蕎麦粉や麦粉、それも少量である。湿気る心配はないのか――。しかし、井上靖が自伝的作品に注意深く書きとどめていること、門野原の伯母、歯黒めという古い習俗を頑《かたく》なに守っている人の行為として麦粉を贈ることが書かれていることに注目しなければならない。ここには何か古層の民俗が潜んでいるはずだ。――考えるべき問題が次々と浮かんでくる。「粉」は原初的には石皿で擂り砕化し粉化し、やがて、竪臼・竪杵に依るのである。大変手数のかかることである。近世以降、庶民の間に石臼（碾き臼）が普及したとは言え、粒食よりは粉食の方が数段手数を要した。柳田國男は『木綿以前の事』[*6]の中で、「元来食物の褻と晴との差別は、必ずしも材料の優劣を意味しては居なかつた。……二者の相違は、その調製の為に費さるる労力の量であつた」と述べている。モノ日や祭日に神に供えられる食物としては、飯よりは一旦粉化してから練り固めた粢《しとぎ》や団子・餅などの方がより心のこもったものとして選ばれたのである。客のもてなしについても同様のことが言える。こう見てくると、門野原の伯母さんは古層の民俗を守っていたことにもなる。

旅立つ者に「粉」を持たせる民俗についていま一つの角度から考えてみたい。旅の途次、蕎麦粉や麦粉、それに若干の塩を持っていれば、例えば人里離れた山道でも蕎麦搔き、香煎搔きを食べることができる。弁当箱である輪っぱに水を入れ、焚き火で焼いた石を入れれば湯になる。この方法は木材河川流送の人足や樵人たちが続けてきた方法である。その湯を使えばよいのである。長く天城山ガイド・温泉客の荷持兼ガイドをした湯ヶ島の斎藤仙三さん（明治二十五年生まれ）はこうして塩入りの蕎麦掻きを食べたという。香煎の場合、夏、水で掻いて食べる方法は事例⑪（岐阜県飛驒市）で示した通りである。旅のはなむけとして穀紛を贈る民俗や、簡便な粉食法は、馬車もバスもなかった時代、歩いて大きな峠を越え、海辺に出、大きな街道に出なければ世間とつながれなかった伊豆山中のごとき地の人びとにとって意外に合理的なものだったのではなかろうか。穀粉の吸湿性が気になるが、厚手の和紙の袋、柿渋刷きの和紙などをうまく組み合わせればこれも解決できたはずだ。即席性に富む穀粉は、徒《か》ちの時代のはなむけの品には適していたと思われる。とりわけ、麦粉は旅の難路の毒蛇除け・魔除けの呪力を持つと信じられていたことであろう。携行法や除湿の問題は事例㉚（徳島県美馬市）の方法によれば全く問題ないことがわかる。

(5) 蝮・ハブ除けの呪物としての香煎

事例⑧⑨⑩（静岡県浜松市）で、旧暦五月五日に新麦で香煎を作り、屋敷に撒いて蝮《まむし》を中心とした害虫除けの呪術儀礼を行ったことを紹介した。次に類似の事例を示す。

㋐新麦を収穫した時香煎を作って一升枡に入れ、屋敷中に麦香煎を撒きながら、〽ヘービもマムシもドーケドケ　おれはカワラ（鍛冶屋か）の弟娘　馬鍬のコーを真赤く焼いて尻から頭へ突き通す――と唱えた（静岡県藤枝市三沢・戸塚清さん・明治三十七年生まれ）。

㋑「旧暦五月節句の翌六日の朝、此の地方のどの家でも新麦の穂を採って煎り、臼にてひきコウセンを作る。「虫いりこうせん」として家の内外の神や仏前に祭り、畑作物に害虫のつかぬ祈りとする。またその後で屋敷廻りに少し宛此コウセンをこぼし散らしてまはる。之は家の中へ夏期長虫（蛇）の入らぬまじなひとする……」（愛知県北設楽郡・原田淳報告『設楽』*7一九三六年三月）。右に新麦の香煎による蝮を中心とした害虫除けの呪術儀礼があることを示したのであるが、実は麦香煎の持つ毒蛇除けの呪力を信じての儀礼は奄美大島のハブにまで及んでいるのである。食物連鎖によるハブの咬傷害や、ハブ除けの呪術とハッタイ粉などについては詳述したことがある*8のでここではハブ除けの呪術儀礼とハッタイ粉（香煎）にかかわる事例の若干を示すにとどめる。

奄美大島におけるハブ除けの儀礼の一つに「マーネアソビ」がある。マーネアソビとは旧暦四月初午《はつうま》の日に行われるハブ除けの物忌みである。以下に三例を示す。

㋒鹿児島県大島郡大和村今里・安田ときまつさん（明治四十三年生まれ）。旧暦四月初午の日にマーネアソビをした。ナガモノ（ハブ）のアソビで、この日は竿・杖・縄などの長いものを持ってはいけない。屋敷に置いてもいけない。家で煙を出してはいけない。ムラびとはすべて浜降りをして一日を過ごす。この日は必ずハッタイ粉とビラ（ニラ）を食べなければならない。

㋓鹿児島県大島郡大和村名音・福村行男さん（大正十五年生まれ）。四月初午の日、竿・杖・縄などの長いものを持ってはいけない。この日は浜降りをしてアソビをする。この日はハッタイ粉とニラを食べるものだと言われている。

㋔鹿児島県大島郡大和村大棚・奥田和義さん（明治三十九年生まれ）。四月初午の日にマーネアソビをした。ハブ除けの日なので、長い竿、杖などを引いてはいけない。この日は浜降りをしてアソビをした。この日はニラとハッタイコ（香煎餅）を食べた。

本土における蝮除け、蛇除けと香煎、奄美大島のマーネアソビにおけるハブ除けとハッタイ粉（香煎）は太い水脈でつながっている。蝮・ハブを含む蛇類は湿性に富む地を棲息地とする。蛇類はしばしば水性・水霊を象徴する生きものと見なされる。蝮もハブも咬傷の毒によって人命を奪うこともある。時を溯るほどに、毒を以って人に危害をもたらす蝮やハブは特殊な霊力を持つと信じられてきた。その恐ろしい毒蛇の霊力を封殺・抑止するには毒蛇自身が身に纏い、拠り処とする水・水性・湿性を奪い、その動きを封じ、その霊力を封殺するに若くはないという集団的思考のもとに浮上したのが、香煎・ハッタイ粉・麦焦がしの力であった。農民や山びとたちの暮らしの中で最も吸湿性・脱水性の強いものこそが香煎・ハッタイ粉だったのである。

香煎・ハッタイ粉は毒蛇からその湿性・水性を奪取してくれると信じたと同時に、人びとに過剰な湿気を与える梅雨期に、除湿し、乾性を与えてくれるのも香煎・ハッタイ粉だと信じたのである。ここに、粉化大麦・裸麦にかかわる根強い民俗が生まれたのであった。

(6) 咳《しわぶ》き婆さんと香煎の呪力

静岡県藤枝市高柳小字茶屋河原の田の中に小さな聖地がある。そこには、日限《ひぎり》地蔵・茶屋河原地蔵・義農石上清兵衛の像などが祭られている。そして、それらとともに「香煎婆さん」と呼ばれる民俗神の石像が祭られている。像は破損されてはいるが、「殖産の先人香煎婆さん」といった説明が付されていた。高柳の池田福次さん（明治四十四年生まれ）によると、香煎婆さんとは、香煎を発明した人だと伝えられているとのことだ。なお、この地では、保存食・即席食としての香煎の力が高く評価されていたという。この地に香煎婆さんが祭られた理由の一つに大井川の氾濫がかかわっていたのではないかと考えられる。つまり、河川氾濫時の非常食として香煎を備える習慣があったことが推考される。さらに、極度に乾燥した香煎に湿気を防ぎ、暴れる水神たる蛇神の水性を奪い、その力を抑止する力があると信じられていたのではないかと思われる。

また、この他静岡県藤枝市三沢にある「うば神さん」と通称される祖母神社と香煎の関係にも注目しておきたい。うば神さんは風邪の神様で、ムラびとたちは風邪をひくと必ずうば神様に参った。そして風邪が治癒すると願果たしとして香煎をおひねりにしてあげる習慣があった。香煎を粉のまま舐めると噎せたり咳が出たりするところから、香煎をひねり密閉したものを供え、風邪の鎮めの願果たしにしたものと思われる。

静岡県榛原郡川根本町坂京は大井川中流域左岸のムラである。以下は同地の杉山とみさん（明治三十六年生まれ）による。坂京には「サビキ石」と呼ばれる神聖な石が祭られている。その石は「サビキさん」とも呼ばれ、咳を鎮める神様として信じられてきた。風邪・百日咳・喘息などに悩まされる者たちがサビキさんに参った。願果たしは香煎を紙に包んで供えるものだとされていた。「サビキ」とは「シワブキ」、即ち咳《せき》のことである。

柳田國男の『女性と民間伝承』[*9]の中に「関の婆さま」という一節があり、姥神と咳、子供の風邪や咳とのかかわりを示す例が収められている。その一つに下総印旛沼の西岸に近い白井に伝えられたものがある。白井のおたつさまという咳鎮めの姥神に対する願掛けとして麦こがしとお茶を供えたとある。柳田の収集事例の中には、願掛け・願果たしの献供物として、甲州中巨摩郡八田のシハブキ婆＝炒り胡麻とお茶、築地本願寺近く稲葉丹後守中屋敷咳の姥神＝お茶と豆炒りあられなどが見られる。しかし、咳の神への献供物の中心は香煎だったと考えてよかろう。

咳や風邪を鎮める呪物の一つに杓子がある。この「杓子」が難物で、柳田國男がつとに「人形とオシラ神」[*10]の中で「杓子の呪法」なる一節を設けて諸資料を収集しているが、結論を得るには至っていない。杓子は、鹿児島県の田の神《たかん》サアの石像の採りもの、霧島神宮の田の神舞いの採りものなどとして知られる。さらには東海地方の田遊び系芸能で稲霊を象徴する人形に杓子が用いられる例がある。[*11]静岡県浜松市北区引佐町川名・福満寺＝オブッコ様、同滝沢四所神社＝ネンネサマ、愛知県新城市鳳来寺＝ネンネー、愛知県設楽町田峯高勝寺＝ネンネー、これらの人形はすべて飯杓子である。さらには主婦権も杓子で象徴される時代があった。こうしてみてくると、杓子と米、杓子と稲作の結びつきには極めて強いものがあることがわかる。他にも滋賀県多賀大社祭礼行列の大杓子や、奈良県で広く行われた八十八歳年祝いの杓子を玄関に飾る例など、杓子にかかわる民俗は多彩である。

静岡県御殿場市印野の勝間田多住（明治四十一年生まれ）家で、玄関の鴨居に打ちつけられている杓子を見かけた。杓子の裏面を見せていただくと、中央に「クツメキゴメン」と片仮名で書かれ、その下に「願主　四歳女　一歳女」と三行分けに書き、柄の裏の部分に勝間田幸栄と書かれていた。当地では百日咳を鎮める呪いとしてこのように書いて玄関または家中の鴨居などに打ちつける習慣があったのだという。柳田は前記「杓子の呪法」の中で、次のように述べている。「つい近頃まで東京の市中でも見られた「くつめき御免」、さては「何歳の男十五になる迄疱瘡御免」などと書いた杓子を、入口の鴨居の上に打付けて置く風なども、杓子だけからは解することが六かしい様である」――。

千葉県銚子市外川で玄関の表札の左右には渡海神社の「塞神三柱守護」の神札が飾られていた。毎年一月十六日に受けてくる。家に入りくる邪悪なものを塞ぐのである。表札の左下に小さな杓子が飾られていた。これは茨城県の笠間稲荷で受けてきたもので、風邪除けの呪いとして玄関に飾る。

右の諸例を見てくると、玄関、家の入口に、咳・百日咳・風邪などを除けるために杓子を掲げる民俗があったことがわかる。「クツメク」という動詞は痰が喉に詰まったり、咳が止まらなくなって喉がクックックッと鳴ることを意味している。先に杓子に呪力を見る一つの主たる要因として、杓子が米（稲）で炊いた飯を盛る用具であるところから、稲の豊作や米の充足と深くかかわったことを考えたのであるが、杓子が咳・風邪の防除と結びつくのはなぜであろうか。その答はさらに多くの事例を収集し、多角的かつ慎重に考えなければならないのであるが、ここでは探ってゆくべき一つの道筋を仮説的に述べておきたい。

咳・風邪・喘息の治癒と香煎・麦コガシとの関係については先に述べた。香煎・ハッタイ粉の食法には様々あるが、その一つに、粉のまま舐める、粉のまま口に撥ねこむという食べ方がある。その際用いる小型の食用具が、小型の杓子、匙、即ちスプーンなのである。㈡2⑴で見た茨城県常総市では香煎用に竹で小型の匙を作っており、事例㉚（徳島県美馬市）でもハッタイ粉を木や竹の匙で舐めている。㈢1㊁の高知県檮原町ではトウモロコシのコンコを食べるのに竹の匙を使った。銚子市外川の田村家の玄関には小型の杓子が掲げられている。これは、神社が、配布用に小型化したものとも見られるが、ここに香煎用の小型杓子の影響があったことは否定できない。さらなる探索が必要である。

⑺大麦・裸麦の生粉と炒り粉

これまで見てきた通り、大麦・裸麦の粉食と言えば、炒ってから粉化するハッタイ粉・香煎・麦焦がしなどが圧倒的に多かった。ところがⅠ九㈠の沖縄県久高島では生で粉化したものと炒ってから粉化したものとがあった。前者には「ムジアンディー」と呼ばれる粥状の食物や儀礼に用いられる「ミキ」や「ウユー」など裸麦を一旦粉化しておいてから水を加えて煮るという方法をとっているものがあり、注目される。これらに対して、裸麦を一旦炒ってから粉化し、ハッタイ粉と同じものを作って砂糖を加えて湯ざましで固める「ウンバイ」や、ハッタイ粉を蒸して甘藷を搗き混ぜて固める「ウムニ」などがあった。久高島の事例は大麦・裸麦の粉食の幅を知ることができ、貴重である。

(三) 大麦からトウモロコシへ ――調整法と食法への影響――

新大陸系の渡来食物、甘藷・馬鈴薯・トウモロコシなどがこの国の食生活に与えた影響には計り知れないものがある。その総体は追って明らかにされることであろうが、ここでは、当該主題の麦とのかかわりにおいてトウモロコシのごく一部にふれるにとどめる。トウモロコシは玉蜀黍と漢字表記されるが呼称の振幅は大きい。トウモロコシのほかにトウキビ・キビ・タマモロコシ・コウライ・ナンバンキビなど様々である。

キビ系は、トウモロコシの実が黄色いところから黍《きび》(黄実《きみ》)と結びついたものと思われる。モロコシ系は、既に渡来していたモロコシの丈高いところの影響を受けたものであろう。唐土《もろこし》・南蛮《なんばん》・唐《とう》・高麗《こうらい》などを冠する呼称はいずれも渡来性を強調するものである。タマモロコシは、粒からの連想である。多くの方名の中で私が強く心を惹かれたのは静岡県浜松市水窪町で聞いた「ツトキビ」だった。それは「苞黄実《つときみ》」即ち、苞に包まれた黄色い実という意味であろう。複数の包皮に包まれた果穂は、多数の美しい実を整然と並べて着けている。穂軸を苞に包まれた贈物のように見立てたのである。この国の人びとが初めてトウモロコシを目にし、手にし、栽培した時の驚きと困惑と喜びはいかなるものであったろうか。粟・稗・黍といった小粒の畑作穀物を見なれた人びとにとって、トウモロコシは異様なものとして受けとめられたにちがいない。ツトキビという方名はこうした事情を物語る一つの例である。移植法は稲作から影響を受けている。シコクビエの移植も同様であろう。

冬作の麦と夏作のトウモロコシを組み合せる場合、あらかじめ麦の畝を広くしておき、その畝間にトウモロコシを蒔きつけたという話を各地で耳にした。

1　トウモロコシ受容の実際

この国におけるトウモロコシと麦との間には食法としていくつかの共通点が見られる。大麦が一名を皮麦とされることは、その皮を剝くのに手間がかかるからである。トウモロコシもより渡来期に近く、原種に近い品種は皮が堅かった。これを除くのに苦労があったことはまちがいない。そして、麦にも、トウモロコシにも、粒食・挽き割り食・粉食といった食法があることも共通点である。また、稲作が稀少で、米が手に入りにくい地では、麦とトウモロコシがともに主食（穀物）の役割を果たしていたということにも共通点がある。以下に、この国の山深いムラムラでトウモロコシがどのように受容されていたのかについて五例を示す。

㋐宮崎県東臼杵郡椎葉村尾前・尾前新太郎さん（大正十一年生まれ）

当地ではトウモロコシのことをトウキビと呼ぶ。定畑・焼畑の両方で栽培したがその概要は表①の通りである。コーマ（高山）の夏ヤボ（夏焼きの焼畑）の四年目以降にトウキビを作るが、これはワセでハットウキビ・ヤマトウキビと呼んだ。実をつける果穂の長さは五寸ほどと小型である。当地では果穂のことを軸と呼ぶ。同じ焼畑でも里に近い位置にはナカテを、ソノと呼ばれる里の定畑には果穂の長さ七寸のオクテのトウキビを作った。実のついたトウキビの果穂を包む複数枚の皮のことをフクロと呼んだ。収穫はそのフクロをもぎ、茎は牛馬の飼料にした。皮を剝き、粒のついたままの果穂を踏み臼または竪臼に入れて搗いて粒にする。トウモロコシの粒を食べることができるようにするためには二つの方法があった。ⓐ丸トウキビ——粒の外部の堅い皮を除くために踏み臼で搗く。その際、トウキビの粒五升に対して茶碗二杯の水を入れて二時間ほど搗く。大麦精白の処理と共通する。途中に中サビ（篩《ひ》る）をし、最後に本サビをする。篩で糠を除き、糠は牛馬の餌にする。丸トウキビは「煮トウキビ」または「トウキビ煮」と称し、まず、三時間かけてしっかり煮ておき、㋐米と混ぜて飯に炊く。これはエマシ麦に米を合わせて炊く麦飯に似て

表①　トウキビの種類と栽培地

	呼称	収穫期	実の色	果穂長	栽培地
①	ハットウキビ	ワセ	真黄	五寸	焼畑（高地）
②	ナカトウキビ	ナカテ	真黄	六寸五分	焼畑（中間地）
③	オソトウキビ	オクテ	白黄	七寸	定畑（里）

いる。㋑麦とトウキビを混ぜて飯にすることもある。㋒「チャンポン飯」と称して、丸トウキビ・稗・粟・小豆などを混ぜて飯にする。小豆を混ぜる時には塩を加える。㋓トウキビ汁＝丸トウキビに皮鯨・筍を入れて汁にする。同地の「麦ズーシー」に通じている。㋔トウキビ小豆＝丸トウキビと小豆を煮てトウキビ小豆と称した。

ⓑ碾き割りトウキビ――トウキビの粒を石臼で碾き、米粒大にしたものを以下のようにした。㋐米とともに炊いて飯にする。トウキビを石臼で碾く時に粉が出るのだが、その粉を篩にかけて皮や屑を除いてから㋑団子にする。㋒モチゴメと混ぜて餅にする。収穫したトウキビは二〇～三〇本をひとクビリにして竹竿一本に六、七クビリを吊り、天井に竿を二〇～三〇本掛けて保存した。ひとクビリでトウキビの粒が一升とれたというから竹竿の数でトウキビの貯蔵量が概算できたのである。新大陸系の穀物もこれほどに暮らしの中に定着していたのである。

㋑熊本県阿蘇市波野山崎・楢木野文夫さん（大正十年生まれ）

楢木野家では昭和二十三年、トウキビ（トウモロコシ）二町歩、ノイネ（陸稲）三反歩、大豆五反歩、蕎麦三反歩、カライモ（甘藷）一反歩、里芋五畝、小豆五畝、トウキビの裏作として麦五反歩、菜種一町五反歩の畑作を行い、牛を五頭飼っていた。これを見るとトウキビが主食になっていたことがわかる。

トウキビは霜に二度当たると葉が枯れた。その後に刈り、畑の中に径五〇センチの束二〇束をヒトコヅミとしてまとめて立て並べた。これを徐々に運び、夜なべに果穂の皮を剝き、軒下に八段から一二、三段掛けて乾燥させた。これは風除けにもなった。トウキビを食べるためにはまず臼杵で果穂から実の粒をはずす。これを石臼で碾くのである。それを篩にかけて、ⓐトウキビゴメ、ⓑ小ゴメ、ⓒ粉、の三種類に分ける。ⓐはトウキビゴメだけで飯にする場合と、米と混ぜて飯にする場合とがあった。ⓑは飯にしたり、イモガラ（ズイキ）とともに雑炊にしたりした。ⓒは焼餅や団子汁にしたが、小麦粉や蕎麦粉と混ぜて団子にすることもあった。

ウ熊本県阿蘇郡高森町牧戸・瀬井ハツヨさん（大正十年生まれ）

トウキビの実を碾き割りにする作業は、冬季、夜、近隣の「イイトリ」（結《ゆ》い）で行うことが多かった。石臼で碾いた粒は「コザネ」と粉に分けた。何回も篩にかけて碾くのであるが、コザネは米粒の半分ほどにした。コザネの飯は、コザネ七〇％、米三〇％でこれをトウキビ飯と呼んだ。コザネだけの飯も炊いたが、こちらは焦げつきやすいので火の引き方がむつかしかった。昭和三十年代、瀬井家では雌牛八頭と馬二頭を飼っていた。そのころ陸稲一町歩、トウキビ二町歩を作っていたのだが、収穫したトウキビは三〇％を食糧、四〇％を牛馬飼料、三〇％を販売出荷に当てていた。トウキビの茎は牛馬飼料に、根は燃料にした。

トウモロコシの碾き割り作業を結いで行ったというが、そうした場合、阿蘇の畑作地帯では「トウキビ碾き唄」が歌われていた。阿蘇郡高森町高森の熊谷乾さん（大正元年生まれ）はトウキビ碾き唄を伝承しており、一番から一〇番まで歌ってくれた。ここではその中の三番までを紹介しておく。

〽こゆさ（今宵）トウキビ擂《す》りゃどなたも御苦労　これに懲《こ》りずにまたよろしゅ
〈囃し詞〉ゴンゴン　シィシィ　ゴンゴン　シィシィ（以下同じ）
〽阿蘇の谷内廻れば七里　浦は七浦七尾羽根
〽わしが思いはあの阿蘇山の　朝の霧よりまだ深い

㊔高知県高岡郡檮原町奥井桑・井上登さん（大正十二年生まれ）

当地では焼畑と定畑の両方でキビ（トウモロコシ）を作った。キリハタと呼ばれる焼畑は秋伐り春焼きで、まず燃料とすべき木を採取し、その後、残りの枝やカズラ・草類を焼いた。「ウツギの花が咲いたらキビ（トウモロコシ）を蒔け」という自然暦があり、これに合わせて焼畑地の畑打ちをし、畝にそって五〇センチ間隔に二〜三粒ほど直播きし、次の畝との間をウラムコウと呼び、ウラムコウを六〇センチあけて次の畝に蒔き進めた。焼畑に作るキビは「ヤマキビ」と呼ばれ、果穂の長さは一五センチほどと小型だった。ヤマキビは鍬を使って二回ほど中打ちをし、収穫は十月上旬だった。

これに対して家の周囲の定畑に栽培するキビを「ヤシキビ」（屋敷キビ）と称した。ヤシキビは四月下旬に苗床を作り、六月十五日から二十日の間に移植した。麦を収穫したあとへ移植し、ヤシキビを収穫したあとへ、また麦を蒔いた。ヤシキビはヤマキビより大きく、果穂は二五センチほどあった。トウモロコシの、外皮に包まれた果穂のことを当地では「スボ」と呼んだ。ヤシキビはスボの皮を剝き、焼きキビにすることが多かった。スボの先の雌花をヒナと呼び、ヒナが固まり（枯れ）、スボが白くなれば焼きキビにしてもよいと伝えられていた。キビの乾燥はイナキ（稲架）で行った。イナキの最下段には柱を挟んで二本の横木を結わえた。ヤシキビの場合、サヤを剥いたものを四本広げて四段重ねにし、そのサヤを背中合わせに重ねて縛り、計三二本を一束としてイナキの横木に振り分けにして掛けた。ヤマキビの場合は五本五段重ねにして振り分け、五〇本を一束とした。茎はトンガリ帽子状にまとめて立てて縛り、乾燥させた。これを「クロ」と呼び、随時崩して牛の餌にした。

イナキに掛けたキビも随時おろして脱粒した。脱粒は唐竿を使って行い、粒は俵またはハンドと呼ばれる一斗五升入りの甕に入れて保存した。井上家では毎年その甕が二〇本並んだという。種用には大きな果穂を選び、根方と先の粒を除いて種をとった。キビは石臼で碾き割りにした。井上家の石臼は、径三八センチ、上下二段（雄臼・雌臼）を合わせた高さが三八センチである。これを三人がかりで動かした。雌臼に把手をつけ、それにT字型のとり木をつけ、二人がとり木について臼を回し、キビ粒の穴入れや回転管理にもう一人が当たった。これには主婦が当たることが多かった。キビを臼にかけると割れ粒と粉ができた。これを篩にかけ整理するのであるが、割れ粒は米粒ほどを良しとし、これを「ハダスリ」と呼び、粉を「ハナゴ」と言う。

ハダスリは飯にする。普通ハダスリと米を混ぜて飯にするのだが、ハダスリだけで飯を炊くこともあった。これを「ストキンメシ」と呼んだ。「素唐黍飯《すとうきびめし》」の意であろう。キビメシは昭和三十五年まで食べたがその後麦飯にかわった。一方ハダスリを踏み臼で搗いて粉化する方法もあった。

写真②　コンコ用の竹匙
（高知県檮原町奥井桑、井上家）

これはモチ米と混ぜてキビ餅にした。ハナゴの食法は、ⓐハナゴネリ＝乾燥状態からもどした大根葉・里芋（小芋）などを味噌味で煮、これにハナゴを練り込むものであり、同様の食法にソバネリがある。ⓑハナゴモチ＝ハナゴとモチ米を蒸して搗き、餡を入れたもの。

ヤマキビ・ヤシキビの粒を炒って爆《は》ざしたものを「ハナ」と呼ぶ。ハナを石臼で碾いて粉化したものを当地では「コンコ」と呼びならわしている。コンコは罐に入れて保管し、三食の前に毎回家族全員に回し、各人が専用の竹の匙を使って口の中に撥ね込むようにして食べた。匙に唾液をつけるとコンコが固まるので匙を口につけてはいけないと言われていた。竹の匙は子供の成長段階によって大きさが異なる。井上家の居間には今でも、家族全員でコンコを食べた折の竹匙が残っている（写真②）。大小とり混ぜて一六本あり、これがいかに大切な食器であったかがわかる。毎食の食前にそろってコンコを食べたのは飯の足しだという。

㋔高知県香美市物部町別府・中尾玉江さん（大正十年生まれ）

トウキビ（トウモロコシ）は定畑と焼畑の両方で作った。焼畑に作るキビはヤマキビと呼んだ。ヤマキビはサヤ（果穂）も小さく、粒が小さかった。こちらはバラ蒔き（撒播）で後に間引きをした。

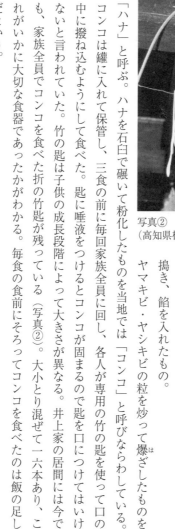

定畑のキビは麦の跡へ移植した。縦横二尺五寸間隔で苗三本ずつを植えた。少ない年でも一石は収穫した。収穫後、サヤ一五本から二〇本を一本につき皮二枚残し、残りの皮を根もとで束ねる。結束材はカズで、この一束を「ヒトケラ」と呼んだ。一二ケラを一竿《ひとさお》としてイロリの上に竿の列を吊った。「一竿一斗」と言われていた。臼で搗いて粒にして石臼で碾き割りにした。碾き割りは前夜茹でておき米とともに飯にしたり、精白した稗と混ぜて飯にしたりした。碾き割り工程で出る粉は蕎麦粉と混ぜて焼き餅にした。これとは別に、小さいサヤを選んでもぎ、その実を炒って爆ざし、石臼で碾いてトウキビのハッタイ粉を作った。「キビコ」と呼んだ。大麦のハッタイ粉よりは堅かったが、飯前に何も混ぜずに口に撥ね込んだ。この時濃いお茶を飲みながら食べるというのがならわしだった。

2 粒食・碾き割り・粉食

トウモロコシと言えば改良種のスイートコーンを焼いたり、茹でたりしたものを楽しみの食、間食などとして食べるものだという のが現在の通念である。しかし、高度経済成長前夜までは、日本の奥深い山のムラムラや畑作地帯には、果穂が小さくて甘味もない渡来時からあまり変化のない種類のトウモロコシが栽培されていた。それは主食の一角に組み込まれ、様々なくふうをこらした食法で食べられ、その方法が伝承されていた。

〈粒食〉 事例㋐の、搗くことによって実の外皮を除き、丸トウキビにして、それを煮ておいて米と合わせるという方法は、事前に丸ムギをエマシ麦にしておき米と合わせる方法と同じである。外皮を除く際水を加えて搗くという方法も麦搗き法の応用と思われる。丸トウキビとの混合物は米のみならず、麦・稗・粟・小豆など多岐に及ぶ。これも、麦飯の混合物と通じている。㋐と同じ宮崎県椎葉村ではムッケイ（麦粥）・ムギズーシー（麦雑炊）など、丸麦に皮鯨・筍を加えた麦の食法があるのだが、トウキビについても丸トウキビを麦と同様に扱っている。

〈碾き割り〉 大麦の食法の一つに麦粒を碾き割りにしてから米・粟・稗などと混ぜて飯にする方法がある。㋐ではトウキビの碾き割りの粒を米粒大にする。㋑では米粒の大きさに碾き割ったものを「トウキビゴメ」と呼び、それより小さいものを「小ゴメ」と呼んだ。㋒では米粒の半分ほどに碾き割り、これを「コザネ」と呼んだ。コザネとは「小さな実」という意味であろう。㋓では碾き割りトウキビは米粒大を良しとし、これを「ハダスリ」と呼んだ。この呼称は碾き割るという工程以前に、トウキビの粒の堅い外皮を擂り剝くことを意識したものであろう。㋔を含め、トウモロコシの碾き割りはすべて飯にしている。米及びその他の穀物と合わせて飯にする形と、トウモロコシの碾き割りだけで飯にする形があった。これも麦の碾き割りと共通する。㋔では、トウキビの碾き割りだけの飯を「ストキンメシ」（素唐黍飯）と呼び、㋓では、トウキビの碾き割りだけの飯は焦げつきやすいとしている。

トウモロコシの実の碾き割りを作る時、篩でふるって粒と粉を分ける。その粉ももとより重要な食素材である。その粉は事例で紹介した通り、団子・餅・練りものなどにした。㋓ではこの粉を「ハナゴ」と呼んでいる。この粉は、モチ米、小麦粉、蕎麦粉などを合わせて用いている。

トウモロコシの実を碾き割りにし、飯にして食べるという方法に直接的に影響を与え、これを発生せしめたのは大麦・裸麦の碾き割り炊飯であった。しかし、その麦からトウモロコシにつながる碾き割りの彼方にあるのは米・米粒・米の飯である。このことは、トウモロコシの碾き割りの大きさの基準を米粒の大きさに置く地が多いことでもわかる。㋑ではトウモロコシの碾き割りを「トウキビゴメ」「小ゴメ」など「米」と呼んでいるのである。米に対する思いが見える。

蕎麦の食法のほとんどが麺を含む粉食である。しかし、徳島県の剣山山麓地帯には蕎麦の粒食食習がある。「ソバゴメ」は次のようにして作る。ⓐ蕎麦を煮て、皮がエムころあいに塩を少し入れる↓ⓑよく掻き混ぜて一五分ほどおく↓ⓒ鍋から出して干す↓ⓓ握ってみて団子になるようではだめ、粒がサラサラ落ちるようになったら石臼で碾くか水車で搗くかして皮を除く↓ⓔ精白されたソバゴメができる。このように手がかかるソバゴメの価値は高く、「ソバゴメ一升米一升」と言われていた。ソバゴメは「ソバゴメ粥」にした。ソバゴメ粥の出し汁は雉子か山鳥の肉がよいと伝えられていた（徳島県三好市東祖谷・奥鳴せいさん・明治二十八年生まれ）。ソバゴメが米の粒食の影響のもとに発生したことはまちがいない。

〈トウモロコシのハッタイ粉〉 さて、トウモロコシの粉食の粉には、碾き割りを作る時に出る粉とは別にもう一種類の粉がある。それは、㋓の「コンコ」、㋔の「キビコ」で、実を炒り爆ざす、即ち、実に加熱処理をしてから粉化するもので、トウモロコシのハッタイ粉である。これは、四国山地では極めて盛んに食されていた。トウモロコシのハッタイ粉が麦のハッタイ粉の技術を受容して作られたものであることは論を俟たない。高知県高岡郡檮原町大田戸の中越盛行さん（明治四十三年生まれ）は次のように語っていた。コンコにするのはヤシキビよりヤマキビの方がよかった。ヤマキビの粒を炒って「ハナ」（爆ざし）にしてから石臼で碾いた。山仕事などの時にはコンコ罐と呼ばれる径一〇センチ、深さ一〇センチほどの合わせ蓋の罐に入れて携行した。一合八勺入りで、食前に匙で撥ね込むコンコの四回分だった。麦香煎の保存性や携行性に通じるところがある。

先に紹介した徳島県三好市東祖谷の奥鳴せいさんは麦のハッタイ粉のことを「オチラシ」と呼んだ。オチラシは粉のまま匙で口に撥ね込んで食べたという。Ⅲ一(二)2(1)の事例茨城県常総市国生の長塚清太郎さんも麦香煎を匙で口に撥ね込んで食べたという。麦香煎とトウモロコシの香煎は同じ食べ方がなされていたのである。

右に見てきた通り、一六世紀にわが国に渡来したトウモロコシの処理法、食法に道を開いたのは大麦の処理法・食法だったと言えよう。もとより大麦の粒食や碾き割りが成立定着する前提に米があったことはまちがいない。トウモロコシと米との関係で注目すべき例がある。高知県吾川郡いの町寺川の川村義武さん（明治四十一年生まれ）は次のように語っていた。毎年正月・五月・九月の二十日に行う荒神祭には、トウモロコシのナマの団子（オシロモチ＝粢《しとぎ》）の上に洗《あら》い米《よね》をのせ榊の葉に盛ったものを一二個作って供えた。トウモロコシで粢まで作られていたのである。

1――瀬川清子『食生活の歴史』初出一九六八年（講談社学術文庫・二〇〇一年）。
2――柳田國男「小豆を食べる日」初出一九四九年（『定本柳田國男集』13・筑摩書房・一九六三年）。
3――野本寛一『採集民俗論』（昭和堂・二〇二〇年）。
4――井上靖『幼き日のこと』初出一九七三年（『井上靖全集』22・新潮社・一九九七年）。
5――井上靖『しろばんば』初出一九六二年（『井上靖全集』6・新潮社・一九九五年）。
6――柳田國男『木綿以前の事』（『定本柳田國男集』14・筑摩書房・一九六二年）。
7――設楽民俗研究会編『設楽』昭和六～十五年刊（愛知県郷土資料刊行会・一九七四年）。
8――野本寛一『生きもの民俗誌』（昭和堂・二〇一九年）。
9――柳田國男『女性と民間伝承』初出一九三二年（『定本柳田國男集』8・筑摩書房・一九六二年）。
10――柳田國男「人形とオシラ神」初出一九二九年（『定本柳田國男集』12・筑摩書房・一九六三年）。
11――野本寛一『稲作民俗文化論』（雄山閣・一九九三年）。

二　小麦の食法

小麦はその原郷とされる西アジアから世界中に広がった。食法は一旦粉化したものを練って固めて食べたり、麺にして食べるという方法が主流であるが、粒食もなかったわけではない。小麦の食法の総体は多岐に及び、その全体像を把握することは容易ではない。パンや麺類は現代日本人にも多食されており、身近な存在である。ここでは筆者が聞きとりをした事例を中心として他の例も加えながら、小麦を素材とした褻の食物と、晴れの要素を含む行事食の概略を知ることを目的とする。中に麺が登場する。

小麦を一旦粉化し、それを練り捏ねてから伸《の》し広げて細かい紐状に切るか、練ったものを紐状に伸ばすか——。この、小麦粉を紐状に加工したものを麺と呼んでいる。麺はアジア大陸を中心に、じつに広域に及んでいる。その総体については石毛直道氏の『麺の文化史』に詳述されている。[*1]また、日本国内の麺に関する食文化については奥村彪生氏の『増補版　日本めん食文化の一三〇〇年』[*2]に詳しいので基本的なことは右の著作を繙いていただくのがよい。

（一）事例探索

①岩手県一関市花泉町日形・千葉和逸さん（昭和二年生まれ）

「イモノコハット」という食べ物があった。小麦粉と茹でた里芋を練り合わせ、ホウトウ状にしてスイトンにした。出しは煮干しで味噌味、夕食にした。「ハット」は「ハッタイ粉」の「ハッタイ」に通じ、碾き臼以前に竪臼ではたいて粉化した時代を想起させる。

②奈良県天理市仁興・穴田繁光さん（明治四十五年生まれ）

夏祭りの宮座行事に際して座衆一人につき小麦を二合ずつ集めた。夏祭りには小麦赤飯・小麦餅を作り、大麦の「コーバシ」（香煎）を作った。

③福岡県柳川市有明町・倉本幸さん（明治四十五年生まれ）

大麦と小麦を栽培した。大麦が穫れると炒って「コーバシ」（香煎）を作って食べた。小麦は粉化し、祇園・七夕・盆には必ず小麦饅頭を作り、おのおの神仏に供え、家族も食べた。七夕の麦饅頭は麦粉と米粉を混ぜてソラ豆の餡を入れたものだった。新小麦が穫れると小麦粉に黒糖を混ぜて練ってから焼く「フナヤキ」を食べた。二月十五日の権現祭りにはコーバシを作って食べた。「コーバシを食べると他人の悪口が言えん」と語り伝えた。コーバシを口に入れてものを言うと噎《む》せてしまうからである。この口誦句を語りながら悪口雑言の戒めを伝承していたのである。同家では大麦一〇俵・小麦一〇俵を収穫したが、有明海の漁撈による収入もあったので、平素の飯は押し麦三：米七だった。

④栃木県黒磯市鳴内・君島定子さん（昭和十一年生まれ）

小麦は粉化して手打ちうどん・団子汁にした。うどんは主として秋から冬にかけて夕食にした。味噌味である。団子汁は、牛蒡・人参・里芋などを入れて昼食に食べた。これも味噌味である。うどんのノシ板の素材は樅か銀杏がよいと言われている。うどんは塩を加え、割箸の太さにした。八月一日を「釜の蓋」と称し、小麦の饅頭を作って仏壇に供え、家族も食べた。盆には仏壇の前に竹で作った門型の献供台を立て、その横竹に島田うどん・乾麺・素麺を掛けて供える。小麦の栽培に力を入れたのだが、梅雨どきには刈り置きの小麦の実が黴びるので降雨時にはムシロをかぶせて守った。

⑤宮城県栗原市築館八沢小字岩ノ沢・三塚律夫さん（昭和十八年生まれ）

水田の裏作に大麦・小麦を作った。八割が小麦で二割が大麦だった。小麦は粉化し、ベッタラ焼きやうどんにして常食した。大麦は麦芽にして飴にした。

⑥奈良県吉野郡吉野町子守・上辻融さん（大正六年生まれ）

茶粥を常食した。その茶粥の中に甘藷・馬鈴薯・里芋などを入れたが、小麦粉の団子も入れた。小麦団子は贅沢な感じがした。

⑦栃木県那須郡那須那珂川町大山田下郷・益子貴実枝さん（昭和六年生まれ）

麦の表作にはタバコを栽培したがタバコは連作を嫌うので大豆・小豆と交互にした。小麦はハッテ（稲架）にかけても長雨で芽が出て腐ることがあった。カッパをかけたり、手で風を通したりした。和見の実家では石臼・絹篩《きぬぶるい》で粉化した。小麦粉は茶色がかっていた。下郷へは飯塚や馬頭から粉屋が牛車に島田うどんと小麦粉を積んで巡回してきた。小麦との交換単位は、小麦五升で、粉四升または島田うどん（二つ折りの乾麺）七把だった。食法は以下の通りだった。ⓐハットウダンゴ＝小麦粉を硬めに練って杓子で野菜入りの味噌汁に入れる。飯が足りない時など一年中食べた。ⓑ焼き餅＝夏は麦飯が饐《す》えやすいので残ると、麦飯・味噌・小麦粉を練って平たくして茹でてから焼く。砂糖醤油をつけることもあった。ⓒうどん＝晴れの日に食べることが多かった。㋐七月七日：七夕には、茹でてから冷やし、ツケ麺にした。冷やせば冷やすほど良いと言われた。㋑盆：盆棚の前に竹を門状に組み、横竹に島田うどん五・六本とワカメを掛けた。㋒正月：和見の実家では正月に餅を食べたが、下郷の嫁ぎ先では正月には長く栄えるようにと言ってうどんを食べた。うどんは、味噌味にすることも、ケンチン汁に入れることもあった。年寄りのいる家では正月に餅の他うどんを作る例も多かった。㋓ムケの一日：六月一日に小麦粉を使って炭酸饅頭を作り、仏壇に供え、家族も食べた。

⑧栃木県佐野市仙波町・新里サダ子さん（昭和十四年生まれ）

大麦は水田の裏作として作り、小麦は畑に三反歩ほど作った。小麦は荷車で製粉所へ運んで粉やうどん・ヒモカワに換えてもらった。ⓐスイトン＝主として冬食べた。ⓑうどん＝平素の夕食に醤油味で食べた。ⓒヒモカワ＝幅一・五センチ、厚さ一〜二ミリできしめん型。夏はネギを中心とした汁にツケ麺式にして食べ、冬は煮込みにして食べた。ⓓ小麦饅頭＝八月一日に「カマブタ」（地獄の釜の蓋開け＝盆の入口）と称して小麦饅頭を作った。ⓔ耳うどん＝仙波の谷では正月に「耳うどん」と呼ばれるめずらしいうどんを作る。小麦粉一キロ、塩五〇グラムを水四五〇ミリリットルで練り、ノシ板の上でノシ棒でのす。これを畳んで三センチ×五センチに切り四〇〇個の片にする。さらにそれを写真③のように整形する。穴に色マッチ棒を挿すと人形になる。十二月二十八日に作り、大晦日に茹でて水に冷やしておく。そして、醤油・鰹節・鶏肉・大根・人参を入れて汁を作りミツバを添える。正月に年始回りに来た人びとに出し、家族も食べる。餅を食べて胃もたれする時期にはおいしい。「耳うどん」「耳」の意は、ものの切れ端をミミと呼ぶこと、耳の穴あけは「人の話をよく聞くように」とかかわるのではないか、という。

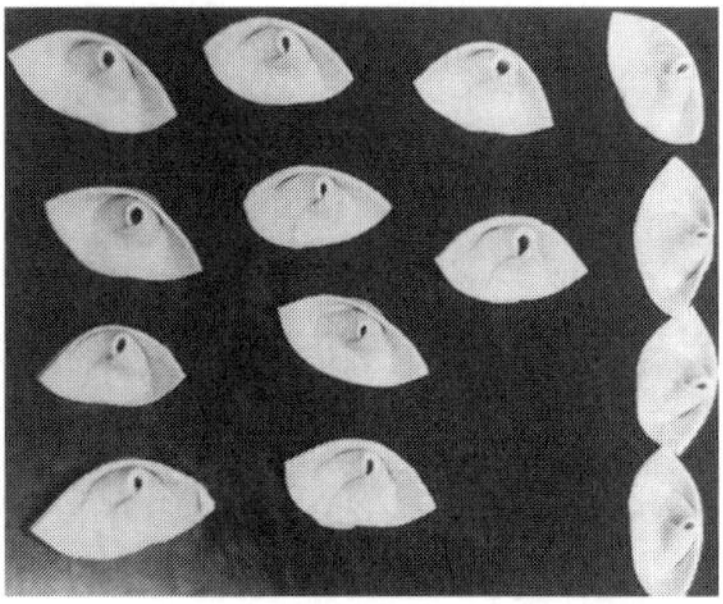
写真③　耳うどん
（栃木県佐野市仙波町、新里家）

⑨栃木県小山市萩島出身・瀬野とりさん（大正十年生まれ）

「ムギキリ」という食べ物があった。大麦と小麦を別々に石臼で粉化して、粉ができてから大麦の粉と小麦の粉を練ってのし、一・二センチ程の幅に切ってネギその他の野菜とともに味噌味の汁で食べるものだった。小麦を碾くときには、少しずつ穴から落としゆっくり碾くと細かい粉になった。大麦を碾くときには少しずつ穴に落とすために細竹を五〜六本石臼の穴に入れ、少しずつ落ちるようにして細かく碾かされた。小娘のころはこれがいやだった。小麦と大麦の比率は家の経済状態によって異なった。裕福な家は小麦七：大麦三、貧しい家はその反対になることもあり、大麦の粉が多いとパサパサになり、粘りがなく、とてもまずかった。

⑩群馬県富岡市下神成鏡ヶ谷・武田美好さん（昭和三年生まれ）

小麦の食物には次のものがあった。ⓐうどん＝平素も食べたがお盆には仏前に供えた。ⓑヤキモチ＝㋐餡入り、㋑餡なし味噌付け、ⓒツッコミ＝小麦粉を練り、匙一口分ずつネギなどの入った味噌汁に入れる。ⓓキリコミ＝小麦粉に塩を入れ、根気よく捏ねてノシ棒・ノシ板でのし、包丁で切る。幅は一センチ余、長さは三〇センチ程、小学校時代までは祖母や母が作っていたが後に機械製麺になった。ⓔ小麦饅頭＝昼食に食べた。ⓕセンベイ＝オヤツに食べた。

⑪群馬県邑楽郡下仁田町平原・大河原丑五郎さん（大正十四年生まれ）

共同水車で碾き、何回も篩で通した。小麦粉は茶色がかっていた。小麦は三俵収穫し、次のようにして食べた。ⓐオキリコミ＝よく捏ね、ノシ棒・ノシ板でのし、一・五センチ幅に切り、里芋・下仁田ネギなどを入れる。主として夕飯に食べる。ⓑツッコミ＝小麦粉をゆるく練り、匙で味噌汁に入れる。飯が足りない時に作る。ⓒヤキモチ（ヤキダンゴ）＝硬めに溶いてイロリで焼く。コジョウバン（十時・三時）の間食に食べる。ⓓテンジョウヤキ＝フライパン・ホーロクであげる。ⓔ小麦饅頭＝オテンマ（手間）出合い、道普請の時などに作る。ⓕ年中行事＝㋐七夕：小麦団子を供える、㋑盆：八月十六日の送り団子は小麦団子にする、㋒八月十五夜・九月十三夜：ともに小麦団子を供える。

⑫群馬県甘楽郡南牧村熊倉・市川すき子さん（昭和十年生まれ）

ⓐキリコミ＝小麦粉を練り、ノシ棒・ノシ板でのし、厚さ五ミリ、幅一・五〜二センチ、長さ一五センチほどにし、大根・馬鈴薯などとともに味噌味、醤油味噌の汁で食べる。ⓑイブシ（エビシとも。ユベシ即ち柚餅子のこと）。柚子が黄色くなってからカマとフタに切り、中身を出し、小麦粉・胡桃・刻んだ柚子皮・青海苔・砂糖を詰めて蓋をして乾燥させる。正月の菓子になった。

⑬埼玉県加須市琴寄（実家は大越）・小林昭子さん（昭和三年生まれ）

水田に小麦を作ると田植が遅れるので稲作がしにくくなった。したがって、稲の裏作には大麦と菜種を作り、小麦は畑に作った。ⓐうどん＝七月七日の七夕・盆などうどんはモノ日に作った。子供の頃、塩を入れて練った小麦を布袋に入れ、ムシロに包んで、重い方がよいと言われて男衆に背負われて踏んだことを覚えている。食法はツケ麺で使用人のタレは油イタメしたネギと醤油、祖父などは鰹節の汁を七厘にかけて煮たもの、その汁は「煮切り」と称して保存するものだと言われていた。ツケうどんの残ったものは「ウチイレ」と称して翌日煮込んでネギ、油揚などを入れて食べた。お盆の御馳走の唄があった。

〽朝はボタ餅　昼間はうどん　夜は米の飯　唐茄子（南瓜）汁よ――

ⓑヒモカワ＝幅一センチ、厚さ五ミリほどで、麦切りという言葉があり、ヒモカワを意味したも

のと思われる。ヒモカワも御馳走で、十一月のエビス講・大師講に作られていた。ヒモカワも保存がきかないので、残るとウチイレにした。

⑭山梨県南都留郡鳴沢村鳴沢・渡辺建一さん（昭和五年生まれ）

大麦は一〇俵から二〇俵の間、小麦は必ず二〇俵収穫した。小麦の粉化には大型の石臼（径尺五寸ほど）を使い、石臼の下には松材、箕型の臼鉢を置き、遣り木を子供二人に使わせた。母屋の中に臼碾き場があり、小麦は篩でふるって麬《ふすま》を除いた。麬は味噌に入れた。次のような食べ物があった。

ⓐホウトウ＝塩を入れずに小麦粉を欅の捏ね鉢で練り、朴・檜のノシ棒・ノシ板でのし、二つ折りにして厚さ二ミリ、幅一・二センチ、長さ一五～二五センチに切る。鳴沢菜・馬鈴薯・カボチャなどを入れ味噌味で煮た。鳴沢菜は縄で編んで乾燥保存した。ホウトウは十月から五月の夕食に食べたが雇人をした時には必ず出した。ⓑうどん＝ホウトウと同じようにして打ち、塩は入れなかった。㋐ひきあげうどん：冬、イロリに大鍋を掛け、醬油・出し粉・うどんを入れ、煮えたところからおのおのの茶碗に受けて食べる方法があった。これを「ひきあげうどん」と呼んだ。㋑煮込みうどん：様々な野菜を入れ、煮込みうどんを作ることもあった。ⓒチギリコミ（オッチギリとも）＝野菜類を入れた味噌味の汁に練った小麦を手でちぎり込む。ドジョウのような形につくる人もあった。ⓓ小麦饅頭＝㋐十一月二十三日：大師講の日に小麦饅頭を作って親分（仲人）の家に届けた。㋑七夕、㋒盆、㋓蒔きあげ：五月中ごろウツギの花が咲く。その頃、粟・黍・トウ

モロコシ・大豆の蒔きあげをした。十月末には麦の蒔きあげ、いずれも小麦饅頭を作った。ⓔ素麺＝購入したもので、多忙な時に時々食べた。お盆には蕎麦切りを食べた。石臼碾きの小麦粉は赤味をおびていたが、細ければ細いほどよいといって篩を使った。昭和三十年代からは粉屋へ出した。因みに鳴沢には水田はない。しかし、蚕のマブシ入れと麦刈りが重なって多忙を極めた。

⑮山梨県山梨市徳和・名取喜代美さん（昭和三年生まれ）

当地には水田はなかった。毎年小麦一〇俵、大麦五俵を収穫した。小麦は石臼または水車で粉化した。石臼は一人で回すことも夫婦で回すこともあった。石臼で碾いたものは絹篩で、水車で碾いたものは箱篩（尺五寸四方）でふるったのだが、箱篩の方が能率がよかった。小麦粉は濁った色になった。篩は二回かけた。麩は、蒸してから菌の付いた専用の筵に包んでおくと三日で麹になった。味噌は二合五勺塩（大豆一升に対して）、麹と同量の大豆だと赤色が出てうまいと伝えた。これを麩味噌《ふすまみそ》と呼んだ。小麦の食物には以下のものがある。ⓐホウトウ（オホウトウとも）＝ゴンバチ（捏ね鉢）の周りに塩をふって小麦粉を練るとゴンバチに粉がつかずに粉がよく練れると伝えた。うどんの時も同様にした。ノシ板・ノシ棒でのし、厚さ二ミリ、幅六～七ミリ、長さ一〇センチほどに切った。ホウトウは季節を問わず夕食に食べたが、猪

写真④　ホウトウ
（山梨県、富士吉田駅食堂）

ボウトウ・豚ボウトウ・鶏ボウトウ・茸《きのこ》ボウトウなどと、主たる具材を以って呼ぶ風がある。また、「うまいものならカボチャのホウトウ」という口誦句があり、カボチャを好んで入れた。馬鈴薯も好まれた。ⓑうどん＝当地では正月に餅を食べないでうどんを食べた。長いものがよいと伝えた。食法はツケうどんで、出しは煮干し、味噌ダマリで汁を作った。来客の折にもツケうどんを出した。年寄りはうどんを好んだ。ⓒスイトン＝多忙な時には小麦粉を練って汁におとすスイトンを作ったが、年寄りはスイトンは小麦粉を多く使うといって嫌った。他にⓓ小麦饅頭、ⓔウスヤキ、なども作った。麦ブチ（麦コナシ）と養蚕のオボコヒキ（マブシ入れ）・マユカキ（繭収穫）などが重なって多忙を極めた。

⑯山梨県甲斐市下菅口・飯窪富明さん（昭和六年生まれ）

大麦三〇俵・小麦一五俵は収穫した。新しい小麦を収穫すると小麦粉を重箱に入れて寺の本尊に供えた。ⓐホウトウ＝幅一・二センチ、厚さ五ミリ、長さ一五センチほど。カボチャ・大根・胡瓜など季節の野菜を入れて一年中夕食に食べた。ⓑオザラ＝小麦粉を練ってのし、幅八ミリ、厚さ五ミリ、長さ一五センチほどに切り、味噌ダマリの汁に刻みネギを添え、ツケで食べる。オザラは正月・盆・祭りなどの御馳走として食べる。ⓒウスヤキ＝飯が足りない時、小麦粉とトウモロコシの粉を混ぜて練り、焼いて食べた。昭和二十年に父が製粉機を入れ、一俵単位で賃取りするようになったが、それまでは石臼製粉で、小麦粉は赤味を帯びていた。

⑰山梨県南アルプス市野牛島・中島蔵男さん（大正十二年生まれ）

八反歩の水田の裏作に大麦三割、小麦七割の比率で麦を作った。近隣でもほぼ同様だった。石臼で粉化する場合は三種類の篩にかけた。麬は家畜の餌にした。小麦粉は赤茶っぽかった。ⓐホウトウ＝信玄ボウトウとも呼び、幅一センチ、長さ一五センチ、カボチャ・ネギなどを入れた。「カボチャホウトウ御馳走だ」という口誦句があり、十月から四月までの夕食によく食べた。ⓑオザラ（オダラとも）＝ホウトウと同じ小麦粉の平麺で、醤油系の汁ツケ麺として食べるものをこう呼んだ。五月から九月まで食べ、盆には茄子の馬を二匹盆棚に供え、おのおのに五本ずつほどのオザラを掛けた。ⓒヒヤムギ＝三〜五ミリ角のものをヒヤムギと呼び、これも夏季ツケ麺にして食べた。ⓓオスイトン＝多忙な時にはノシ板・ノシ棒を使わずに小麦粉の団子を煮込みに入れた。

写真⑤　小麦の稔り（山梨県甲府市上帯那町）

⑱山梨県甲府市上帯那町・臼井秀彦さん（昭和六年生まれ）

田植・麦コナシ・蚕のマユカキなどが重なり六月下旬には多忙を極めた。ⓐホウトウ＝幅一〜一・二センチ、厚さ三ミリ、長さ一五センチのホウトウを十月から三月の夕食に食べたが、カボチャが穫れると「カボチャボウトウ」と称してカボチャを入れた。ⓑうどん＝来客の時、ユゴリと称して湯通ししてツケ麺として出した。ⓒオザラ→ヒヤムギ＝ホウトウをツケ麺で食べるものをオザラと称したが、戦後、手回しのヒヤムギ機を入れ、八月・九月の来客に、煮干しの汁のツケ麺で出した。お盆には茄子・胡瓜で牛馬を作り、八月十三・十四・十五日とヒヤムギを鞍に掛けた。ⓓ小麦饅頭＝五月五日の柏餅は小麦饅頭だった。小麦の麩は醤油桶に入れた。醤油は搾るので麩を入れてもよいとされた。

⑲長野県上高井郡高山村なかひら・山崎琴子さん（大正十一年生まれ）

大麦二反歩、小麦四反歩を栽培した。小麦は一斗ずつ粉屋へ持参し、六割分の粉を受け取った。小麦粉は次のように使った。ⓐヒンノベ＝小麦粉を練ってノベ棒・ノベ板でのし、幅三センチ、長さ六センチ、厚さ五、六ミリに切り、季節の野菜を入れた味噌汁に入れ、夏も冬も夕食として食べた。高山祭には大鍋で肉入りのヒンノベが作られる。ⓑ団子汁＝味噌味の団子汁を作った。ⓒうどん＝塩を入れず、機械で作った。ⓓオヤキ、ⓔセンベイ、ⓕ小麦饅頭、これらは、コビレ（小昼）即ち、十時・三時などに食べた。

⑳長野県茅野市豊平・小平智博さん（大正十年生まれ）

石臼で碾いた小麦は赤茶色だった。ⓐうどん＝平麺でホウトウ型だった。幅一センチ、厚さ五ミリ、長さ二〇センチ、ノシ棒・ノシ板で作った。カボチャ・キノコなどを入れ味噌味で煮込んだ。七夕には煮込みうどんを作った。お盆にはうどんを茹でて長いまま笊に盛って供えた。七月十四日の八幡神社、七月十五日の白山神社の祭りにもうどんを打った。

㉑長野県飯田市上村程野・宮沢俊雄さん（昭和十五年生まれ）

石臼で碾いた小麦粉は赤茶色だった。戦後は麬の団子を食べた。ⓐハットウ汁＝ノシ板・ノシ棒で小麦粉をのばし、厚さ五ミリ、幅一センチ、長さ七センチほどの平麺にして、大根・長ネギ・豆腐などを入れて汁にした。味噌味である。ⓑツミギリ＝小麦粉を練って、オタマから抓みながら野菜入りの味噌汁に落とした。

㉒静岡県浜松市天竜区水窪町塩沢・大平マサエさん（昭和八年生まれ）

石臼で碾いた小麦は篩で通す。篩は粗から密まで数種類あり、目的によって目の粗密を変えた（写真⑥）。ⓐうどん＝最も細かい絹篩を使った。粉は赤味を帯びている。捏ね鉢で、塩を加え、耳たぶほどの固さに練る。さらにノシ板で二〇分ほど揉む。厚さ二〜三ミリ、幅八ミリ、長さ尺五寸ほどに切る。茹でると自然に短くなる。うどんはかけうどんである。汁は醤油味で出しは煮干し・昆布・油揚・大根・鶏肉などを入れた。正月には大笊にあげ、汁は大鍋で作った。祭りにもうどんを作った。ⓑそうめん＝お盆の十四日の夕方と十五日の昼には葛の葉を二枚重ね、その上に茹でた素麺を盛った。これを五組作った。十五日には茄子の馬の首に素麺を掛け墓まで送る。ⓒ小麦団子、ⓓ焼き餅、ⓔ小麦饅頭に使う篩はう

写真⑥　穀粉の精選で段階的に使う篩
（静岡県浜松市天竜区水窪町塩沢、大平家）

どん用の篩に比べて目の粗いものだった。焼き餅には千切りの甘藷を入れることもあった。また、焼き餅にはネガリ飯（饐え飯）をよく洗って小麦粉を混ぜて焼くというものもあった。ⓕ金山寺味噌＝金山寺に使う小麦は踏み臼で搗き、蒸してモロブタに入れる。大豆も蒸してモロブタに入れ麹菌を混ぜる。

㉓愛知県安城市藤井町・富国求さん（大正十三年生まれ）

子供の頃、小麦を石臼で碾くのを手伝った。それは赤っぽかった。麬は鶏の餌にした。ⓐうどん＝子供の頃、母の実家（小川）で、祖父がうどんを作るのを手伝った。練った小麦粉に塩を入れ、木綿袋に入れ、藺草《いぐさ》のムシロに挟んで足で踏んだ。うどん揉みといった。うどんはノシ板でのしてから切り、かけうどんにした。汁は煮干しの出し、醤油味である。当地では出合い労働のことを「シコ」と呼ぶ。水普請・川ざらいのシコにはうどんを作った。田植を終えた農休みにもうどんを食べる。それ以外にも七月・八月にはかけうどん、九月から六月までに煮込みうどんを作ることがあった。ⓑドジョウ汁＝小麦粉を練ったもので、太さも長さもまちまち。季節の野菜を入れて煮込みにする。ドジョウ汁は時無しで夕飯だった。ドジョウ汁は、団子汁より手のかかるもので、ⓒ団子汁は多忙な時に作った。小麦を粉屋に持ち込み、小麦粉またはうどんを受け取った。ⓓ小麦饅頭＝三月三日に作ったが平素のおやつにも作った。叔父の今朝松（明治三十一年生まれ）は大正元年から小川町の粉屋「山田水車」に奉公に入り、大八車で小麦粉を配達していた。大正十四年五月に中古の電気製粉機を八七一円で購入し、西尾で粉屋を開業した。

㉔愛知県豊明市栄町村前・浜島司さん（昭和七年生まれ）

裸麦四俵、小麦三〇俵以上収穫した。農協に小麦を入れ、うどん券で乾麺または小麦粉に換えてもらった。ⓐうどん＝冬はネギ・油揚・鶏肉などを入れた赤味噌の煮込みうどんを夕食に食べ、七月・八月は鰹節・摺り胡麻、醤油系のツケ麺にして昼に食べた。ⓑスイトン＝小麦粉を練って団子状にして味噌汁に入れて食べた。スイトンは冬の夕飯だった。ⓒ小麦饅頭＝季節を問わずオヤツに食べた。ⓓ素麺＝祖母のつねは毎年お盆に二〇体ある位牌の前に、茹でた素麺をカワラケ一枚ずつに盛って個々に供えた。八月十三日から十六日まで供えかえ、おさがりを加えた素麺を家族で食べた。

㉕愛知県豊明市東阿野明定・清水篤さん（昭和六年生まれ）

現在は農機具店を営んでいるが戦時・戦後には機械製造をしていた。終戦直後から昭和二十八年まで農協本部の依頼を受けて父と二人で製麺機械の製造・販売・修理を行っていた。製麺機械はⓐ攪拌機（練り）・ⓑロール（延し）・ⓒ切断機から成っており、切断機の刃は、うどん・平麺（きしめん）・ヒヤムギ・素麺に適応できるように用意されていた。故障は切断機が最も多かった。清水商店の商圏は、知多半島全域から豊明・日進、北は猿投に至るまで広域で、遠くは三重県にまで及んだ。県からは月に五セット売るように指示されていたが現実にはそれを大きく越えていた。麺類はおのおの乾麺と生麺とが作られ、小麦粉も含んで、農協と農家の間で「うどん券」によって、小麦と製品の交換が行われた。交換品目はうどんが圧倒的に多かった。平麺であるきしめんは塩を入れなかったが、他はすべて塩を入れた。品目の中にパンが加えられていた時代もあった。農協では乾麺を干し棹にかけ、扇風機を使って一年中作っていた。きしめんは早く茹であがるのが長所だったが、正月や法事にはうどんを食べた。

㉖愛知県犬山市善師野清水・吉田清作さん（大正十四年生まれ）

七反の水田の裏作は大麦一反、小麦三反、菜種一反、二反歩は湿田で裏作ができなかった。小麦は大島のうどん屋でうどん九割、きしめん一割と引き換え券で換えてもらった。お盆にはうどんを仏前に供え、家族も食べた。七夕には素麺を作り、盆の牛（茄子）にも素麺を背負わせた。

㉗愛知県春日井市下屋敷・柴田雄太郎さん（昭和十七年生まれ）

水田の裏作に三反五畝小麦を、六反五畝裸麦を栽培した。ⓐスイトン＝季節の野菜を入れ、味噌味で昭和三十年まで食べた。ⓑ小麦饅頭（茗荷饅頭）＝小麦粉を練り、小豆餡を入れて丸め、茗荷の葉に包んで蒸す。お盆の八月十四日に仏前に供え、家族も食べた。また、オヤツにも作った。

㉘香川県丸亀市綾歌町出身・二見邦弘さん（昭和十九年生まれ）

裸麦七反歩、小麦一反歩を水田裏作として栽培していた。ⓐうどん＝ノシ板・ノシ棒を使って打ったが、夏は塩を多くし、冬は少なくした。法事で他家を訪問するとお茶代わりに湯冷ましにつけたうどんを出された。汁は煮干出し、醬油味、薬味はネギや生姜である。お盆にもうどんを打った。ⓑ打ち込み＝ノシ板・ノシ棒を使うのは同じ、塩は少し入れる。夏の土用に作る。練り込むのに力を入れるので裸で打つ。ドジョウを入れた味噌味で、裸で食べた。厚さ五ミリ、幅一センチ、長さ一五センチほどで、平麺式だった。ⓒツミレ（スイトン）＝柔らかく練って味噌汁に入れた。粉屋やパン屋へドンゴロスに入れた小麦を持参し、小麦粉やパンを受け取ってくるのは子供の仕事だった。

㉙香川県仲多度郡まんのう町公文・大林由紀子さん（昭和十三年生まれ）

実家は丸亀市杵原町で、明治三十四年生まれの父は夏土用に打ち込みを作った。ウチ板の上に布に包んだ練り小麦粉を二つ折りの莫蓙に挟んで、足で踏み続けた。厚さ二ミリほどにのして幅三〜五ミリ、長さ一〇センチほどに切った。湯がいてから冷水にさらし粘りを除いた。ドジョウやイリコを出しにして、醤油味で煮込みにする。ドロッとしてダゴ汁に似ていた。打ち込みは冬にもよく作った。一日目には硬い感じだが、二日目に煮返すとやわらかで粘りがあった。

㉚熊本県阿蘇郡高森町下一色・工藤春夫さん（昭和二年生まれ）

お盆には小麦のものをたくさん作って仏壇に供え、来客にも出し、家族も食べた。ⓐ小麦のキナ粉団子、ⓑ小麦のヨモギ団子、ⓒ小麦饅頭、ⓓ小麦団子のゼンザイ、ⓔうどん――。味噌・醤油のために小麦麴も作った。

㉛栃木県大田原市南方・菊池松男さん（大正十一年生まれ）

六月一日を「ムケの一日」と呼ぶ。この日は必ず小麦饅頭を食べるものだと伝えている。

㉜岩手県和賀郡西和賀町長松・高橋仁右衛門さん（大正九年生まれ）

コナラ・ミズナラの実をシダミと呼んだ。シダミから澱粉を採り、小麦粉と練り混ぜて団子にして食べた。

(二) 褻の食と晴れの食

1 褻の食

(1)団子

イモノコハット（①岩手県一関市）＝小麦と、茹でた里芋とを練り合わせる。シダミ団子（㉜岩手県西和賀町）＝コナラ・ミズナラを茹でたものと小麦粉を混ぜて団子にする。㉒（静岡県浜松市）ではネガリメシ（饐えた飯）をよく洗って小麦粉と混ぜて練り、平団子として焼く。⑦（栃木県那須那珂川町）では麦飯は残ると饐えやすいので、残りの麦飯・味噌・小麦粉を練って平たく固め、茹でてから焼いた。㉒と⑦には共通性がある。⑯（山梨県甲斐市）では小麦粉とトウモロコシの粉を混ぜてウスヤキにしている。

(2)スイトン系

ツッコミ（⑩群馬県富岡市・⑪同下仁田町）＝小麦粉を練って具の入った味噌汁の中にちぎり込む。ツミギリ（㉑長野県飯田市）も同じものである。⑦（栃木県那須那珂川町）のハットウ団子も同類である。ツミギリは抓み切りの意である。魚肉にかかわるツミレも同様の方法で汁に落とす形である。㉘（香川県丸亀市）ではツッコミのことをツミレまたはスイトンと呼んだ。㉗（愛知県春日井市）でもこれをスイトンと呼んだ。一㈠⑱（岩手県久慈市）ではツミレ式スイトンのことを「取って投げ団子」と呼んだ。

大分県のダゴジル（団子汁）は広く知られており、今では大分市内の食堂のメニューにもある。団子は不整形ではあるが、噛み応えも弾力もある。しかし、大分県豊後大野市山間部の民家で作られていたものはやや趣を異にしていた。小麦粉を杓子から垂れ落ちる程度に溶いて、出しの効いた野菜・里芋などの汁の中に垂らし込む。団子汁とは言うものの固まりは団子のような球状の固形ではなく、凸凹があり、市販の平麺のようではないが、薄く長く固まって味も舌ざわりもよい。平麺発生の土壌を思わせるところがある。また、この地方にはこれとは別に、小麦粉を少し堅めに捏ねて、伸ばしながら汁に入れるという方法もあった。これは土着的で、手捏ね麺の祖型を思わせる。大分県のダゴジルの形態には幅があった。

小麦粉の団子汁は広く食べられた。④（栃木県黒磯市）にも見られた。⑥（奈良県吉野町）では茶粥の中に小麦粉の団子を入れている。平素茶粥の中には里芋やカシの実の粉を入れることがあったので、小麦の団子は褻の食ではあるが贅沢な感じがしたものだという。

埼玉県加須市大越の斎藤茂さん（昭和七年生まれ）は、「大麦の麦飯よりは小麦粉のうどん・スイトンの方が食べやすかった」と語っている。

(3)焼き団子

団子という語は現在は球体状のものを連想させる。串団子などはたしかにその通りであるが暮らしの場では、イロリの火などで焙り焼きをする団子は火の通りや焙焼効率をよくするために平団子にする。オヤキの素材は蕎麦粉もあるし、小麦粉もあるのだが、ともに本来は平団子型である。団子の語源である寺院の献供物である「壇供《だんく》」も積み重ねができる平団子であった。㉒(静岡県浜松市)の大平家を訪ねた折、帰りぎわに大平マサエさんから「焼き餅」と称する小麦の焼き団子をいただいたことがあった。それは径四センチ、厚さ二センチほどの平団子だった。車を持たない私は飯田線の小和田駅までの山道を、いただいた小麦の焼団子を食べながら歩いた。嚙み応えがあり、グルテンのうまみ、舌ざわりが心地良かった。⑤(宮城県栗原市)のベッタラ焼きもこの系統である。⑦も㉒も麦飯と小麦粉を練り混ぜたものではあるが、適当な形にして焼いて食べるという点では焼く平団子である。

(4)麺系

〈キリコミとツッコミ〉 ⑩(群馬県富岡市)、⑪(群馬県下仁田町)、⑫(群馬県南牧村)などに見られる。キリコミ・オキリコミという呼称は、⑩⑪で示した「ツッコミ」と対応している。これは溶き練りした小麦粉をツミレ団子のように、ちぎりながら具だくさんの味噌汁に入れて煮て食べる団子汁系の麪の食である。対して、キリコミは麺であり、切り麺であり平麺である。しかし、これは丁寧に打ち込んだ晴れの日の麺ではなく、褻の麺である。簡便に作った平麺を具だくさんの味噌汁に切り込んで食べるという褻の食法である。⑧（栃木県佐野市）のヒモカワも平麺で、夏はツケ麺、冬は煮込みにし、褻の食として食べられている。しかし、丁寧に打って、晴れの要素を含む行事食として食べられることもあった。⑬（埼玉県加須市）では十一月二十日のエビス講、十一月二十三日の大師講にはヒモカワ（平麺）を打って家族でツケ麺にして食べた。ヒモカワは日持ちがしないので残るとウチイレ（煮込み）にして食べた。⑬では、七月七日の七夕にはうどんを打ってツケ麺にして食べたが、残るとウチイレの煮込みにして食べた。ツッコミ・ウチイレ・チギリコミ・ツミレのような小麦粉食品の食法は本来褻の食法で、晴れの食法はツケ麺方式であったことがわかる。

〈ホウトウとオザラ〉 山梨県のホウトウは広く知られるところである。ホウトウは切り麺であり、平麺である。ホウトウの食法は、カボチャ・馬鈴薯・その他の野菜類を入れた煮込みである。事例⑭（山梨県鳴沢村）では十月から五月の間の夕食に食べたといい、⑯（山梨県甲斐市）ではホウトウを一年中夕食に食べたという。平麺を煮込みにしないでツケ麺にして食べる場合にはホウトウとは呼ばないで「オザラ」と呼ぶ。⑯ではオザラは正月・盆・祭りに食べたという。⑰（山梨県南アルプス市）ではホウトウ（信玄ボウトウとも）を十月から四月までの夕食に食べ、オザラは五月から食べたという。⑱（山梨県甲府市）では十月から三月までホウトウを食べている。⑮（山梨県山梨市）では来客にはツケうどん、⑱でも来客にツケ麺を出している。こうして見てくると、麺類の煮込みは褻の食であるのに対し、晴れの日、行事食・来客にはツケ麺といった区別が関東から甲州の広域に生きていたことがわかる。さらに、甲州の事例を見ると、平麺のホウトウ・オザラの季節性が浮上してくる。十月から三月を中心として、主として冬期に煮込みボウトウが夕食に食べられてきたことがわかる。体が暖まるからである。中でも、「カボチャボウトウ」⑱、「うまいものならカボチャのホウトウ」⑮、「カボチャボウトウ御馳走だ」⑰などという口誦句が流布していたのである。カボチャの味も当然のことながら、カボチャの持つ暖色も魅力だったにちがいない。一年で最も日の短い日、冬至にカボチャを食べるというのはこの国に広く滲透している民俗である。これもカボチャの暖色と無縁ではない。⑮（山梨県山梨市）ではホウトウの呼び分けを主要具材を以ってしている。「猪ボウトウ」「豚ボウトウ」「鶏ボウトウ」「茸ボウトウ」「カボチャボウトウ」——グルテンを含む小麦粉によって成るホウトウは、大麦・裸麦を加えた飯や、稗飯などとは異なり、具の種類や組み合わせによって直ちに褻の食から晴れの色彩を帯びた食べものに転ずることができたのである。

オザラの季節性、夏を中心とした暖季への適応性は、オザラのみならず、ツケうどん・ツケ素麺・冷や麦に通じるものだった。

〈ムギキリ〉 褻の食として食べられていた麺食の中にとりわけ注目すべきものがある。それは⑨（栃木県小山市）である。大麦と小麦を別々に石臼で碾いて粉化し、できた粉を混ぜて練る。のして切り、野菜類とともに味噌汁にして食べるもので「ムギキリ」と呼んだ。切り麺の一種であるが、小麦粉と大麦の粉を混ぜるところに特色がある。裕福な家は小麦七に大麦三の比率だが、貧しい家はそれが逆転したのだという。大麦が多くなると粘着力がなく、パサパサでまずかったという。
これまで見てきたものは右の⑨を除き、すべて小麦を一旦粉化して練ったもの、団子型に固めたもの、さらにのしてから麺にしたものについてである。

2 晴れの食

麪の食としての小麦の粉食系食物は通年で食されてきたのであるが、行事食・儀礼食としては新小麦の収穫を待って小麦粉系の食物を作り、神・仏に献供し、家族も食べるという形が本来的なものだったと考えられる。ここでは小麦系の行事食・儀礼食について「一」と「二」の事例からとりあげ、必要に応じて新たに資料を加えながら考えてみたい。

〈端午の節供〉⑱（山梨県甲府市）＝五月五日の柏餅は小麦饅頭を柏の葉で包んだものだった。一㈠㊲（滋賀県米原市）＝この日、小麦粉で団子を作りガラタテ（サルトリイバラの葉）で包んで蒸して食べた。旧暦五月五日ならば新小麦の粉で作ることも不可能ではなかろう。㈢3で後述する焼津神社注連落としは八月一日で、ここでは新小麦の粉で塩餡の柏餅を作って献じている。

〈ムケの一日〉六月一日のことを「ムケの一日」と称し、人の皮が剝け変わる日だとする伝承がある。[*3]「衣脱朔日《きぬぬぎついたち》」とも称し、衣を夏用に替える日だともしている。この日は季節転換の重要な日で、冬を含む半年の穢れを除き、夏を乗り切る強い体に再生すべき契機の日と考えたのである。この日に食すべきものは、「氷」、「氷餅」（凍み餅）、「衣脱ぎトロロ」と称するトロロ汁など、暑気や伝染病を乗り切ることができると信じられる呪的食物が食べられてきた。その一つにグルテンを含む小麦系の食物がある。事例⑦（栃木県那須那珂川町）では六月一日に小麦粉を使った炭酸饅頭を作って仏壇に供え、家族も食べている。㉛（栃木県大田原市）でもこの日小麦饅頭を食べるものだと伝えている。この他、加藤嘉一の『芳賀郡逆川村木幡の年中行事』[4]（栃木県）には、六月一日を「むけつ一日」といって人の皮がむけ変わる日だとしてこの日はうどんを食べた、とある。この日小麦粉系の食物が人に活力・呪力を賦与するという伝承があったことがわかる。

〈祇園祭りその他〉 一㈠⑨（静岡県浜松市）祇園淵の祭り＝小麦団子、早瀬祇園神社＝うどん、③（福岡県柳川市）祇園さん＝小麦饅頭。

小麦収穫後、新小麦を使った食物を祭りその他のモノ日に作る地は多かった。⑳（長野県茅野市）では七月十四日の八幡神社、七月十五日の白山神社の祭りにはともにうどんを打った。

『愛知県史　別編民俗2　尾張』[5]には次のようにある。「尾張地方では天王祭りや盆、地蔵様、おしめり祝いの他農休み、法要、講のお勤めなどにはうどんやそうめんを食べるのが常であり、一宮市では六月十六日はうどんの食べ始めであり、法事のオタイヤ（前夜祭）にはうどんぶるまいをした」――。「三河吉田領風俗問状答」[6]には、六月十五日の城内牛頭天王の祭礼に、頼朝の家来に扮した者が領主の桟敷に向かって小麦饅頭を投供する儀礼があったと記されている。

静岡県西部の一部から愛知県東部にかけては、田の苗の植えあげ祝いを「ゴンゲラボウ」「ゴンゲノボウ」と呼んでいた。愛知県の『豊川市史　民俗編』にかかわる調査をしていた折、多くの方々から、ゴンゲラボウにはうどんを食べたと聞いた。㉘（香川県丸亀市）、㉙（香川県まんのう町）はともに讃岐うどんの本場であるが、両者ともに夏の土用には打ち込みうどんを作って食べるものだとしている。

〈釜蓋朔日《かまぶたついたち》〉④（栃木県黒磯市）では八月一日を「釜の蓋」と称し小麦饅頭を作る。⑧（栃木県佐野市）では八月一日を「釜蓋」と称した。ともに地獄の釜の蓋が開き、精霊が釜から出て此界の盆への訪問の旅を始める日だと伝えた。⑧でも小麦饅頭を作った。

〈七夕〉③（福岡県柳川市）・⑭（山梨県鳴沢村）＝小麦饅頭、⑪（群馬県下仁田町）＝小麦団子、⑦（栃木県那須那珂川町）・⑬（埼玉県加須市）＝うどん、⑳（長野県茅野市）＝煮込みうどん、㉖（愛知県犬山市）＝素麺、など。

〈盆〉④（栃木県黒磯市）＝仏壇の前に竹で作った門型の献供台を立て、その横竹に、島田うどん・乾麺・素麺を掛けて供えた。⑦（栃木県那須那珂川町）＝盆棚の前に竹を門状に組み、横竹に島田うどんと五、六本のワカメを掛けた。⑪（群馬県下仁田町）＝八月十六日の送り団子は小麦団子、⑬（埼玉県加須市）＝盆の御馳走はうどんでツケ麺だった。⑭（山梨県鳴沢村）＝小麦饅頭、⑰（山梨県南アルプス市）＝茄子の馬二頭におのおの五本ずつほどのオザラ（平麺）をかけた。⑱（山梨県甲府市）＝お盆に作る茄子・胡瓜の牛馬の鞍に、八月十三日、十四日、十五日とヒヤムギを掛けて供えた。⑳（長野県茅野市）＝うどんを茹でて長いまま笊に盛って仏壇に供えた。㉒（静岡県浜松市）＝盆の十四日の夕方と十五日の昼には葛の葉を二枚重ね、その上に茹でた素麺を盛って供えた。これを五組作った。十五日には茄子の馬に素麺を掛けて墓まで送る。㉔（愛知県豊明市）＝盆には二〇体の位牌の前にカワラケに盛った素麺を供えた。㉗（愛知県春日井市）＝盆の八月十四日に茗荷の葉に包んだ小麦饅頭を仏壇に供えた。一㈠㉖（宮崎県椎葉村）＝盆には小麦粉で作ったものを仏壇に供え家族も食べた。八月十五日、米の団子と麦の団子を精霊様のみやげとして供えた。八月十六日には素麺を供えた。㉚（熊本県高森町）＝盆には次のものを仏壇に供え、家族も食べた。小麦のキナ粉団子、小麦のヨモギ団子・小麦饅頭・小麦団子のゼンザイ・うどん――。

盆の期間に仏壇・精霊棚に小麦粉系食物を供えたり、家族も食べたりする民俗は右に見てきた通り広域で実践されてきた。右は筆者が聞きとりをしたものの一部であり、実態は、さらに広域に及び、献供物は多彩であるはずだ。中でも盆と素麺の結びつきは広く見られ、茄子、胡瓜の牛馬の背にかける形が多い。もとより素麺は季節性を伴い盆の御馳走の中心になるのだが、兵庫県丹波市青垣町稲土では、盆の精霊迎えにも、墓参りにも他の供物とともに素麺の微塵切りを供えている。中道朔爾の『遠江積志村民俗誌』[*7]には七月盆の十五日に「素麺と茄子とを煮たにゅうめんを供へる」とある。また、早川孝太郎の『羽後飛島図誌』[*8]には次のようにある。「精霊棚は、正月のミタマ棚と同じであった。ミタマ菰の代りに、葦で編んだ精霊菰を敷いて、その上にほとけを立てた。棚の両脇には昆布を

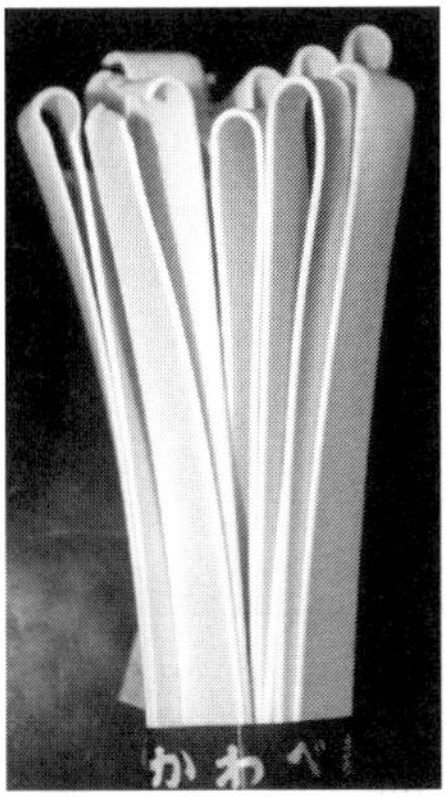

写真⑦　乾燥平麺の「島田麺」（愛知県春日井市、川辺製麺）

長く垂れ、正面に三尺ほどの掛素麺を二つ折にして下げる」――。これには事例④⑦との共通点が見られる。

右の諸例を見てくると、釜蓋朔日をはじめとして七日盆（七月七日、七夕の日を七日盆と呼ぶ地もある）それに続く、十三日の精霊迎えから十六日の精霊送りの間、小麦粉を使った食物が祖霊への献供の品として重要な役割を果たし、家族や来客もそれを食していたことがわかる。のみならず、盆に先立つ祇園系の祭りやムケの朔日などにおいても小麦粉食品が作られていることがわかった。大麦・裸麦の収穫を待って作られるハッタイ粉・香煎が大麦系麦の収穫祭的要素を帯びていることについては先にふれたが、小麦粉食品の献供にも当然のことながら小麦の収穫感謝の念が込められていることはまちがいない。

日本の民俗や文化が稲作・米に支えられてきたことはまぎれもない。秋祭りから正月にかけての儀礼食の中心が米の餅であることは周知の事実である。しかし、麦収穫以後、とりわけ小麦収穫以後の儀礼食の中心は先に見た通り盆の様々な小麦粉食であり、それは素麺に象徴される。素麺製造の専業化や機械化は、ツケ麺、冷麺の普及とともに流通システムに乗って広く普及した。夏作の稲（米）と冬作の麦の対応、その併用こそが日本の食文化の特徴の一つだと言ってもよかろう。それは高度経済成長前夜まで続いたのである。

㈢　小麦系食物の周辺

1　季節循環と小麦の儀礼食

年中行事を一月から十二月まででひとまとまりにして扱う考え方に対して、一年の行事を二分する考え方がある。田中宣一氏は「一年両分性の原理と対置的行事群」[*9]の中でこの考え方について先行研究等をふまえ詳細に検討している。一月から六月、七月から十二月と二つに分けるのだが、これは年中行事の二重構造、両分性、二期区分、二分制などと呼ばれている。正月と盆は、比較対象としてとりつきやすく重要な行事であるが、行事そのものにとどまらず、田中氏は栽培作物にかかわる部分まで細かく目配りしている。中で、氏は早川孝太郎の『農と祭』[*10]の記述にも注目した。「……正月行事が稲の収穫の後を享け、盆が麦の生産を終り、果物野菜をはじめ、その他の穀作が漸次展開し来る期に当った事は、注意に価する点で、要するに（盆は）正月に亜いで、最も豊穣を約束された季節だったのである」。

年中行事の二期区分的な視点は歴史学にもある。木村茂光氏は『日本古代・中世畠作史の研究』[*11]の中で、「一年サイクルにおける七月の位置」「農事暦における七月の位置」などの節を設け、史料にもとづく検証を行っている。中でも七月七日に対する注目が目を引く。木村氏は『ハタケと日本人―もう一つの農耕文化―』[*12]の中で以下のように述べている。「麦秋を迎え、食料事情がある程度緩和された七月になると、于蘭盆会《うらぼんえ》が盛大に行われた。于蘭盆は、今でもそうであるように、正月とならぶ祖霊信仰の行事であるが、他方でその供物に瓜や茄子、枝豆やササゲなどの畠作物が多いことや、それに先立つ七夕に「麦縄」（麦で作ったうどん状の食物）を食べる習慣があったことなどを考えると、冬作麦を中心にして畠作物の収穫によって、農繁期の重労働と飢えと疫病を乗り越えることができたことに感謝する、歓喜の祭としての性格をもっていたように思われる」――。

右を見ると、本書で先に確かめてきた民俗事例、新小麦収穫以後の儀礼食・行事食に、小麦の収穫祭的要素が入るという儀礼心意の古さがよくわかる。

日本人は米以外にも様々な穀物を栽培し、それを食べてきた。粟・稗・黍・高黍（モロコシ）・シコクビエなどがあり、これらは総て稲と同じ夏作である。蕎麦は播種から結実までの期間が短く二度栽培できるが、基本的には夏作である。米には及ばないものの、粟稗も小正月儀礼で重視されてきた。木製模造の予祝呪物たる粟穂・稗穂がある。また、いまだその総体は明らかにされてはいないが黍の力も無視できない。桃太郎説話に登場する黍団子は力の象徴としての役割を果たす。粟にも黍にもモチ種があり、南アルプスを挟む静岡市葵区田代・小河内や、長野県飯田市の遠山谷では雑穀の中のモチ系の食物でも、餅はモチ種の粟、ボタモチは黍という使い分けをしてきた。水田稲作ができない地では右にあげた雑穀に頼る比率が高かったのだが、冬作物である麦は、稲及び右にあげた雑穀のグループに対置、対応すべき存在だった。この両者は対立するものではなく、麦は米を補完すべき役割を果たし続けてきたのである。大麦・裸麦は褻の食として麦飯という形で粒食され、重要な役割を果たした。対して、小麦は粉化された。手数のかかる粉化を経た後、先に見てきた通り、麺類・団子・饅頭などに装いを変え、褻の食のみならず、神饌・仏饌・行事食として儀礼を充実させ、人びとに食の楽しみを与えてきた。

麺類は行事食・晴れの食としても様々な行事や儀礼の食として重要な役割を果たしてきたのであるが、褻の食としても食を支える一本の柱だった。小麦の麺食は多様であるが、手延べ素麺を除き、うどんもヒヤムギも様々な平麺も、ノシ板・ノシ棒を使って、練った小麦粉を平面的にのし、包丁で切るという点は共通している。この麺の素材の練り込みには地方によって様々な工夫がある。水と小麦粉を混ぜて塩を加えて麺の腰を強くし、粘着力を強め、麺の味を良くするために様々なくふうがなされてきた。機械製麺以前のことである。事例⑬（埼玉県加須市）では、七夕のうどんを打つのに男衆が子供を背負って布に包んだうどん生地を踏み込んだという。重量を重くして踏むのがよいとされていたのである。香川県の讃岐平野では夏の土用に㉘㉙のように練り小麦を布に包み、茣蓙に挟んで、裸になって、体重を掛けて踏み込んだ。

右の二例は七夕うどん・土用打ち込みという行事食で「晴れ」の要素を含むものであるが、機械製麺以前には、褻の麺にもそれなりの手がかかったのである。したがって機械製麺が普及する前の褻の小麦食は手のかからないスイトン系が主流だったと言える。

2　社会変容の中の小麦―小麦加工の外部化―

小麦を粉屋（製粉屋）に持ち込み、小麦粉またはうどんと交換してもらうという形が次第に滲透、普及した。その粉屋も、初期は水車製粉で、それが電気・機械製粉へと転換する。事例㉓（愛知県安城市）にそれが見られるのだが、その転換がここでは大正十四年だった。⑩（群馬県富岡市）では、キリコミと呼ばれる平麺を母や祖母が家で打っていたが、昭和十年代後半から外部化した。⑯（山梨県甲斐市）では昭和二十年に機械製粉業を始めている。この地でも、もとよりこれ以前から機械製粉が行われていたのだが、昭和二十年の終戦を境に、以後、加速度的に製粉所・製麺所が増えたことはまちがいない。それは事例㉕（愛知県豊明市）によってもわかる。愛知県を中心に昭和二十年から二十八年までに東海地方に広く普及した製麺機は、㋐攪拌機（練り機）、㋑ロール（延し機）、㋒切断機から成り、切断機の刃は、うどん・平麺（きしめん）・ヒヤムギ・素麺に対応できるようになっていた。複雑なだけに切断機には故障が多かったという。製粉や製麺は農協が扱うことが多く、小麦を持ち込み、製品を受け取る場合には「うどん券」が用いられていたという。引き換え券は農協のみならず、一般のうどん屋でも用いられていた。㉖（愛知県犬山市）には、うどん券・きしめん券が見える。

事例⑦（栃木県那須那珂川市）によると、飯塚や馬頭の粉屋が牛車に小麦粉と島田うどんを積んでムラムラに巡回してきたという。ムラびとたちはその粉屋の牛車に小麦を持って集まり、おのおの小麦の量に対応する小麦粉や島田うどんを受け取ったのだった。そこには当然、交換単位、即ち加工賃が定められていた。当地では小麦五升に対して小麦粉四升、または島田うどん（二つ折りの乾麺）の束七把だった。各地にこのような交換条件が定められていたのである。

⑦では粉屋が巡回してきたというが、⑧（栃木県佐野市）では小麦を荷車で製粉所へ運び、小麦粉・うどん・ヒモカワ（平麺）に換えてもらったという。⑲（長野県高山村）では、小麦を一斗ずつ製粉所に持ち込み、六割分の小麦粉を受け取ったという。全国的に見ると持ち込み型の方が多かったのである。

現在我々が口にするうどんや各地の平麺は純白であるし、小麦粉も白い。これは進化し、精巧になった製粉機によってすべての夾雑物が除かれているからである。多忙な中で石臼を回し、たびたび篩にかけて精根こめて作っても、その小麦粉にはどうしても麬の細片などが混入している。石臼時代の小麦粉を知る人は皆、それは薄い赤茶のような色を帯びていたと語る。したがって小麦粉の製品・食物も白々としたものではなかった。㉒（静岡県浜松市）の大平マサエさん（昭和八年生まれ）は四種類の篩を使い分けていた。うどんには最も目の細かい絹篩を使い、小麦饅頭用の小麦にはうどん用の篩よりも目の粗いものを使ったという。

3　小麦の粒食―神饌の象徴性―

右に小麦の粉食を中心として麬の食と晴れの食を見てきたのであるが、以下に小麦の粒食につい

写真⑧　小麦の飯（左手前）（焼津神社北のお旅所）

てふれる。小麦の粒食は褻の食にも見られたが、神社の神饌事例がある。しかし、筆者の管見ではそれらは決して多くはなかった。

一㈠㉓（島根県隠岐郡）では小麦を竪臼で搗いて精白し、小麦飯を炊いて食べている。小麦と粟を混ぜて食べたこともあったという。これは褻の食としての小麦飯である。この小麦飯の古層を思わせる「神饌」の事例がある。

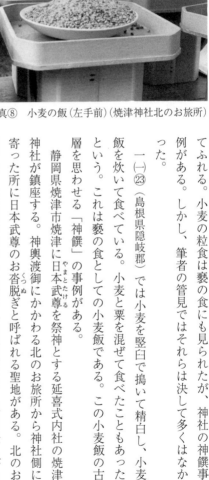

静岡県焼津市焼津に日本武尊《やまとたける》を祭神とする延喜式内社の焼津神社が鎮座する。神輿渡御にかかわる北のお旅所から神社側に寄った所に日本武尊のお沓脱《くつぬ》ぎと呼ばれる聖地がある。北のお旅所は日本武尊が海から上陸された地点だとする言い伝えがある。日本武尊東征のみぎり、草庵を求めてここに沓を脱いで休まれた時、一人の老婆が「小麦《こむぎ》の飯《いい》」をさしあげたと言われている。[*13] 現在も、例祭の八月十二日午前十一時この地で神輿の北御旅所着御神事が行われ、その際小麦の飯・牛の舌餅などが献供される。小麦の飯は皿に盛られている（写真⑧）。当地では、「小麦の飯」の「飯」をメシとはいわず、「イイ」と称している。「飯《いい》」は本来米を蒸したものを指す。ここに登場する「小麦の飯」も、小麦を蒸して調進するのが正統な様式である。

例祭に先立つ八月一日、本社の御注連下し祭の神饌として、小麦粉を練った皮で塩餡を包み、それを柏葉に包んで蒸した柏餅を供える。併せて市神社にも同様の神饌が献供される。事例②（奈良県天理市）には夏祭りに小麦の赤飯を作った例がある。これらをみると小麦にも粒食という食法があったことがわかる。

写真⑨　二木島祭の「お蒸し」（三重県熊野市仁木島町）

二木島祭と通称される祭りは、三重県熊野市二木島町の二木島浦・里浦・甫母浦の三集落により当屋制を以って、室古神社・阿古師神社の祭祀を支え、併せてその祭祀行事の中心たる御船祭りを行うものである。[*14] 十一月三日の祭典に「オムシ」（お蒸し）と呼ばれる神饌が献供される。お蒸しは、小麦五合、玄米五合、小豆三合を蒸しあげたものである。玄米は古くは粟だったという伝承がある。広げたゴザの上に蒸しあげられたお蒸しをセイロからおろす。ショウド（当人）が長箸でこれを広げ（写真⑨）、ショウドの家族や参列者も順に箸を受け取ってお蒸しをゴザの上に広げてゆく。お蒸しを冷《さ》ますのである。冷めたお蒸しを丸櫃に入れる。小麦と玄米と小豆を蒸したものは茶色がかった黄土色で深みのある穀物の匂いを漂わせていた。現実の祭典では室古神社の祭神稲飯命にお蒸しを献供するのであるが、この地の伝承では、お蒸しは海難に遭遇された神武天皇に土地の者たちがさしあげたものだと伝えられている。十一月三日の祭典後、参列者は室古神社社前で行われるキリモリの際、おのおのお蒸しを櫃から白紙の上に分与される。ある者は食し、ある者は家の神棚に供えるという。強力な神の食を分与され、幸いをさずかるのである。

焼津神社の神饌として「小麦の飯」が献供され、二木島祭で小麦を含む「お蒸し」が供えられること、神饌の形として小麦の粒食法が伝承されていることは重要である。しかも、献供の対象として海から上陸された日本武尊命、神武天皇が語られていることは興味深い。序章「麦作溯源」の内容をいま一度かえりみたい。——古代の麦の収穫量は小麦が大麦の一〇倍以上だったことや、小麦が「真麦」と呼ばれていたこと、大麦よりも小麦の方がこの列島への渡来が早かったと考えられること、などを考えると、粉食の他に小麦を甑《こしき》で蒸して粒食する方法が行われていたことも考えられるのである。小麦の粉化は石臼（碾き臼）普及以前は決して容易なものではなかったことも併せて考えておきたい。

国家神道時代に画一化を免れ、古い伝承を守ってきた神饌は時を超えて食文化の罐詰としての役割を果たす。焼津神社の「小麦の飯」、二木島祭の「お蒸し」はこの国の古い小麦の食法の一つを伝えている可能性がある。さらなる調査を進めなければならない。

神に献供し、神と共食する小麦は粒食のみではなかった。沖縄県の粟国島では旧暦三月十六日、ウユメ（折目）の、麦の収穫祭に、小麦で「コウジミキ」を作って神々に供え、家族も飲んだという。

一㈠⑭（静岡県浜松市）では、子供たちが遊びながら小麦をガムのように嚙んで食べたという報告がある。同じ話を愛知県の奥三河でも聞いたことがあった。含有するグルテンを楽しむのである。ここには小麦の粒食に示唆的なものがある。

4　調味料素材と嘗め味噌

〈調味料素材〉　醤油の素材として小麦が使われたことは一㈠①（長野県飯田市）、一㈠⑩（静岡県浜松市）、一㈠⑮（静岡県牧之原市）などで示した。一㈠⑮の絹村さんは自家用醤油製造のために小麦を三斗用意したという。また、味噌には米麹のほかに小麦の麹もあり、小麦麹の素材として小麦も重要な働きをした。

山形県鶴岡市藤島字平形の熊木作蔵さん（明治四十五年生まれ）は自家で消費する醤油を作るために大豆二斗・小麦二斗を必要とした。味噌には、麹は別として大豆一俵・米一俵を要した。ともに塩は別である。熊木家では代々、水田は男がとりしきったが、醤油・味噌・油（菜種）・野菜類などの、家族の人数に応じた一年間の消費量を割り出して栽培する畑作の責任は女性が持っていたと語っていた。醤油の自家醸造の時代には一定量の小麦の栽培が必須だったのである。醤油素材の小麦は最終的には液化することになる。

〈嘗め味噌〉　調味料味噌に対して副食用味噌のことを「嘗《な》め味噌」と呼ぶ。嘗め味噌には小麦が使われていたのである。嘗め味噌の代表は径山寺（金山寺）味噌であるが、ここでは「醤油の実」も同様に見る。

事例では一㈠③（長野県飯田市）＝醬油味噌、一㈠⑩（静岡県浜松市）＝金山寺、一㈠㉒（徳島県つるぎ町）＝ヒシオなどを紹介している。いずれも素材の中心として小麦を使う。

静岡県の遠州地方では金山寺味噌のことを「ナットウ」と呼ぶ。当地方に糸引き納豆はない。以下は静岡県牧之原市菅ヶ谷で現在もこのナットウ（金山寺味噌）を自分で作り、食べ続けている蓮池けいさん（昭和十四年生まれ）の製法である。けいさんの作り方は姑のとよ（明治三十一年生まれ）から伝承したものである。姑の時代には十月中旬、現在は十一月下旬に仕込む。本来は秋茄子が実ってから仕込むというのが基準だった。同家でナットウに使う素材は以下の通りである。小麦＝一斗五升、大豆＝九升、ウルチ米＝七升、麴菌＝諸素材四斗を発酵させる分量を麴屋で求める、茄子＝一〇キログラム、冬瓜＝一二キログラム、生姜＝七キログラム、塩＝三升一合、砂糖＝一キログラム、サッカリン＝五〇グラム――。姑とよの時代には砂糖やサッカリンは入れなかった。素材は以下のように処理する。ⓐ小麦＝炒ってから一昼夜水に浸す。大豆＝炒ってから一昼夜水に浸す。ウルチ米＝半日から一日水に浸す。ⓑ以上の三種を混ぜてから蒸す。ⓒ蒸し終えたものを一升ずつ麴蓋（長方形の浅い木箱）に入れ、広げて麴菌を混ぜる。麴蓋は三六枚用意する。ⓓ布団の上に電気毛布を敷き、その上に麴蓋を重ねて上に布団をかける。こうして一昼夜半寝かす。戦前には生の草を敷き、その上に麴蓋を重ね、湯たんぽを入れて布団を掛けた。こうして麴ができあがったところで、塩・刻んだ野菜類などを混ぜて桶に仕こむ。中蓋をし、重石をかける。重石が軽いと味が薄くなり、黴も出る。仕込んで一週間おけば食べることができる。寒の時期が最も美味で、四月下旬を過ぎ、茶摘みのころになると味が落ちてくる。蓮池家の家族は六人。できあがったナットウの四分の一が一年間の自家用、他は、伝承を断やした知人たちに分与している。

5 粉碾きの「結い」と粉碾き唄

小麦を粉化することによって様々な食物を作ることができたのだが、石臼（碾き臼）が普及する前、粉化には多大な労力を要した。石臼が庶民の間に普及したのは近世中期以降だと言われている。石臼を求めたとしてもその目立てにはまた技術を要した。以下は、静岡県榛原郡川根本町青部の下島惣五郎さん（明治二十八年生まれ）による。

この地では近隣四、五軒で石臼碾きの「結《ゆ》い」を組んでいた。穀物や豆を粉化する石臼碾きを担当するのは女性で、結いの宿へ集まるのは雨の日だった。女たちは、石臼と、その日一日碾く穀物を背負って宿へ集まった。持ち寄る穀物は、蕎麦・稗・弘法黍（シコクビエ）・小麦などで、その日は、自分が持参した石臼で、自分が持ってきた穀物を一日中碾いて、できた粉はおのおの、そのまま宿をする家に置いて帰ることになっていた。こうした形が循環されるので結果は公平だった。川根本町は大井川中・上流域の山間部であるだけに米はなく、小麦や雑穀の粉食が盛んだった。

粉碾きという持続性を求められる仕事には、「粉碾き唄」という民謡がつきものだった。川根本町長島の松原よのさん（明治二十七年生まれ）は、臼碾き部屋で、例えば母と娘、姑と嫁が二人組みで一人が「碾き手」いま一人が雌臼の穴に穀物を入れる「くれ手」となって粉を碾く形での歌唱法を教えてくれた。

①〽臼は重たい相手は眠るよ（碾き手）　ヤレ　ソーダヨ（くれ手）
　明日の茶の子は一つあてよ（碾き手）

ヤレ　ソーダ　ソーダヨ　マッタク　ソーダヨ（くれ手）

②〽しのび峠のあの風車よ（碾き手）　ヤレ　ソーダヨ（くれ手）
　たれを目あてにくるくるとよ（碾き手）

ヤレ　ソーダ　ソーダヨ　その唄返すよ（くれ手）

③〽思い出すよじゃほれよが薄いよ（くれ手）　ヤレ　ソーダヨ（碾き手）
　思い出さずに忘れずによ（くれ手）

ヤレ　ソーダ　ソーダヨ　マッタク　ソーダヨ（碾き手）

①の場合、碾き手が音頭出しで、くれ手が囃し方になっている。囃し方が「ヤレ　ソーダヨ」とか「ヤレ　ソーダヨ　マッタク　ソーダヨ」などと囃している間に音頭出しの碾き手は喉を休め、呼吸を整えるのである。こうした歌唱が続き、次の歌い手となる囃し方がうけて音頭出しが交替する時には②の末尾のように「その唄返すよ」という言葉を入れるのである。これを合図として歌い手が変わることになる。

下島惣五郎さんが語る「結い」のような場合は、一つの臼に「くれ手」がつくことなく、碾き手が石臼を回しながら穀物を雌臼の穴に入れる。結いの場合は、まず唄自慢が音頭出しとなり、他の全員が囃し方となる。適当な時期に「その唄返すよ」が出て歌い手が交替する。静岡市内には次の歌詞も伝承されている。

〽ひとつお出しやれ宿屋の役に　宿屋出さなきゃ座がもてぬ――。ここで言う宿屋とは「結い」の宿を意味している。

6　ムラの素麺屋

細く均質に整えられ、束ねられ、保存性にも優れた素麺は索麺《さくめん》が転訛した呼称だとも言われる。製法は後述するが、製造工程にも手がかかり、繊細であるだけに、早く専業化がなされ、流通・売買されるようになった。七夕や盆の供物とされ、夏期に涼気を呼ぶ食物である素麺は盆を中心として需要が多かった。一五〇〇年ごろ成立と言われる「七十一番職人歌合」には「索麺売」が登場する。

各地方にはムラやマチの中に素麺屋が固まり、その地方の流通の基地になっていたところがある。このことはうどんや平麺についても言えることだが、流通、購入品として最も繊細で手のかかる素麺が贈答品となり、製造の専業化を進めたと見てもよかろう。

⑴素麺づくりの工程と技術

三重県伊賀市市部は素麺の産地として知られた時代があった。市部素麺の起源は定かではないが次のような言い伝えがある。播州からやってきて市部の中井家へ身を寄せた人がおり、その人が素麺づくりの技術をこの地に伝えた。また別に、市部の願興寺に京から落ちてきた公家が身を寄せたことがあり、そのおり素麺の技術が伝えられた――。中森儀雄さん（大正十年生まれ）は次のように語る。儀雄さんの祖父儀七さん（明治十年生まれ）が子供のころ、市部の人が奈良県の三輪から素麺乾燥用の木枠をかついで来たという――。以下は中森儀雄さんの体験と伝承による。

中森家では、戦前、父の義重さんと母のかねよさんが素麺づくりをしていた。母は体の大きい人だった。儀雄さんが素麺づくりの手伝いを始めたのは昭和十一年のことで、昭和二十年から、四十年に廃止するまでの間は儀雄さんが中心になって素麺づくりをした。そのうち、昭和三十年から四十年までは依那古素麺組合の組合長をつとめた。市部での素麺生産者は、大正時代＝四〇戸、昭和二十年代＝一五戸、昭和四十年＝五戸、平成十年＝二戸と変化した。

素麺生産の期間は、一二月から三月の彼岸までだった。中森家では昭和三十年代に九キログラム入りの箱を千箱出荷していた。季節を限って素麺生産がなされてきたということは、農作業との関係もあるが、何よりも気象・天候条件とのかかわりが大きかった。気温が摂氏一〇度を超えると素麺づくりにはよくないとされた。一〇度を超えると生地が粘って分かれにくくなるという。そして、素麺を乾燥させるには風が必要なのであるが、その風は強い風ではだめで、「おとなしい風がよい」のだという。このため、中森家では素麺を乾燥させる外庭の外周の西から南にかけて高さ一間半の藁垣を立てた。強い風を防ぐためだった。

朝六時に起きて、小麦粉・水・塩を捏《こ》ね桶《おけ》に入れて捏ねる。捏ね桶は径四尺、深さ三尺ほどである。一日二〇キロ袋の小麦粉を五つ分捏ねた。その日の気温によって塩分を調節しなければならなかった。塩は一升入りの桶型枡を基準にして、標準的な水の量はその一升桶五杯分である。素麺屋仲間では、「今日は寒いから六杯分水にした」「今日は五杯半だ」などといった会話がなされていた。つまり、寒さが増し、気温が下るほど塩分は少なくてよいのである。素麺生地の硬さ（軟らかさ）は人間の耳たぶほどがよいとされていたので、温度に応じて「つかみ塩」をし、一升枡に加えたり、枡から減らしたりし、その塩を基準に水を合わせた。一升の塩を固定し、水を増減させるのが本来の形だが、勘で「つかみ塩」によって調節することができるのである。気温が上昇すれば塩の量を多くしなければならない。素麺生地の硬さは人によって若干の相違があった。

よく捏ねた後、踏み台にのせて踏む。踏み台は厚さ一寸、二間四方ほどの松板だった。素麺生地は踏めば踏むほどよいと言われた。新しい藁草履を履いて踏み、子供たちにも踏ませた。踏みこみには一時間半ほどかかった。踏みこみが終わると、二人がかりで長さ二間の麺棒を使って円形になるようにのし、厚さ五センチほどにした。のしが終わると先のとがった薄い庖丁を使って幅五センチほどに、渦巻き状に切ってゆく。

このようにして長く切ったものを、女性が「サイト」と呼ばれる径二尺五寸、深さ七寸ほどの半《はん》桶《ぎり》の中に巻きこんでゆく。巻きこみ終えると、それを、さらに別のサイトに巻きこむのであるが、そのおり、長くなった素麺生地を手で握り細め、径三・五センチほどにのしてゆく。一度目のサイト入れ、二度目のサイト入れ、ともに綿の実から搾って採った油を塗りながら作業を進める。径三・五センチに細めた素麺を「ウメヤス」と称して、熱させる。サイトに油紙をかけておく。ここまでを午前六時から九時の間に行う。

九時から一二時にかけては、「門干し」と称して前日に「細め」「風呂入れ」まで行っておいたものを干しにかかる。風呂と呼ばれる箱の中から素麺を出し、干し台にかけてゆく。棹が高い方が素麺が長くなると言い、高さ二メートルほどの干し台を使った。背の低い人は高下駄を履いて門干しをした。したがって、「素麺屋は背の高い嫁さんをもらえ」と言い伝えられていた。午前中に前日用意したものを干し、一時から三時までは、その日の九時までに用意しサイトの中でウメヤスしてあった麺を細める作業を行う。「細め」または「コナシ」と称する作業をコナシ機を用いて行った。コナシの時にも綿の実の油を使った。「素麺屋は油くさい」とも言われた。昭和二十年代までは手まわし式、三十年代は足踏み式、四十年代は自動回転式のコナシ機を使って径一センチほどにし、それを、夕食後、二本竹に8の字にかけた。竹にかけた素麺は、幅二尺余、長さ一間、深さ五寸余の箱に入れ、二段か三段重ねた。蓋としては和紙をかけたのだが、和紙は麺に綿の実の油を使うので油紙のようになっていた。

素麺生産は、生地を捏ねかけると中止やあともどりはできない。したがって、生地をこねかけたところへ急な不祝儀が発生すると大変困ったものだという。そんな時は廃業した人、引退した人の力を借りることになった。

⑵素麺屋の気象伝承

当地では「素麺屋さんに天気を見てもらえ」という言葉をよく耳にした。生地を捏ね、素麺を乾燥させるには気象・天候を予知して作業の段取りをつけなければ素麺を仕上げることができず、損傷物を出してしまう。素麺屋の天気予測には生活がかかっていたのである。

- 高旗山（御斎峠の上）に雲がかかっていても、それに少しでも隙があれば翌日は晴天になる。
- ナミ風（東南の風）の翌日は素麺づくりを休む。
- 「寒に三日のヨウズ」という気象俚諺がある。ヨウズとは南風のことである。寒中は普通は北風や西風が吹き、空気も乾燥して素麺づくりに適しているのであるが、寒中に三日連続してヨウズが吹くことがあった。そんな日は、家の基礎石が湿って天気がはっきりしない。そんな時は素麺づくりを休む。
- シケの時、艮《うしとら》から雲が来るとシケが長い。
- ナミ風が続くようになると暖かくなる。暖かくなったら素麺生地に入れる塩の量を増やす。
- 霧が出ると干してある素麺が伸びるので霧が出たら素麺は外へ出さない。
- 綿虫が飛ぶとその翌日は霧が出る。
- 「雪降り素麺」という言葉がある。寒中にできた素麺はうまい、という意味で、道ゆく人から「雪がちらついてきた。素麺屋さん、いい素麺ができるのう」などと声をかけられたが、実際に雪が降ってくると素麺干しの枠にゴザをかけるか、軒へ入れるかした。素麺に限らず、米の粉なども、寒中に碾いたものには虫がつかないという言い伝えがある。

- 北風、西風が吹いていれば霧は出ない。
- 素麺は凍ると折れる。素麺づくりには摂氏一〇度以下の冷温が必要だが、零下の低温や、常時氷が張るという低温、常時の降雪、積雪は害になった。三重県の旧上野市域、市部が素麺製造に適しているのは、気温においても風においても条件を満たしているからだといってよかった。山に囲まれた盆地地形の上野の地には、上州や遠州のような空ッ風・強風は吹かなかったのである。

(3) 素麺屋にアカギレなし

「素麺屋にアカギレなし」という口誦句がある。寒冷期の早朝から水を使い、午前中外気にふれる外庭で素麺を干す作業をする。普通ならヒビ・アカギレに悩まされるのであるが、素麺屋に限ってはその悩みはなかった。それは、素麺屋が常時綿の実の油を手につけて作業をしていたからであった。

寒い季節の素麺づくりは体が冷えるので綿入れズッポ（半纏）を着、紺モモヒキやコールテンの乗馬ズボンをはいた。もとより足袋をはいたが背丈を高くして乾燥作業をしやすくするために高い下駄をはいた。

大正時代、市部には素麺屋が四〇戸ほどあったが、そのうち半数は自己資金がないので、上野の町の乾物屋松村商店から事前に小麦粉・綿実油・塩などを受け取り、製品を納めて賃とりをするという形をとっていた。ウラケとして麦を栽培することのできない湿田の当たり田（小作田）を栽培する家でも、収入を得るために賃とりであっても素麺づくりをしなければならなかったのだという。

中森家では、終戦後、委託形式で素麺づくりをした。上野およびその周辺ではウラケとして小麦を栽培する伝統があった。月ヶ瀬・青山・名張・大山田方面からも素麺の委託加工の注文がきた。一俵一六貫目の小麦を粉化すると、普通一一貫の小麦粉が得られると言われたが、素麺屋に限っては一六貫俵から一一貫五〇〇目の粉を受けとるのが慣行になっていた。素麺屋が依頼者から一六貫俵をあずかった場合、依頼者に渡す素麺は八貫目で、その上に賃金も受け取った。苦労はするが悪い商売ではなかった。

1――石毛直道『麺の文化史』初出一九九五年（講談社学術文庫・二〇〇六年）。
2――奥村彪生『増補版　日本めん食文化の一三〇〇年』（農山漁村文化協会・二〇一四年）。
3――野本寛一「ムケの朔日を追う」（『季節の民俗誌』玉川大学出版部・二〇一六年）。
4――加藤嘉一『芳賀郡逆川村木幡の年中行事』初出一九二九年（池田彌三郎ほか編『日本民俗誌大系第十二巻　未刊資料Ⅲ』角川書店・一九七六年）。
5――愛知県史編さん委員会『愛知県史　別編民俗2　尾張』（愛知県・二〇〇四年）。
6――「三河吉田領風俗問状答」屋代太郎弘賀・一八一七年執筆（中山太郎編著『校註諸国風俗問状答』東洋

堂・一九六二年)。

7——中道朔爾『遠江積志村民俗誌』(郷土研究社・一九三三年)。「積志村」は現静岡県浜松市東区積志町にあった旧村。

8——早川孝太郎『羽後飛島図誌』初出一九二五年(『早川孝太郎全集』Ⅸ・未来社・一九七六年)。

9——田中宣一「一年両分性の原理とその対置的行事群」(『年中行事の研究』桜楓社・一九九二年)。

10——早川孝太郎『農と祭』(ぐろりあ・そさえて・一九四二年)。

11——木村茂光『日本古代・中世畠作史の研究』(校倉書房・一九九二年)。

12——木村茂光『ハタケと日本人—もう一つの農耕文化—』(中公新書・一九九六年)。

13——野本寛一「焼津神社」(谷川健一編『日本の神々　神社と聖地10　東海』白水社・一九八七年)。

14——野本寛一「三木島祭」(『熊野山海民俗考』人文書院・一九九〇年)。

Ⅳ　麦の豊穣予祝と実入りの祈願

(一) 麦ほめ

柳田國男監修の『改訂綜合日本民俗語彙』[*1]の中に「ムギホメ」という項目があり、以下のように記されている。

今は主として広島県の奥地や山口県の僻地に残るきわめて呪的な風習がある。正月二十日麦畑に出て呪詞を唱えるだけとなっているが、もとはもっと所作が伴なっていたのかも知れぬ。広島県比婆郡峯田村（庄原市）では二十日正月の朝麦飯トロロを食ってから外へ出て、大きな声で

ことしの麦はできがようて　背から腹へ割れるべよう

と唱えたという。別に、萩市の二十正月ではこの日を女の休日として、このムギホメを麦の祝いとも呼び、お鉄漿《かね》をつけた嫁女たちが、麦の形の団子を作り、これを竹に刺して山に持っていき、よその麦はやぶれ麦　これの麦はええ麦　またはとんだの麦よりよい麦よい麦　などと褒める風がある。

白石昭臣は『畑作の民俗』[*2]の中で島根県を中心に麦作儀礼の一つとして「麦ホメ」に関する貴重な伝承を多く収集紹介している。その中の二、三を引用する。

㋐正月十九日または二十日に麦ホメをし、麦畑を転がる。旧六月のレンゲに麦飯かウドンを作り、塩鯖を食べる（島根県、旧大原郡大東町海潮、同町下久野、加茂町神原、木次町湯村）。

㋑正月二十日の夜、各戸で、正月の祝い餅を抱きながら「今年の麦はえー麦だ」などと唱えて座敷を転げ回る麦ホメを行った。この日まで正月の餅を残しておいた。レンゲの伝承はない。七月（旧六月）の安居会に寺へ麦の初穂を持って参った。麦法座ともいう（島根県旧那賀郡弥栄村小坂）。

㋒正月二十日に麦ホメあり。畑に転がる。山入りはない。松をいぶす松クスベを行う。麦の熟れるころ、仕事を休み嫁は里帰りする。ムギウラシという。麦の収穫後、仕事を休む。イガオトシという。七月の夏祭には各戸は小麦、大麦を氏神である妙見神社に供える（島根県、旧邑智郡松江町勝地）。白石はこれらに続けて、山口県、旧佐波郡徳地町柚野の次の例も記している。正月二日朝、ツツボ団子を作り、これを竹串にさして麦田・麦畑に立てる。「うちの麦はエー（良い）麦の　シャグマのようなエー麦のう」と唱える――。

『改訂綜合日本民俗語彙』の事例並びに白石の収集事例には注目すべき点がいくつかある。まず、麦の収穫にはほど遠い、まだ芽生えて間もない段階にある一月二十日に「麦ホメ」を行っている点である。この儀礼がその年の麦の多収穫の予祝儀礼として行われていることはまちがいない。麦ホメは「今年の麦はエー麦だ」といった、賛美大唱によってなされるのが基本であり、それも麦畑の現場で行われるのが本来的な形であった。芽生えた麦を眺めながら麦に向かって発せられるのである。それは麦畑に対して唱えることにもなる。ところが事例㋑ではそれが臨場から屋内化し、観念化・儀礼化が深められていることがわかる。次に注目すべき点は㋐㋒に見られるように、この日、人が麦畑の上を転がったというのである。いかにも異様な儀礼行為であるのだが、この行為は一体何を意味し、何を象徴しているのであろうか。広く見渡してみても農耕儀礼の中にこのようなものは見られない。稲作の場は水田であり、焼畑地は傾斜地で石や切り株がある。こんな所で人は転がれない。これは定畑においてのみ可能である。

冬作である麦にとってこの時期は、芽生え、根張り、分蘗を進める前の重要な時期であり、油断をすると、芽葉は霜にやられ、根や茎を霜柱やその氷結にやられる。霜柱の氷結防止や、分蘗促進、根張り強化のために実施される麦作技術に「麦踏み」がある。麦踏みは草履や草鞋を履いて麦を守りながら麦の畝を丁寧に、注意深く踏むのである。地方や地形、地質などによって異なるが、麦踏みは麦の茎に節ができる前に一～三回行うのが普通だった。麦畑の上を人が転がるという行為は、麦踏みによってもたらされる栽培効果をふまえた、象徴的儀礼行為ではあるまいか。人びとは、この行為が「麦ホメ」のほめことばと相俟って、その年の麦の豊作の予祝効果を高めるのだと考えたのではないだろうか。

麦畑の上で人が転げまわるという呪的儀礼にはいま一つの効用が求められていたことが考えられる。以下は静岡県浜松市天竜区水窪町西浦の小塩光義さん（明治三十七年生まれ）による。当地ではモグラのことを「イグラ」と呼ぶ。一月十五日（小正月）、「ツチンド」というモグラ除けの行事を行った。ツチンドとは「槌殿《つちどの》」即ち横槌のことである。横槌の把手に一間ほどの縄をつけ、子供たちはこの横槌につけた縄の端を持って麦畑の中をひきずり回りながら、〽ツチンドが来たに　イグラドンは逃ぎようよ――と大声で叫んだ。モグラは麦畑を荒らすのである。槌は農民の持つ強力な打砕具でモグラにとっては脅威だったはずである。

山梨県南巨摩郡早川町茂倉の深沢喜光さん（明治四十年生まれ）は以下のようにした。モグラのことを「ドエー」（土竜）と言い、モグラが掘ることを「ウチス」という。モグラは夜昼動き麦畑を掘って麦を枯らす。人びとは、夜、フクロウ（梟）にモグラを捕獲してもらうことを願った。そのために、麦畑の畝の端に、長さ二尺ほどの又木を二本立て、その両方の又に長さ三尺の棒を掛け渡して止まり木状にする。これを「鳥居《とりい》」と呼ぶ。こうしておくと、夜フクロウが来てこの鳥居に止まり、モグラを獲ってくれると伝えられているのである。

静岡県浜松市天竜区佐久間町今田の高橋高蔵さん（明治四十一年生まれ）は、冬、麦畑のカマチごとに樫・椿などの常緑広葉樹の枝を挿し立てておいた。葉が乾いてくると吹く風を受けてそれがカサカサと音を立てるのでモグラ除けになるのだと語る。静岡県大井川の中流域にある川根本町では、節分の日に定畑のカマチごとに樒《しきみ》の枝を立てるという例をたびたび耳にした。これもモグラ除けである。樒の葉が乾けば音を立てる。

高知県高岡郡四万十町下津井の森壽臣さん（大正三年生まれ）は次のように語った。節分の豆はヒビノキ（イチイ科のイチイ）の葉で炒る。節分には麦畑にヒビの枝を立てた。雷が鳴るとそのヒビノキの枝に笠をかぶせた。

これらの事例を見ながら、島根県の麦ホメに際して麦畑で実施された人の横位回転について考えてみると、この奇妙な行為が、麦踏みの象徴儀礼要素と併せて、麦畑に害を与えるモグラ鎮めの呪的要素を持っていたものと考えることができる。もう一歩進めて考えてみると、麦畑における人の横位回転は反閇《へんばい》に通じるものであり、モグラのみならず、麦作に害を与える総てのものを鎮める呪的行為だと認めることができる。高知県四万十町下津井のイチイの木の枝は麦畑守護の象徴である。それは、笠をかぶせるという擬人的な扱いによってもわかる。それにしても、冬の麦畑を舞台としてじつに様々な呪的な営みが行われていたことは驚きである。モグラは音に敏感だという。静岡県の天竜川流域の常緑広葉樹の枝立て、大井川流域の榁立てに対して安倍川中上流域では笹を立てているのをよく見かけた。風に吹かれるカサカサという音がモグラを追うのである。岩手県岩手郡岩手町ではプラスチックで作られた風車を見た。現在、全国的に広く見られるのはペットボトルの風車である。

さて、先に紹介した『改訂綜合日本民俗語彙』の事例や白石の収集資料にある「麦ホメ」の期日が一月二十日に集中していることにも注目しておきたい。一月二十日は、二十日正月、シマイ正月、正月オサメ、ホネ正月などと称してこの日を以って正月行事を終え、褻の生活に入るとする地が多かった。多くの日本人の日常の生命維持に麦は多大な力を発揮してきたのだが、晴れの日には白米や餅、即ち米が重視されてきた。一月二十日に麦ホメをするという心意の底には、褻の食生活を支える麦への深い思いがあったものと考えることができよう。なお、白石の収集事例㋒に見える「松クスベ」は麦に害を与える霜・霜柱その他を防除する儀礼と見ることもできる。

麦作の豊穣予祝儀礼としては小正月に行われた子供のムラ行事である「麦ホメ」についての小野

重朗の報告がある。[*3]「麦ほめというのは小正月の農家を訪れて麦の出来がいいとほめてまわる男の子の子供組の行事で、南九州では鹿児島で知られているだけである。その分布は阿久根市を中心にした地方と桜島である。……阿久根市大川、的場　正月一四日の昼すぎに男の子供たちは集まって組を作り、家を訪れてムギホメをしてまわる。家外から「ホメ申スド」と声をかけて戸口からなかに入り、家人が出てくると、皆で声を揃えて麦ホメの唱え言を大声で唱える。「ココノ麦はエエ麦、一升蒔イ、八石、八石ソロエテ十石」とほめ、「シモ（下）カラ見テモ、ユーラユラ、カミカラ見テモ、ユーラユラ。コキビノ穂ノゴトニユラユラト。四トコイマルメテ積ンタテタ」と唱える。家人は子供たちに鏡餅を与える。子供たちは次々と家々をまわって麦をほめてまわり、後でその餅を分けてもらう。戦前まで行なっていたが、その後、行なわれなくなった」――。これは、子供組の巡回型行事で、鳥追い・トオカンヤ・亥の子ヅキ・モグラウチ、などと共通する。訪問の挨拶から麦ホメの唱え詞までよく整っている。熊本県八代市泉町樅木や宮崎県東臼杵郡椎葉村で、子供組の巡回型モグラうちの唱え詞を聞いたことがあったが、行事の総体としての共通性が見られる。

白石の報告にある、畑地現場の麦ホメや畑地回転儀礼といった麦の穀霊や畑地の地霊に対する行為が直接的であるのに対し、小野の報告事例は、儀礼化、観念化が進んだものと見られるが、麦の豊穣祈願予祝儀礼という点では一致しており、麦の豊穣予祝儀礼がじつに広域において行われていたことがわかる。中国地方と南九州の間に麦ホメがなかったわけではない。『改訂綜合日本民俗語彙』[*4]に「ムギホメゼック」の項があり、以下のように記されている。「福岡県宗像郡地方の島では、三月三日を麦褒め節供という。この日は畠に出て麦の出来を褒める」――。これも日程からすれば予祝のうちに入る。

麦の稔りに先立つ寒い季節の予祝的な麦ホメが行われるのに対して、それとは別に麦の完熟、確かな実入り、豊熟を、その直前に祈る儀礼もたしかに行われていた。それは次に示す事例によってわかる。

(二) 麦熟らし――実入りの祈願

宮本常一は「畑作文化」[*5]の中で、麦の収穫儀礼に島根県の「麦念仏」や薩南宝島の「ムギシキヨマ」などがあることにふれ、麦にかかわる儀礼について以下のように述べている。「……ムギのとりいれまえに、畑のムギに対してムギホメのことばをのべる風習も、中国、四国地方に見られ、それは稲作における八朔行事に似ている。高知県土佐郡本川村寺川では、ムギのはしり穂が見えると、トラの日に村中が集まってムギホメということをする。ムギ畑に向かって「畝のムギは谷へなびけ、谷のムギは畝へなびけ、かまをといでまちよるぞ、さってもよいできでござる」と口々にとなえる」――。

宮本は土佐寺川の「麦ホメ」の時期を「麦のはしり穂」を基準として伝えている。この時期は、本格的出穂期に先立つさきがけ出穂が見られる時で、本格的出穂よりはやや時期が早い。これは麦の豊穣予祝儀礼に対して、同じ麦ホメという言葉を使っても出穂期の豊穣儀礼である。麦の実入り、完熟を祈るものである。白石があげた事例が、個人単位で個人の畑地で行われているのに対し、寺川では村落構成員が全体で、ムラ中の麦に対して麦ホメをし、麦に働きかける点も特色である。

共同の呼び立ては生死の境にある者をこの世に引きもどす「魂呼ばい」を思わせる。共同の呼び立てにはそれなりの重さがある。寺川で行われた出穂期の「麦ホメ」には島根県や山口県で行われてきた「ムギウラシ」（麦熟らし）との脈絡が感じられる。白石の事例㋒にも「ムギウラシ」として、麦の熟れるころ、仕事を休み嫁は里帰りする、とある。これとは別に麦の収穫祭としては「イガオトシ」が記されている。宮本常一・財前司一『日本の民俗35　山口』[*6]には「五月にはいって麦のうれるころになると、ムギウラシといって農家ではムギワラダイ（産卵後の脂肪分の少ない鯛）を買って食べる」とある。『下関市史　民俗編』[*7]には同市吉見の例として次のように記されている。「麦刈りの前は、ムギウラシといい、親戚などが集まって寿司や混ぜご飯・鯛の刺身・煮物・酢物・汁などの御馳走を作って宴会を開いていた」——。『山口県史　資料編　民俗2』[*8]には防府市大字切畑の事例として次のようにある。「……麦を作っていたころはムギウラシと呼ぶ嫁の里帰り行事が行われていた。麦刈りを始める少し前の時期（五月の中ごろあたり）に鯛を持って行くものであった」——。『山口県史　民俗編』[*9]にも「ムギウラシ」が見える。「見島（萩市）のムギウラシもまた、かつては農家が手伝いの者をごちそうでもてなした日とされているが、やがて子どもの娯楽という形をとりながら共同負債の記憶をとどめる場として近年はさらに娯楽の色を強める形で定着している」――。

右の諸例に見える「ムギウラシ」は多様な内容を示している。ⓐ麦刈前の嫁の里帰り、ⓑ麦の熟れるころ仕事を休む、ⓒ麦が熟れるころ家で鯛を食べる、ⓓ麦刈り前に親戚が集まって宴会を開く、ⓔ萩市見島では手伝いの者に収穫の後に御馳走し、子供たちが娯楽行事をする、などとムギウラシの呼称のもとで多様な内容の行事が行われていたことがわかる。ⓔのみが麦刈後になっており、その他は麦刈り前、麦の熟れるころである。こうした実態を見ると「ムギウラシ」という同じ呼称の行事でもその内容に大きなゆらぎがあったことがわかる。この行事名称からすれば、自然の循環、季節のめぐりの中で、麦が支障なく、豊かに熟れてくれることを人が祈念し、麦に対して人が心意的・信仰的な働きかけをするものだと考えるのが妥当である。この列島の中では、琉球弧において、粟や稲の種おろしをする時、穀物の芽生え・根ざしを人が阻害することのないように、音曲・大声・騒音を出すことを慎しみ、物忌みの状態に入るという民俗があった。ここには穀物の主体性、穀霊の力に対する謙虚さがある。「麦熟らし」行事の原初にも、これと対応するような、麦の穀霊に対する働きかけと祈りがあったことはまちがいない。「麦熟らし」の儀礼内容の核心・原質は宮本常一が記した土佐寺川の「麦ホメ」のごときものであったはずだ。それが、時の流れや社会変容の中で、「麦熟らし」の儀礼内容が先に見たように多様化したのである。その末にこの行事は衰退に向かったのであった。

『改訂綜合日本民俗語彙』[*10]にも「ムギウラシ」の項があり、以下のように書かれている。「麦刈りに先立つ祝日を香川県では麦熟らしといい、麦作にはこれ以外の祝いごとがない。それも田植祝いと合同する者が今は多くなった。岡山県ではムギウラシはこの季節に啼く鳥の名である。剖葦すなわちオオヨシキリ。……」――

「麦熟らし」にこだわるのは「ムギウラシ」と通称される鳥がいるからでもある。ムギウラシと呼ばれる鳥はヨシキリである。この鳥が「麦熟らし」という季節性と霊性を纏う通称を得た理由は、「ギョウギョウシ　ギョウギョウシ」という囀《さえず》りが麦を熟らすという伝承によっている。鳥の囀りが麦の実入りを促すというのはいかにも始原の匂いがする伝承である。ムギウラシという鳥の呼称自体が自然暦になっているのである。ムギウラシが鳴くと麦刈り・麦コナシの繁忙期が近づいて気が急《せ》くという聞き方も決して少なくなかった。一方ではムギウラシの声が麦の実入りを促すとして、この鳥の鳴き声を喜びとする始原的な聞き方もあったはずだ。

麦の栽培環境はⅠ章で見てきた通りじつに多様であり、食生活の中に占める麦の位置づけも時代や地域、環境によってじつに様々だった。中には熟れる麦を待ちきれないで刈り急ぐ人びともいたのである。なお柳田國男は『野鳥雑記』[*11]の中で「ムギウラシ」にふれ、この通称を持つ鳥としてヨシキリの他に、雲雀《ひばり》・郭公《かっこう》・梟《ふくろう》などがあったことを述べている。

なお、右の「ムギウラシ」とは別系の、麦蒔きに先立って行われる「麦熟らし」という儀礼もあった。福岡県糸島市前原岩本の泊清一さん（大正三年生まれ）は次のように語る。十一月、麦蒔き前の雨の日、部落の当屋に米と野菜を持って集まり、昼飯を共食して翌年の麦の豊作を祈った。これを「麦熟らし」と呼んでいた。

(三) 春窮

静岡県浜松市天竜区春野町の京丸は秘境として語り継がれてきた。その京丸には柳田國男も心を寄せ、「京丸考」[*12]なる一文を残している。また、折口信夫は大正九年七月二十三日、山道を歩き続けて京丸の地を訪れ、京丸の藤原本家に一泊した。[*13]山本貞子さんは大正六年、その京丸の藤原分家で生まれ、そこで育った。曾祖父の佐平は京丸のさらに奥地の蔵屋敷という山中の木地小屋で育った人だった。貞子さんは、佐平から次の唄を教えられた。

〽薊《あざみ》や喉掘る　オンバコ（大葉子《おおばこ》）ぁ苦い　早くお麦ができりゃよい――

薊や大葉子は救荒食物だと伝えられるが、古くは糅《かて》として食されてきた。京丸奥には「清水・一色・蔵屋敷」と称され、各一里ずつ離れた三か所に木地屋が住んでいたと言う。水田皆無の山中で粟・稗・黍などを夏作として栽培し、冬作に麦を作った地では、飢饉でなくとも稗・粟などを食べ尽くした場合、麦の収穫が待たれたのである。

愛媛県西条市西之川は石鎚山東北の山中のムラである。同地では夏作作物としてはトウモロコシへの依存度が高かった。同地の坂東伊三郎さん（明治三十二年生まれ）は次の自然暦を伝えている。「瓶《かめ》ヶ森《もり》（一八九六メートル）が三分の二青くなると麦が熟れる。麦が穫れると食糧のやりくりが楽になる」――。夏の終わりから秋にかけて収穫される穀物が底をつくころに収穫される麦は待ち遠しいものだったことがよくわかる。

向山雅重は『山国の生活誌』の中で以下のように述べている。[*14]「大麦を、食い継ぎまで食べれるひとは、裕福であって、ふつうは、それまで大麦がない。そこで六月末ともなれば大麦を早目に刈り早くこなして、麦飯を食べることになる。つまり、大麦の「わせごなし」である。この大麦がとれるころ、もう米がなくなってしまうことがある。そんなとき、大麦ばかりの飯を炊いて食べることをする。その場合「麦飯《むぎめし》」と言わず、単に「バク（麦）」という。麦飯も食べられず、いよいよバクで食いつないでいるといったこと。これはとても人に話されることではない」――。

民俗伝承ではないが「春窮《しゅんきゅう》」という季語[*15]がある。四月から五月にかけて、前年収穫した穀類も底をつき、今年の麦も、馬鈴薯もまだ収穫できない。広い意味での端境期の困窮状態を指すのだが、追いつめられ、深刻な場合もある。

春窮のあまり剃刀研ぎにけり――石川桂郎

早川孝太郎は「春窮」および未熟穀の利用について次のように述べている。[*16]「春窮は別に麦嶺ともいい、前年度から貯えの穀物がようやく欠乏を告げて、麦の収穫を待つまでの困難性を嶺に譬えたものと考えられ、しかもその期はすでに農耕はようやく繁忙を告げ、栄養の補給は頻りに要求せられる。民間に行われた俚諺に、険峯は越せるが越えられぬ麦嶺、といい、さらに謎の文句に世の中に一番高い山嶺は何か――麦嶺」。また、次のように述べる。「春窮時における食の補給策として、前にも挙げた山菜の利用があるが、それとともに、いまだ成熟に至らぬ麦を採取して充てる。その方法は結実の了らぬ穂を抜いて、これをそのまま火に焼いて食う。穀汁が火のために適当に調理されるので、独特の風味を持っていて、多く穀皮の薄い小麦が選まれる。従って朝鮮では麦の成熟を前にして、慣習的にこれを行う風があって、黄海道等でも子供などはもっぱらこれを楽しみにしている。内地においても山村等では、五、六〇年前までは貧農階級ではしばしば繰り返されたもので、ところによってこの食法を青ざし等という。なお南西諸島等には現実の問題として残っている。昭和一〇年の夏には、目のあたり実見している」――。

早川が右に紹介している小麦の未熟穀食法は長野県飯田市の遠山谷では広く行われていた。Ⅲ一㈠③（南信濃須沢）＝アオダシ、Ⅲ一㈠④（南信濃木沢）＝アオビキ、などを紹介したが、さらに二例を加えておく。

㋐長野県飯田市南信濃木沢小字上島・上野好子さん（大正八年生まれ）

アオダシと称し、未熟の小麦を刈り、炒って石臼で碾いてヨリをかけて食べる方法があった。

㋑長野県飯田市上村下栗小野・成澤福恵さん（昭和三年生まれ）

麦栽培にはヨリダシ（選り出し）という作業があった。大麦の刈り入れに先立って大麦畑に混じっている小麦を選んで穂を抜くことである。ヨリダシによって集められた小麦の穂のこともヨリダシと呼んだ。小麦の刈り入れは大麦に比べて一〇日ほど遅れるのでヨリダシの小麦は未熟である。ヨリダシは炒ると皮がとれて紙捻《こより》のようになった。これは何もつけなくてもおいしいのでオヤツとして食べた。

私が右の事例の聞きとりをしたのは平成二十年・二十一年だった。その折語ってくれた方々は、異口同音に未熟小麦のアオダシ・アオビキ・ヨリダシの甘さ、うまさを語った。当地にも、古くは春窮にかかわる未熟麦の食習があったことはまちがいないのだが、それが次第に楽しみの食物の一つとして伝承され、食されるようになったことが考えられる。

同じムギウラシの鳴き声でも、時代・地域・家の経済事情・貯蔵穀物量の多寡などによってその鳴き声の意味が変わるのである。このことが麦の儀礼としての「ムギウラシ」の内容にも変化をもたらすのである。山口県に伝承されるムギウラシの儀礼内容にゆらぎがあるのは、時代により、地域により、麦に対する依存度や、麦に対する価値観の反映がかかわる部分があったことを物語っているのではなかろうか。

こう見てくると、民俗行事としての初期の「麦熟らし」は、端境期に食糧の欠乏しがちな麦熟れの前、共同体で麦の稔りを祈り、促進させる意図があったと考えるべきであろう。宮本が示している土佐寺川村の「麦ホメ」は、実質的には「麦熟らし」だったのである。

柳田國男が整理し、白石昭臣・小野重朗・宮本常一が書き記した「麦ホメ」とは趣を異にするいまひとつの「麦ホメ」が行われていた可能性がある。柳田國男は『豆の葉と太陽』[*17]の中で次のように記している。「麦誉め青田誉めの習はしを見て想像せられるが、根原には窮屈なる小家の囲ひから脱して、別に天地の我を迎へるものがあることを、体験する快楽に在ったことは、今日の所謂ハイカアたちも同じであった」――。ここに描かれた「麦誉め青田誉め」は宮城県や山形県の「高山」「高い山」、静岡県の「山行き」に通じるもので、古くは「国見」に脈絡を持つ。筆者も「小さなクニ見―民俗の教育力②―」として若干の報告をしたことがある*18が「麦」に焦点を当てたものではなかった。登高俯瞰型の「麦ホメ」についても探索が必要であろう。

1――柳田國男監修『改訂綜合日本民俗語彙』（平凡社・一九五六年）。
2――白石昭臣『畑作の民俗』（雄山閣・一九八八年）。
3――小野重朗「麦ほめ・田ほめ・山ほめ」初出一九八八年（南日本の民俗文化1『生活と儀礼』第一書房・一九九二年）。
4――前掲注1に同じ。
5――宮本常一『農業技術と経営の史的側面』（宮本常一著作集19、未来社・一九七五年）。
6――宮本常一・財前司一『日本の民俗35　山口』（第一法規・一九七四年）。
7――国分直一監修『下関市史　民俗編』（下関市・一九九二年）。
8――湯川洋司ほか『山口県史　資料編　民俗2―暮らしと環境―』（山口県・二〇〇六年）。
9――湯川洋司ほか『山口県史　民俗編』（山口県・二〇一〇年）。
10――前掲注1に同じ。
11――柳田國男『野鳥雑記』初出一九四〇年（『定本柳田國男集』22・筑摩書房・一九六二年）。
12――柳田國男「京丸考」初出一九一四年（『定本柳田國男集』30・筑摩書房・一九六四年）。

13――岡野弘彦「折口信夫自筆「大正九年の旅の手帖」解説」(『折口博士記念古代研究所紀要』4・折口博士記念古代研究所・一九八四年)。
14――向山雅重『山国の生活誌―信州伊那谷―』(新葉社・一九八八年)。
15――草間時彦「春窮」(水原秋桜子ほか編『カラー図説日本大歳時記』講談社・一九五八年)。
16――早川孝太郎「朝鮮における食糧生活の性格」(『早川孝太郎全集X―食と儀礼伝承―』未来社・一九八八年)。
17――柳田國男『豆の葉と太陽』初出一九四一年(『定本柳田國男集』2・筑摩書房・一九六二年)。
18――野本寛一「小さなクニ見―民俗の教育力②―」(『季刊東北学』13・東北芸術工科大学東北文化研究センター・二〇〇七年)。

終章　麦・拾穂抄

1　麦稈残照

麦藁帽子はムラの駄菓子屋でも、雑貨屋でも売っていた。川へ泳ぎにゆく時にも、魚捕りにも、蝉捕りにも、そして裏山へ登る折にも、夏休みには麦藁帽子をかぶった。夏休みが終わるころには帽子に巻かれた黒い布テープの周辺には汗が滲んで白と茶色の斑模様をなし、そこに少年の夏の記憶と夏の匂いが凝縮していた。麦藁帽子は少年たちにとって、夏休みの象徴だった。今ではその麦藁帽子をかぶった少年たちを見ることも絶えてなくなった。

〽麦藁帽子はもう消えた　たんぼの蛙はもう消えた　それでも待ってる夏休み
〽姉さん先生もういない　きれいな先生もういない　それでも待ってる夏休み……

昭和四十六年六月七日、吉田拓郎が発表した「夏休み」である。たしかに麦藁帽子は今となっては痛いほどの夏の記憶を蘇らせてくれるものとなってしまった。

「麦藁真田《むぎわらさなだ》」とは何だろうか。『日本国語大辞典　第二版』[*1]には以下のように解説されている。「麦わらを真田紐のように編んだもの。夏の麦わら帽子の材料に用いる。大麦・裸麦の麦わらを最良とし、編み方によって菱物、平物、角物、細工物などがある。岡山・広島・香川県などから産出する……」。

宮本常一はこの「ムギワラサナダ」に注目している。『民間暦』[*2]の「ムギ刈り」の中の次の記述に心惹かれる。麦の穂落としに関する部分である。「中国地方の広島・岡山では「ゴケタオシ」といわれるセンバでいちいちこいでいる。ずい分労力を要することだ。機械に対して敏感なこの地方の人々がこんな古風な方法をとっているのは、茎をムギワラサナダに用いるためで、茎にキズをつけてはならないからである。茎はどうなってもよいという所では穂のやきおとしをしている例もある。長野県の天竜川筋や千葉県などでみかけたが、その分布はひろいようである」。また、「奈良・大阪では櫛型のホミシリで立っているままのムギの穂を扱き取る方法がみられる……」。ムギワラを真田紐のように編んで麦藁帽子を作るためには無傷の麦稈が必要であり、麦藁帽子製造と連動する地域での麦の穂落としは、麦焼きも、麦叩きも避けられていたことがわかる。江戸時代に浅草富士神社と駒込富士神社で六月一日に売られたという麦藁蛇をはじめとして、麦藁細工などの原料は近代以降の麦藁帽子の原料の量に比べれば微少だといえども、その素材の穂落とし法には心配りがなされていたのである。

シャボン玉は石鹼水やムクロジの実を溶いた液に麦稈の管を浸してそれを吹く。泡の玉が麦稈の管の先を離れ、大小様々な球体をなし、陽ざしを受け、五色の反射光で光りながら飛翔しつつ消える。この、麦稈も入手できなくなり、やがてその管は合成樹脂製に変わった。清涼飲料水を飲む管はストローと呼ばれる。誰もが知る通りストローは麦稈（麦藁）の意味である。飲みものを本来麦稈の管で吸飲していたのだが、その管もやがて合成樹脂製の管になった。我々の暮らしの中で、自然の循環、広い意味での自然の恵みを合理的に利用していたものが忘れ去られ棄て去られ、それが化学物質、合成物質などに座を譲る。ストローの変質はそうした大きな波の小さな象徴だと言ってもよかろう。その果てがマイクロプラスチックの海洋への大量吐出であり、それは果てるところを知らない海洋汚染に繋がっている。様々な生物の生命を奪うことにも繋がるのである。

麦藁帽子をかぶって夏の山野河海を巡りつつ明け暮れた少年たちの姿はどのように変わったのだろうか。少年たちのランドセルは時代とともに重さを増した。遊び場も時とともに狭くなり、行動規制も多くなった。知らないおじさんと口をきいてもいけないし、塾通いも強いられる。一方では格差も拡大している。既に、コロナ禍以前にこのような状況に立ち至っていたのである。

柳田國男は麦稈の利用について以下のように述べている。[*3]

草屋根が次の葺替へまで、何十何年ほど持つかといふことは、労力の上から見ても農家には重要なことであった。それに入用な人の手は、ユヒによってたやすく得られるにしても、耕作のあひ間にそれだけの労力を、村としては余分に出さなければならず、保存の年限が短くなればユヒは小さくなり、従って一人が沢山に出て働くことになるからである。萱野の萱が足りなければ、幾らでも藁を代りに使へばよいと、いふことの出来なかった理由もそこに在る。藁の中では小麦稈のよくすぐったのが一ばん萱に近かったが、それでも一方の三分の一も持たない。大麦や裸麦は藁もたけも短く、且つぶよ〳〵して居るのでもつと早く腐れる。稲の藁は、日本で是ほど色々の役に立つものは無いのだが、屋根葺き材料だけには全く向かない。しかし斯ういふ不適当な代用品でも、萱が手に入らぬときまれば使って見る他は無い。幸ひなことに農業には藁類の堆肥が必要であって、三種類の麦稈などは、苅つた年のものを積み肥にするよりも、散々に雨に打たせ煙に燻して脆く砕けやすくなつたものの方がよかった。

ここには屋根葺き材としての小麦稈・大麦稈・小麦稈の利用、堆肥素材として麦稈の利用についての言及がある。

静岡県牧之原市菅ヶ谷字谷川の紅林平八さん（明治三十六年生まれ）は草屋根の葺師だった。平八さんは草屋根の素材と素材ごとの屋根の耐用年数について次のように語った。ヨシ（葭）＝五〇年、カヤ（萱）＝三〇年（表・南ヒラ）、小麦稈＝一〇年〜一二年、稲藁＝五、六年。大井川右岸河口部では葭屋根が多かった。経済力や地域環境によって屋根素材に特色が出るのは一般的なことだった。戦前、地主・小作制度が生きていたころの草屋根はおよそ次の通りだったという。地主＝萱、自作農＝萱、小作＝小麦稈――。旧相良町・菅山村（現牧之原市）で平八さんが葺いた屋根素材の地形・地勢環境にもとづく地域差には次のような特色が見られた。波津＝小麦稈、菅ヶ谷西中＝小麦稈、須々木・片浜＝萱・小麦稈半々。ここには、萱が入手できる環境か否かが関係している。屋根葺き職人の日当は小麦稈でも萱でも同じだった。

長野県下伊那郡阿南町早稲田の杉本鷲男さん（大正四年生まれ）は以下のように語る。麦の穂落としの方法の一つに麦焼き（Ⅱ章）があるのだが、屋根葺き材に麦稈を使う地では麦焼きはしなかった。当地では大麦の稈を屋根のヒラ（南北の斜面）葺きに使い、小麦稈は棟と角に使う慣行があった。昭和二年、畑で大麦を一〇俵収穫した。「身半分」という言葉がある。麦は精白すると粒の半分になると言われていた。小麦は一俵収穫した。

天竜川左岸の磐田市匂坂に住んで葺師として活躍した青島弥平治さん（明治三十七年生まれ）は屋根素材について次のように語っていた。広瀬より上が萱、匂坂より下が小麦稈になり、旧福田町・竜洋町の地主は葭で葺いていた。葭屋根の目ふさぎには萱を使った。

瓦屋根やトタン屋根、スレート屋根以前の屋根材は住環境の植生と連動した。大井川流域で屋根素材の調査をしたことがあった。[*4] 最上流部は天然落葉松《からまつ》の板屋根だった。以下は標高が下るにつれ樅・栂の板屋根→萱屋根になるのだが、杉の植林が進むにつれ杉皮屋根も登場し、やがてそれらはトタン屋根に変わる。旧金谷町・島田市・藤枝市の平地水田地帯はイエの経済状況によって萱・小麦稈・藁となり、大井川河口付近の平地水田地帯は経済力に応じて葭（河口部に生育する）・萱・小麦稈・藁など多様になる。加えて、台風や雨期の増水によって上流部から落葉松・樅・栂の木が流されて河口から海に吐出された。それが河口左岸の浜に打ち寄せられるので、それをササ板にして脇屋・納屋などの屋根を葺くことがあった。このように、屋根材は住環境と連動するのであるが、戦後、一九四六年十月の自作農創設特別措置法案・農地調整改革法案が発効するまでは旧地主・小作制度が屋根素材にまで影響を与えていたのである。その影響を最も強く受けたのは、平地水田地帯の旧小作のイエであり、その屋根の多くは小麦稈で葺かれていたのである。

先に紹介した、麦藁帽子の材料を得ようとする場合や麦稈を屋根材にしようとする場合は、稈を保全するために穂落としの方法を選んで、穂落としにも神経を使って稈を守ってきたのである。麦稈は柳田の指摘する通り、堆肥素材にもなったし、また、飼料にもなった。さらには蒟蒻や西瓜などの夏期の日焼け防止のために畝に敷くこともあった。沖縄県の久高島では麦稈を燃料としても利用していた。麦稈の利用は多岐に及んでいたのである。

2　景観からの作物遡及

⑴静岡県南伊豆町の段々畑

静岡県賀茂郡南伊豆町入間は入江の集落である。その背後には石垣に支えられた小さなカマチの段々畑が積木を積みあげたように下から上へと連なっている。幹線道路から集落へ下る道にさしかかると、そのみごとな段々畑が目に入る（写真①）。小さなカマチには一様にユリ科のアガパンサスが栽培されていた。入間の段々畑がアガパンサスで埋め尽くされたのは昭和四十七年以降のことで、その前はカーネーション、ストック、マーガレット、金魚草、アガパンサスなど様々な花が栽培されていた。同地の殿岡信幸さん（大正三年生まれ）によると、入間の段々畑で花卉《かき》栽培が行われるようになったのは昭和二十八年以降のことだという。それまでの、畑

写真①　石垣積みの段々畑
（静岡県賀茂郡南伊豆町入間）

の表作は甘藷とモチ種の粟、裏作は大麦・小麦だった。段々畑の主役は換金作物ではなく、主食作物だったのだ。当地では甘藷をナマのまま切り干しにして「シロキリボシ」と呼んだ。これを粉にして団子にするというのが一般的な食法で、西伊豆の田子や沢田の舟がシロキリボシを求めに来ていた。

当地の害鳥除けの鳴子はアワビ殻を吊るしたものだった。鳴子は稔った粟畑の中でカラカラと音を立てた。のみならずアワビ殻は折々太陽光線を反射させて鋭く光った。

(2)群馬県南牧村の段々畑

板橋春夫氏の著作に『群馬を知るための12章―民俗学からのアプローチ―』という、みやま文庫版の小さな書物がある。[*5] 柄は小さいが中身は濃い。私はその本の口絵に吸い寄せられた。階段状に積まれた幅の狭い段々畑が下から上まで続いている。

この段々畑は群馬県甘楽郡南牧村のもので、板橋氏は次のように解説している。「塩沢地区黒滝では、河原の石を背負い上げて石垣を積み、山の八合目あたりまで畑にした。段々畑という言葉はあまり使わず、畑に行くことを「山に行く」という。冬場に川からショイコに付けて石を運び（これを「石しょい」という）、崩れた場所を積み替えた。石垣を積むときは「四つ八つを作ってはいけない」といわれる。これは一つの石に対して四つの石または八つの石が囲む状態をいい、石が抜け落ちた場合には石が効かないという」。

この地の先人たちが暮らしを立てるために築いた段々畑の石垣を自分の目で確かめてみたいと思った。

私が南牧村の段々畑の石垣をこの目で見たのは平成二十四年十二月十一日のことだった。写真②はその折に撮影したものである。そして、石垣のある地からさらに奥に入り、段々畑で栽培されていた作物についての聞きとりをしたのは、南牧村熊倉というムラの市川すき子さん（昭和十年生まれ）からだった。市川家の段々畑は石垣ではなく、斜面畑の途中を寄せ木で土止めする形だった。当地では「ヨセ」のことを「サッパ」と呼んだ。ヨセの素材は栗で、とりわけその芯の部分を「赤身」と呼んで高く評価した。横木三本ほどを一段として、杭で止め、痛んだ部分は逐次交換した。

写真②　整備された段々畑の石垣
（群馬県甘楽郡南牧村）

山を畑にする形として最も多いものは焼畑地の跡を、山の斜面や窪をそのまま生かして斜面の定畑として使う形である。やがてより能率をあげるために耕地面の水平化が求められ、サッパの段々畑が生まれ、次いで石垣で整えられた水平な耕地がそろった段々畑が生まれるのである。もとより、初めからの段々畑もある。

市川家のサッパ段々畑における夏作物は蒟

蒻、冬作物は麦である。ここでも長野県飯田市の遠山谷同様、換金作物の蒟蒻と、主食作物の麦が強く結びついていたのである。夏冬の二毛作による地力消耗に対する施肥が必要だった。市川家では大型家畜の牛馬を飼育していなかったので、豚・山羊・兎（一〇羽）の小屋に麦稈を敷いて堆肥のもとにした。春の彼岸に麦の畝間に蒟蒻を植えたのだが、この時に堆肥を入れた。蒟蒻の種芋は、イロリの上に「火囲い」と呼ばれる蒟蒻の種芋貯蔵の棚部屋を作り、養蚕用のカゴロジの上に二、三年の蒟蒻芋を保存して種芋とした。換金作物の蒟蒻以前の夏作は甘藷や粟だった。

先に紹介した石垣の段々畑でも夏作蒟蒻、冬作麦の時代が長く続いた。麦は大麦と小麦で、大麦は麦飯に、小麦は粉化して平麺型のキリコミ、正月の菓子としての「イブシ」（ユベシ＝柚餅子）などにした。柚子は、霜が来て、色づいてから採った。

(3)長野県遠山谷の斜面畑

写真③は長野県飯田市南信濃須沢の斜面畑である。標高約八〇〇メートル、傾斜は三〇度から三十五度に及ぶ。ここに見られるヨセは、畑に段をつけるものというよりは、畑の耕土流失を防ぐためのものだった。南信濃・上村など、遠山谷と通称されるこの谷のヨセは栗の木が一般的だったが須沢ではやや趣を異にした。同地の大澤彦人さん（大正十五年生まれ）は次のように語る。須沢では、栗の木はヨセの主流ではなかった。須沢では栗の木のヨセはむしろ新しいもので、須沢で土止めのヨセとして第一に重視されたものはカズ（楮《こうぞ》）、第二は桑、第三は茶だった。カズは和紙の原料、換金作物である。桑はまた養蚕にとって不可欠な栽培作物、茶は自家用にもなるし換金もできる。これらの作物を傾斜の強い畑の中に横畝状に植えれば、その根張りが確実に土止め効果を果たしてくれ、加えて現金収入にもつながった。まことに合理的でくふうが行きとどいている。ここで楮が土止め植物として第一の候補になったのにはいま一つの理由があった。三五度を越える傾斜地の畑の宿命の一つに、夏季の「作物焼け」がある。傾斜が強ければ強いほど水《みず》捌《は》けが甚だしい。脱水が激しいのである。その上、直射日光を受けて作物は焼けるのである。二度イモ（馬鈴薯）は焼けると茎が倒れ、イモも小粒になり、青くなってしまう。もとより味が落ちる。大豆は実をふくらませることなく莢《さや》だけになってしまう。生長し、葉をつけた楮は、こうした夏作物に蔭を与えてくれるのである。このように傾斜の強い畑でも夏作は大豆八割、蒟蒻二割である。もとより冬作は麦である。小麦は瘦せ地に作った。楮は夏作の大豆には蔭を与えてくれたのであるが、冬作の麦には邪魔になることもあった。麦を栽培すれば麦踏みをするのが一般的だが、大澤彦人さんは傾斜地だから麦踏みはしな

写真③　急傾斜の定畑のヨセ木と土止めを兼ねた茶ウネ（長野県飯田市南信濃須沢）

かったと語る。同じ須沢の熊谷繁正さん（昭和十五年生まれ）は次のように語る。傾斜三〇度から三五度の畑ではウッタツ（霜柱）がすぐに溶けて砂がかぶさるので麦踏みはしなくてよい。小麦は地力の弱りがちな斜面畑の上部、ハカチ寄りに、大麦は下部、コヂ寄りに栽培した――。

さて、これまで三点の写真（①〜③）に写された景観からその裏に消えた景観を探った。即ち、おのおのの写真の畑地の過去にまで溯及し、おのおの畑地で作物を栽培してきた方々から、過去の作物――その夏作・冬作について語っていただいた。夏作は地域や時代によって変転しているものの、冬作は、驚くほどに大麦・小麦が共通している。群馬県南牧村の石垣の段々畑も、長野県飯田市遠山谷の斜面畑もともに「耕して天に至る」とたとえられる畑地である。こうした厳しい農耕環境に生きた人びとの主食の中心が「麦」であったことがよくわかる。麦は厳しい環境で命を繋ぐための中心的な穀物だったのである。

3 大麦粒食法を浸透させたもの

世界中で栽培されている穀物の中で最も生産量の多いものはトウモロコシで、それに次ぐのが小麦だという。さらに、稲・大麦がそれに続く。その大麦も、ビール・ウィスキーの原料にするもの、家畜の飼料にするものなどが主であり、今や高度経済成長期以前までこの国の人びとが主食の一角に加えてきた粒食を目的とした大麦・裸麦は姿を消している。小麦は、中近東のいわゆる「三日月地帯」で栽培化が始まり、西南アジア、ヨーロッパの文明を育んできたと言われている。小麦はさらに広域に伝播し、各地で多彩な粉食系食物を産み出し、じつに多くの命を支えている。対して大麦は粉質の程度が低いとされ、粒食や碾き割りという方法で食されてきた。大麦の粉食としてはチベット人の主食である「ツァンパ」[*6]のごときものもある。ツァンパは日本の香煎、麦コガシに当たるもので、粉のままでも食べられるがチベット茶で搔いて食べるという食法がとられている。

日本に渡来した大麦（皮麦）・裸麦・小麦の食法は多彩であり、燕麦やライ麦を除けば、この国の列島は麦の食法の実験場だったと言ってもよかろう。大麦の粉食法についても本書の中で多くの事例を示したのであるが、人類と穀物との関係という視点から見れば、特に大麦・裸麦の粒食法に注目すべきである。麦飯、それも米麦の混合とその比率、米以外の多くの配合物の種類と比率、麦粥・麦雑炊、茹で麦、挽き割り麦飯などじつに多彩であるのだが、「飯《ばく》」「麦飯《ばくめし》」と称して一切の混合物を入れない大麦・裸麦の飯もあった。これらを主食として食べる際の麦の消費量の多さにも注目すべきである。麦飯の炊飯法についても本書中で述べてきたところであるが、例えば、杉本正雄の「麦作の慣行とその推移」[*7]の中には、鈴木良平が「農家の麦食法」を調査・整理したものとして、次のような記述が見られる。[*8]「㈠笑マシ麦飯　是ハ麦ノ充分膨脹スルマテ能ク煮熟シタル後冷水ニテ麦糊ヲ洗ヒ流シ然ル上米ト混合スルカ、若ハ麦ヲ下ニ米ヲ上ニシテ成飯スルモノニテ比較的多ク行ハルルモノナリ。㈡浸シ麦飯　是ハ夏季ナラハ二、三日間、冬季ナラハ三、四日乃至六、七日間麦ヲ水ニ漬ケ置キ之ヲ米ト混合シテ飯トス。㈢挽割麦飯　是ハ何レノ地方ニテモ行フ所ノモノニシテ、麦ヲ石臼ニテ粉砕シ之ヲ能ク洗ヒシ後米ト混合シテ飯トナスモノナリ。㈣報徳麦飯　是ハ能ク麦ヲ洗ヒ之ヲ釜ニ入レテ二、三回沸騰シタル後米ヲ入レ飯トナスナリ。㈤改良麦飯　是ハ麦粒ヲ扁タク圧シ潰シタルモノヲ米ト混合シテ飯トナスナリ」。鈴木は㈠〜㈣の短所も指摘している。㈠は薪と時間を要し、麦の味と養分を失うものだとし、㈡㈢はブキブキして食べにくいとする。㈢はブキブキし、かつべたつくとする。㈤は圧扁に手間を要するが、麦の養分と味を失うことがないので良い方法だとしている。加えて明治の中期以後東京にも改良麦飯が普及し、「押し割り麦」と呼ばれたという。やがて神保兼右衛門なる者が穀粒圧扁機を発明した、とある。ここでいう改良麦飯に使われた「押し割り麦」は本文中で報告してきた「押し麦」であり「平麦」だった。本文中で見てきた通り押し麦は一気に普及したわけではなかった。エマシムギや挽き割りも地方やイエによって様々であり昭和に入ってからも続いていたのである。

右によって確かめておきたいことは、麦の粒食がいかに盛んであったかということである。

麦の粒食法の浸透、麦の粒食法への執着、粒食に適した大麦（皮麦）・裸麦の栽培とその収穫量の多さなどをもたらした要因は何だったのか、押し麦以前の麦飯の炊飯法の中心がエマシ麦飯であったことを今一度考えてみよう。麦糊と通称される麦の栄養分を流し捨てた後の混合麦飯は鈴木も指摘する通り、味が落ちるのである。してみると、麦の味への執着が第一ではないことがわかる。当然、麦を糅の一種だとする考え方も成り立つ。小麦を粉化して作る小麦粉系の食物が、儀礼食や行事食として重視されたことは本文中でも述べてきたが、例えば、Ⅲ一㈠⑰（埼玉県加須市）のごとく、褻の食としては麦飯よりは小麦粉系の食物の方が好ましいという者も現実には少なくなかった。さらに、序章で見た通り、古代には大麦よりも小麦の収穫量が断然多かったのである。それにもかかわらず、麴の食の素材として粒食系の大麦・裸麦が選ばれ、収量を増やしつつ栽培され続けてきたのは、日本人が米に執着し、米の飯を主食の主座に据え続けたからであろう。米には「飯を盛って食べる」という様式の正統性が与えられていたのである。日本における麦の粒食の盛行は、米の粒食の影響を強く受け続けたからにほかならない。詳細な比較統計資料にもとづかなければ仮説の域を出ることはできないのだが、これは世界の中でも、また、アジアの稲作地帯の中でも際立つ現象であるにちがいない。鹿谷勲氏は『茶粥・茶飯・奈良茶碗—全国に伝播した「奈良茶」の秘密—』[*9]の中で米飯の調理法の歴史を次のように整理している。「米飯の調理法には、古くから甑《こしき》で蒸した強《こわ》飯《いい》と鍋で煮た姫飯《ひめいい》があった。蒸したものが「飯《いい》」で、古代の節会の饗膳に供される儀礼食的な意味合いの強いものであった。これに対して、煮て作るのが「粥」で、これが庶民の常食的な食べものであったとされる。粥には水分の少ない「固粥《かたかゆ》」と水分が多い「汁粥」があり、固粥が現在の飯にあたり、後者の汁粥が現在の粥にあたる。中世以降はこの固粥が貴族・武士社会に一般化したが、それ以外の階層は雑穀中心の飯や汁粥が日常の食であった」——。

米飯の調理史として首肯すべきものであるが、ここで注目しておきたいことは、現在の飯に当たる固粥も、現在の粥も、強飯も姫飯も、すべて米が粒食されていたということである。これとは別に糯種《もちしゅ》の米の食法に餅があることは周知の事実である。

水田がなく、米の穫れない山深いムラの数か所で「振り米」の話を耳にした。臨終を迎える者に対して、竹筒に米を入れ、それを振ってその音を聞かせる。それによって米の飯を食べる喜びとともに旅立ってもらうというのである。この伝承は、米の飯、銀舎利と庶民の日常食との距離感と、日本人の米に対する強い執着心を象徴するものである。しかし、時代が下るにつれて、庶民の多くが晴れの日には米の飯を食べることができるようになったのである。〽正月は　ええもんだ　赤いべべ着て　羽子《はね》ついて　譲り葉のよな餅食って　雪のようなまま食って……[10]（愛知県）。このような「童唄」は近世に生まれていたと見てよかろう。

　この国では、麦は常に米に主座を譲り、脇役として米に寄り添い、人びとの命を守ってきた。麦には麦粥・麦雑炊などのように、汁気と多様な味と栄養分に富む素材とを混合させて、煮て食べる方法もあり、地方によっては粥や雑炊への嗜好性の強いところもあるのだが、近代以降、総じて「麦は麦飯」という構図が強かったと言えよう。この事実の背後には、米を食するに、粥よりも飯という評価の骨格があったことを想起しなければならない。米はそれを炊いて飯にするとその粘着力によって固着を容易にする。飯を食器に入れて整えることを「飯を盛る」という。「盛る」という形状は、粥や雑炊が食器（椀・茶碗など）の中でほぼ水平の状態になるのに対して、飯は器の上に山状を成して盛りあがる。米の飯を飯茶碗に盛りつけるということは、その飯の山を想定するものである。飯を盛ることは、別に「飯をよそう」とも表現される。「よそう」は「装う」であり、飯茶碗からはみ出し、飯茶碗に余る飯の形状、時には食器に不足する形状を美しく整える意である。飯を器に高く盛る、高く盛られた飯を食べるということは食の充足の象徴だったと言える。

稲作作業に先立って稲の豊穣を予祝する民俗芸能に「田遊び」や「御田祭《おんださい》」などがある。その中に、米の飯を円錐形に高々と盛りあげて芸能の中に登場させる例が多く見られる。[*11] 例えば次のような例がある。ⓐ静岡県浜松市北区引佐町川名・福満時のおこない・ツモノケ飯。ツモノケは「積《つも》の食《け》」か。ⓑ静岡県牧之原市蛭ヶ谷・蛭児神社田遊び・高盛飯。ⓒ奈良県高市郡明日香村・飛鳥坐神社御田祭・ハナツキ飯（鼻突飯か）。ⓓ大阪市平野区宮町・杭全神社御田祭・白蒸し（円錐形）ほか。これらの高盛飯は、いずれもその年の稲（米）の豊穣を象徴するものではあるが、神の目じるしとして目立つ、美しい形状に整えられたものである。神饌の中にも高盛飯はある。静岡県浜松市天竜区水窪町山住の山住神社の祝詞の中に「於保米志《オホメシ》、遠米志《トメシ》、支伊古志米勢《キイコシメセ》」という部分がある。「大飯　塔（臺）飯　聞こし召せ」の意であり、高盛飯が献供されていたことがわかる。

神のみならず、来客にも大盛飯・高盛飯を盛ってもてなすのがこの国の習いだった。これはまた、飯盛山（福岡県西区）、飯野山（飯の山・香川県丸亀市）などの信仰ともつながる。握り飯のことを「ムスビ」と称するが、これも米の粘着力を生かした「結び」であり、結ぶ者の心が込め固められて食べる者の生命力を守ることになる。ムスコ・ムスメともつながる「結びの思想」を示している。

右に見てきた通り、米の飯は高く盛りつけて食べるものだという意識、飯を高く盛りつけて食べたいという願望は長く続いた。大麦・裸麦を選んで粒食してきた先人たちの心底には常に米が意識されていたのである。

4　麦に射す微光

大麦の一種にモチ種の麦がある。筆者が学びの旅の中でモチ麦について聞いたのは三回に過ぎなかった。そのうちの一例はⅢ一㈠㉓（島根県隠岐郡）でのもので、三月三日の節供のフキ餅に使ったという。一旦粉化したものを蒸して搗いている。モチ麦は紫色だったという。もう一例は高知県吾川郡いの町寺川の川村美代子さん（昭和三年生まれ）から聞いた。当地では焼畑が盛んだった。一年次＝稗→二年次＝小豆・大豆→三年次＝トウモロコシ・馬鈴薯→四年次＝里芋（クキイモ・シマイモ）→休閑三〇年、といった形だった。その一年次の夏作である稗の裏作としてモチ麦と小麦を栽培した。モチ麦は一旦粉化して練り捏ねてから蒸して餅にしたという。もう一つはⅠ一㈠②（徳島県鳴門市）の例である。

いま一つ重要な資料がある。それはユーラシア大陸・アフリカ・インド亜大陸および日本をフィールドとして穀物研究を深めた阪本寧男氏の報告である。[*12] 氏は一九九〇年五月五日、広島県安芸郡上蒲刈島に赴き、高岡義幸さん・同ハスエさんから聞きとりをし、モチオオムギのよもぎ団子を実食した。同地ではモチオオムギのことを「ダンゴムギ」と呼んだ。報告には以下のようにある。「昔はダンゴムギを二〜三斗（三六〜五四リットル）ほどつくった。ダンゴムギは熟してくると、葉、茎、穂、芒、種子に赤紫色が出てくるので普通の黄色の裸ムギとはっきりと区別できる」——。ダンゴムギの団子はまず実を粉化する。水を加え、ヨモギを入れ、よく捏ねて昔は臼杵で搗いた（今は餅搗機）。うす味の砂糖餡の玉を包んで蒸す。正月・盆・お祭り、人寄せなどの折に作った――、とある。阪本氏によると、モチオオムギは東アジアのごく限られた地域に栽培されてきたオオムギにすぎないという。なお、阪本氏は上蒲刈島の高岡家で食べたモチオオムギのよもぎ団子の味は、粘りがあるが味がさらっとしていてとてもおいしいと書いている。

右に見たモチオオムギの普及を阻み、衰退を加速させた要因を明確に語ることはできないが、麦コナシから精白の過程がモチオオムギよりも小麦の方が容易だったこと、小麦の持つグルテンの旨みや弾力・粘着力がモチオオムギに劣らなかったこと、などが考えられる。では逆にモチオオムギが細々とでも作り継がれた理由は何だったのか。それは実、および実を粉化した時の色が、紫・赤紫であり、その特殊性、珍奇性が人びとの心を惹きつけていたものと考えられる。Ⅲ一㈠㉓（島根県隠岐郡）で、三月節供の色ちがいの菱餅としてモチオオムギが用いられていたことは注目される。上蒲刈島では端午の節供にもサルトリイバラの葉で包んだモチオオムギのカシワ餅が作られていたという。これは、小麦粉・米粉のカシワモチと並んで人びとを楽しませていたことであろう。

モチ麦は、このように秘かに作られ、食べられていたのであるが、このところ健康食品、地域興こしの観点から光を受け始めた。例えば、山梨県南巨摩郡富士川町の「はくばく」という会社では、アメ

写真④　健康食品として市販されているモチ麦。紫色を帯びている

リカ・カナダ原産のモチ麦を加工し、五〇グラム入りの袋に分包し、それを一合の米に混ぜて飯にするよう指示してスーパーマーケットなどで市販している（写真④）。「プチプチ食感」「食物繊維が玄米の四倍」などのコピーがつけられている。

兵庫県神崎郡福崎町では地域興こしとしてモチ大麦に注目し、これを復活させ特産化することを進めている。「モチムギの館」を設け、モチ麦カステラ・モチ麦麺・モチ麦茶・モチ麦煎餅・モチ麦ソフトクリームなどを開発販売していると聞く。モチ麦の復活と、その多角的利用はたのもしい限りである。また、兵庫県加古郡稲美町では麦茶用の六条大麦の栽培を行っている。

本書でとりあげてこなかった麦の食品に「麩《ふ》」がある。麩の原料は小麦であり、小麦粉である。小麦粉に水を加えて捏ね、布袋に入れ、水を張った桶などの中に入れ、揉んだり踏んだりすると澱粉が流出して麩質が残る。この麩質・麩素はグルテンとも呼ばれる。近世には桶の中で小麦粉を踏んだ。「麩踏み」は一日中同じところに立って麩踏みを続けたので、向かいの店の客が万引をするのを見つけたという話があるという。麩質（グルテン）を蒸すか茹でるかした生の状態のものに形をつけて料理や菓子に利用するものを「生麩《なまふ》」と呼ぶ。対して、保存食品にするために生麩を焼いて乾燥させたものを「焼き麩」という。焼き麩には、車麩・板麩・小町麩・豆麩・花麩など、形状や大きさによる特色がある。現在は、即席の汁類にそのまま使える「玉麩」なども開発されている。保存性に優れた焼き麩は農山村の行事食の中核食品としても重宝されてきた。石川県金沢市の商家では簾麩《すだれふ》を「じぶ煮」として食べた。『聞き書　石川の食事』には次のようにある。*13「かもやつぐみがあるときは、すだれ麩（縦にすじの入った生麩）、罐詰のたけのこ、ゆり根を煮こんだじぶ煮にする」――。簾麩は麩質を薄く伸《の》し、簀の子に挟んで筋をつけて切り整えたものである。

私は学びの旅に出る時には、京都から新幹線に乗ることが多かった。そんな折には必ず「精進弁当」と命名された駅弁を買って乗車した。その弁当を食べるのが毎回楽しみだった。その弁当の中には、緑色と白色の小さな角型の生麩が入っており、練り味噌が添えられていた。生麩の滑らかな舌ざわりと、柔らかい弾力性のある歯応え、コクのある深い味わいに心を満たされた。

私にはもう一つグルテン系の食物を食べる楽しみがあった。それは奈良市小西通りに面したパン屋の二階にあるレストランでのことだった。町歩きをして、昼食時にこの店に入ることがあった。店では必ず「シチューセット」を注文した。パンを焼く店なので、その折々に三、四種類のパンが出る。他に野菜サラダが付き、シチューが出る。牛肉・馬鈴薯・人参・玉葱などがじっくりと煮込まれている。そのシチューの器には片手で把《にぎ》り整えたと思われるほどの二個のグルテンの固まりが必ず入っている。これは、いわば麩素の団子である。スプーンでこれを掬って口に運ぶ時、妙に得をしたような気持になる。それには滑性があり、歯応えもよく、食べると満ち足りた心境になる。

麩――焼き麩も生麩も、それは和食にも洋食にも浸透できる力がある。日本人好みなのである。和菓子にも洋菓子にもよく合う素材である。

柳田國男は、明治三十五年から三十六年にかけて、専修大学講義録として執筆した「農業政策学」[*14]の中で以下のように述べている。「日本ノ農産物中米ノ最重要ナルコトハ勿論ナリサレハ学者、政治家カ常ニ此問題ノ研究ヲ怠ラサルハ至当ノ事ニ属ス然レトモ其反対ニ麦、豆等ノ問題カ常ニ頗等閑ニ付セラル、ノ風アルハ遺憾ナリ麦、豆其他ノ雑穀カ米ニ次ク主食ナルコトハ前述ノ如クナルノミナラス近年此等ノ穀物ノ輸入ノ増加ハ殊ニ之ニ関スル社会ノ注意ヲ要求ス（此モ統計年鑑ヲ見ヨ）饂飩ヤ饅頭トシテ食用ハ今モ昔ニカハラス更ニ麪包類ノ流行ト共ニ小麦ノ消費ハ年々増加セリ……」——。

柳田は、識者の麦・豆などに対する等閑視を批判し、かつ、需要の高まる小麦や、大豆の輸入増加に対しては社会全体として特別に注意しなければならない問題だと指摘している。この、柳田の指摘と危惧は、高度経済成長期に至って的中を越え、一旦輸入が止まれば、国の存亡にかかわる状態に立ち至った。石油危機、レアアース問題、最も近くは新型コロナワクチンの輸入頼りの図式にまで通じている。この国の食料自給率はカロリーベースで三七％だと言われている。柳田が知れば驚愕することであろう。異常気象によってトウモロコシが不作となり需給のバランスが崩れた。価格は高騰している。麦飯が卓上から消え、大麦・裸麦と日本人の関係は全く稀薄になったのだが、小麦の需要は落ちていない。小麦は政府が一括輸入した後分売する方法をとっているのだが、異常気象・気候変動がトウモロコシ同様小麦を襲う危険性は常に想定しなければならない。小麦の国産化充足は直ちに考えなければならないだろう。

奈良県葛城市長尾在住の友人吉川雅章氏に、同市内に見られる現行の麦栽培について問うたところ、栽培者からの聞きとりとして次のような報告をいただいた。「場所は葛城市大畑《おおばたけ》。麦は小麦で、栽培し始めたのは十七―八年前からで、減反政策の頃。休耕田を利用するためには六ヘクタール以上必要なため、当初は四、五軒で行っていた。その後国から県、県からＪＡの指導のもと、水田の転作利用として小麦を作っている。今では大畑地区で営農組合を作り、三町歩の田で「ふくはるか」という品種の小麦をＪＡ指導で作っている。桜井市大西など、奈良県内で、組合組織によって小麦を作っているところは、おそらくＪＡ指導で同一品種の「ふくはるか」を作り、大畑同様、家畜飼料用や国産そうめんの原料用としてＪＡが全て買い上げているのではないか」――（令和二年十二月六日付）。

小麦国内生産、国内充足への光である。

うどん・きしめん・素麺・お焼き・麩・大阪の「粉もの」――みな原料は小麦である。日本人の麺生地に対するこだわりと執着は強い。とりわけ讃岐の人びとのうどんの腰や歯応えに対する賞味力は尋常ではない。常に前向きである。群馬県・栃木県・山梨県・愛知県などにも麺素材の小麦と小麦粉に対する強いこだわりがある。ダゴ汁の国豊後の人びとも小麦粉にはこだわる。総じて小麦が含有するグルテンの量が基本にある。広大な畑地で大量生産し、小麦のグルテン含有量などにこだわらない国に大量輸出する国は、やがて日本人の細かい注文などには耳を貸さなくなることだろう。本書で見てきた通り、この国の耕地は狭く、小麦の栽培環境も決して恵まれてはいなかった。しかし、先人たちは、伝承知を生かし、品種改良を重ね、栽培環境を整え、努力を重ねてきた。今こそ日本人好みの小麦粉を国産でまかなうべく舵を切るべき時であろう。まず、小麦の自給を目ざしたい。

＊――本書を書き終え、その編集中にロシアのウクライナ侵攻が起こった。想像を絶する惨劇や不条理な事態が惹起されている。負の連鎖は拡散しつつある。一刻も早くウクライナの平安が得られなければならない。小麦をはじめとする食糧問題も深刻である。わが国においては、小麦はもとより、食料の自給率向上は避けて通れない問題となった。

（令和四年四月・初校の折）

1――「むぎわらさなだ【麦藁真田】」（北原保雄ほか編『日本国語大辞典　第二版』小学館・二〇〇一年）。
2――宮本常一『民間暦』（講談社学術文庫・一九八五年）。
3――柳田國男「村と学童」初出一九四五年（『定本柳田國男集』21・筑摩書房・一九六二年）。
4――野本寛一「屋根と環境傾度」（『生態民俗学序説』白水社・一九八七年）。
5――板橋春夫『群馬を知るための12章―民俗学からのアプローチ―』（みやま文庫・二〇一二年）。
6――高山龍三「ツァンパ Tsampa」（梅棹忠夫ほか編『文化人類学事典』弘文堂・一九八七年）。
7――杉本正雄「麦作の慣行とその推移」（農業発達史調査会編『日本農業発達史』3・中央公論社・一九五四年）。
8――鈴木良平「麦作論」（『新潟県農会報』28）参照。

9——鹿谷勲『茶粥・茶飯・奈良茶碗—全国に伝播した「奈良茶」の秘密—』（淡交社・二〇二一年）。
10——町田嘉章・浅野建二編『わらべうた　日本の伝承童謡』（岩波文庫・一九六二年）。
11——野本寛一「稲叢と高盛飯の呪力」（『稲作民俗文化論』雄山閣・一九九三年）。
12——阪本寧男『ムギの民族植物誌—フィールド調査から—』（学会出版センター・一九九六年）。
13——守田良子ほか編著『聞き書　石川の食事』（日本の食生活全集17・農山村文化協会・一九八八年）。
14——柳田國男「農業政策学」（『定本柳田國男集』28・筑摩書房・一九六四年）。

あとがき

民俗学は極めて人間的な学問だとしみじみと思う。様々ななりわいに長い間直接かかわってこられた方々がいる。その体験、その記憶、そして伝承をも含めて直接うかがう。不明な点も、さらに細かく問うほどに泉のように語り続けていただいた。炉辺で、縁側で、炬燵で、そして、真夏の緑濃い樹蔭で――。「密」なる空間と時間を共にする。私は、まちがいなく民俗の語り部の方々に育てられてきた。

語りをお聞かせ下さった方々と私の間では、語らいが進むほどに信頼感と共感が増した。じつに恵まれた時間を過ごしてきたものだ。

ところが、突然獗《たけ》り始めて止まるところを知らずに浸透を続ける新型コロナウィルスは、民俗にかかわる濃密な対話を断絶させた。新型コロナウィルスに対処するための手桎足枷《てかせあしかせ》は、それが長びけば人間性の否定に繋がる。緊密と集合の否定はまちがいなく無形民俗伝承を衰退させる。人は尽きるところのない欲望を満たすために無節操な自然開発を続けてきた。この際、おのれの側に対する省察もしなければなるまい。異常気象・気候変動、海洋汚染、そして激しいウィルスの牙もその発生・拡大は同根だと考えられる部分がある。過度な都市集中・飽和を超えた人の集合体は人自身が作り出してきたものである。

コロナのトンネルを脱した後の社会や人の在りようが思いやられる。そこには、人間性や社会性の否定に繋がるつらい状況が押し寄せることだろう。過度な警戒や、過度な先端技術や先進医療頼りだけでは解決できないだろう。人が長い間探り続け、葛藤の中でも守ろうとしてきた自然への節度、自然との共生、そこに底流していた民俗モラル、伝承知のごときものにも目を向けざるを得なくなるだろう。ムラヤマの教育力や「結《ゆ》い」のごとき慣行をも見直す必要が生まれよう。

コロナ蟄居の中、一昨年の七月から「麦の記憶」をたどり、民俗学の視座から麦のことを書き始めた。私はいつも仕事のまとめにかかると必ず資料の補足や、新視点による資料の収集の必要性に気づく。そんな折には、必ず、それらを補うための学びの旅に出てきた。そして、相応の恵みをいただいて帰ることができた。ところが今回の「麦」については困惑した。訪《おとな》えば先方に迷惑がかかるのである。麦代作りのことは飯田市立石の西村つるゑさん（昭和二年生まれ）にうかがえば必ず豊かなお教えがいただけるにちがいない。これは天理市山田町の今西太平治さん（大正十年生まれ）ならよくごぞんじのはずだ。これを椎葉村の那須久喜さん（昭和九年生まれ）にお会いして詳しく学び直したい――。などと、これまでたびたびお世話になった方々の顔が浮かんできた。まことに残念である。不本意ながら、見切り発車になってしまう。それにつけても、これまでの自分がいかに恵まれていたのかを思い知らされた。

「麦」について民俗学の視点で総合的にまとめてみたいと考え、自分の記憶や聞きとり資料、文献などをたどってみた。「総合的」――、言うは易く為すは難いものである。麦の多様な側面を過不足なく描く、それは、例えてみれば「金平糖《こんぺいとう》」のごときものになる。小さい球体の表面に均等の角のような突起が満遍なく突き出ている。奇妙な形ではあるがバランスがとれている。――構想の段階ではこうしたものを思い描いたのであったが、結果はとても金平糖にはならなかった。球体も歪《いびつ》、突起も長短アンバランス、突起になっていないものもあるし、長すぎるものもある。

各側面ともに資料不足である。本来ならば、がっちりした構想のもとに計画的に資料収集をしなければならないのだが、そうした手続きを踏んではこなかったからである。

本書にかかわる主たる既発表の報告は以下に示すが、本書を成すに当たって大幅な加除を行った。本書の大方は書きおろしである。

- 「農耕―畑作の伝承と習俗―」(古典と民俗学の会・古典と民俗学叢書Ⅷ『沖縄県久高島の民俗』白帝社・一九八四年)。
- 「麦の歌謡―基層民俗からの視角―」(歌謡研究会『歌謡　研究と資料』第五号・一九九二年)。
- 「環境と民俗」(『遠山谷南部の民俗』飯田市美術博物館・柳田國男記念伊那民俗研究所・二〇〇八年)。
- 「環境と民俗」(『遠山谷北部の民俗』飯田市美術博物館・柳田國男記念伊那民俗研究所・二〇〇九年)。

・「環境と民俗」（『遠山谷中部の民俗』飯田市美術博物館・柳田國男記念伊那民俗研究所・二〇一〇年）。
・「きしめんの基層をさぐる―小麦の民俗再考―」（第一回東海学シンポジウム『歴史・考古・民俗学者が語る・食の不思議～東西食文化の接点・東海～』NPO法人東海学センター・二〇一三年）。
・「素麺と風」（『上野市史　民俗編』上巻・上野市・二〇〇一年）。

私に麦の話を聞かせて下さった方々はじつに数多く、それも明治二十年代生まれから昭和十年代生まれの方々だった。おのおのに、御多忙な中、都合をつけてお話をお聞かせ下さったのである。心より御礼を申しあげたい。また、貴重な写真資料を御提供下さった笹沼恒男氏の御協力、実測図の使用を御快諾下さった大舘勝治氏の御厚意にも深謝申し上げる。そして、七月社の西村篤氏は本書の目指すところを是とし、『近代の記憶―民俗の変容と消滅―』『井上靖の原郷―伏流する民俗世界―』に引き続き出版事情の厳しい中、出版を御快諾下さった。加えて、手書きで読みにくい原稿を整理し、美しく編集していただくことができた。ここに感謝の誠をささげて筆を擱く。

令和三年三月七日

野本寛一

[著者略歴]

野本寛一（のもと・かんいち）

1937年　静岡県に生まれる

1959年　國學院大學文学部卒業

1988年　文学博士（筑波大学）

2015年　文化功労者

2017年　瑞宝重光章

専攻——日本民俗学

現在——近畿大学名誉教授

著書——

『焼畑民俗文化論』『稲作民俗文化論』『四万十川民俗誌——人と自然と』（以上、雄山閣）、『生態民俗学序説』『海岸環境民俗論』『軒端の民俗学』『庶民列伝——民俗の心をもとめて』（以上、白水社）、『熊野山海民俗考』（人文書院）、『近代文学とフォークロア』（白地社）、『山地母源論1・日向山峡のムラから』『山地母源論2・マスの溯上を追って』『「個人誌」と民俗学』『牛馬民俗誌』『民俗誌・海山の間』（以上、「野本寛一著作集Ⅰ～Ⅴ」、岩田書院）、『栃と餅——食の民俗構造を探る』『地霊の復権——自然と結ぶ民俗をさぐる』（以上、岩波書店）、『大井川——その風土と文化』『自然と共に生きる作法——水窪からの発信』（以上、静岡新聞社）、『生きもの民俗誌』『採集民俗論』（以上、昭和堂）、『自然災害と民俗』（森話社）、『季節の民俗誌』（玉川大学出版部）、『近代の記憶——民俗の変容と消滅』『井上靖の原郷——伏流する民俗世界』（以上、七月社）、『自然暦と環境口誦の世界』（大河書房）、同書電子書籍版・22世紀アート、『民俗誌・女の一生——母性の力』（文春新書）、『神と自然の景観論——信仰環境を読む』『生態と民俗——人と動植物の相渉譜』『言霊の民俗誌』（以上、講談社学術文庫）、『食の民俗事典』（編著、柊風舎）、『日本の心を伝える年中行事事典』（編著、岩崎書店）ほか